公共の授業と評価のデザイン

「公共」とは何か。
「公共」で身に付ける力とは何か。

監修 執筆　藤井 剛

清水書院

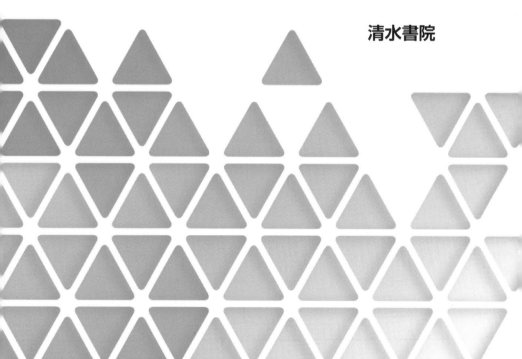

もくじ

はじめに
新科目「公共」とは何か？[1]

明治大学特任教授 藤井 剛（ふじい つよし）

1. はじめに

　2022 年度から，高等学校において今次の学習指導要領（2018 年告示）（以下「新指導要領」）が学年進行で実施されている。今回の改定では，特に公民科と地理・歴史科に大きな変更があった。公民科では現代社会が廃止されて新科目「公共」が必修科目となり[2]，倫理と政治・経済は選択科目となった。歴史では日本史 A・B や世界史 A・B が廃止されて新科目「歴史総合」が必修科目となり，日本史探究と世界史探究が新しく選択科目に設定された。地理では地理 A・B が廃止されて新科目「地理総合」が必修科目となり，新しく地理探究が選択科目に設定された。いずれも 1982 年に現代社会が必修科目として登場して以来の大きな変更である。

　本稿では，まず新指導要領の特徴などを概観し，新指導要領における新科目「公共」の位置を確認する。次に「公共」はどのような科目か，どのような授業展開が求められているかを明らかにしたい。

2. 新指導要領の特徴

　まず，新指導要領の特徴を何点か挙げておきたい。

　第一に，中央教育審議会（2014 年～ 2016 年）の議論では「将来，大人になって活用できないような知識は無駄である」という趣旨の議論がなされていた。そのため新指導要領の 3 本柱に「何ができるようになるか（＝新しい時代に必要となる資質・能力の育成）」が据えられた

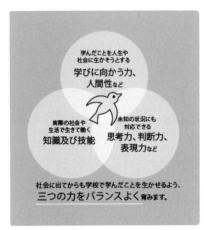

図1　何ができるようになるのか
文部科学省 HP
https://www.mext.go.jp/a_menu/shotou/
new-cs/1383986.htm#section5

ことに留意したい。つまり「教科書の太字の語句が重要だ」という授業から，「この基礎知識を使ってこのようなことができるようになる」ことが授業目標となったのである。

　第二に，外部資源（人材）の活用が求められたことである。教員にも分野別に不得手な分野があるだろうし，それ以上に専門家の知見などを活用することは，生徒の理解を深めるためにも，また生徒の興味・関心を高めるためにも大きな意味がある。例えば労働法の分野では弁護士が，消費者教育の分野では消費者センターの専門家が授業を行うことは，新科目「公共」が目標とする「現実の課題」を追究するだけでなく，キャリア教育の側面も提示され，展開されることが期待される[3]。

　第三に，「どのように学ぶか（＝主体的・対話的で深い学び）」が大きな柱の一つとして挙げられたことである。この点については，少し詳しく以下の3点を説明したい。

　1点目は，これまでの学習指導要領（2008年告示，以下「旧指導要領」）で習得方法（授業メソッド）が示されることはなかったが，新指導要領で初めて踏み込んだことである[4]。この「初めて」に注意が必要であり，これまでの「チョーク＆トーク」型の授業からの脱却が目指されている点である。改訂された『学習指導要領解説　公民編』（以下，「解説」）は，改訂前の解説の2.5倍ほど厚くなり，大項目Aでは「囚人のジレンマ」や「共有地の悲劇」など具体的な思考実験の例が，大項目Bでは「『少子高齢社会における財政の在り方』を主題とし，問いを設定した学習」活動の例が，大項目Cでは探究学習の手順が示されたあと「探究活動

図2　どのように学ぶか

文部科学省HP
https://www.mext.go.jp/a_menu/shotou/new-cs/1383986.htm#section5

の展開例『少子高齢化に伴う人口減少問題』を扱った事例」が具体的に例示されている。これら授業例の提示は，若い先生方が近年増えてきたことに対して教育メソッドなどの継承を図るという面もあるが，学校現場にこれまでの「チョーク＆トーク」型授業からの脱却を強く求めているシグナルと受け取れる。また，「主体的・対話的で深い学び」を授業に取り入れるためには，授業時間の確保が課題となる。そのためにカリキュラム・マネジメントが提言されたことも理解できるはずである。

　２点目は，「何ができるようになるか（新しい時代に必要となる資質・能力の育成）」と「どのように学ぶか（＝主体的・対話的で深い学び）」の関係である。この２つの関係では「主体的・対話的で深い学び」を通して，「知識・技能」「思考力・判断力・表現力等」「学びに向かう力，人間性等」という３つの資質・能力を育成することが学びの方向性として示されていることに注意したい。「主体的」とは「自分ごととして」であり，「対話的」とは「生徒同士，教職員や地域の人，先哲の考え方などを通して」であることは容易に分かるが，問題は「深い学び」である。「深い学び」とは「習得・活用・探究という学びの過程の中で，各教科等の特質に応じた『見方・考え方』を働かせながら，知識を相互に関連付けてより深く理解したり，情報を精査して考えを形成したり，問題を見いだして解決策を考えたり，思いや考えを基に創造したりするこ

と」[5] と定義されている（下線は筆者）。「見方・考え方」を働かせながら「知識を相互に関連付け」るとは，例えば，需要供給曲線の概念と外国為替市場の概念を結びつけて「日本の市中銀行の金利が0.1％，アメリカの市中銀行の金利が5％のとき，円高になるか円安になるか」を考えさせ，「なぜそうなるのか」を説明させたりすることである。また「情報を精査して」とは，例えば，フェイクニュースを与えて情報の真偽を考えさせたり，5月3日（憲法記念日）の三大紙の社説を比較させたりして，ここから何を学んだかを発表させるなどの活動を通してメディアリテラシーを確立させることである。さらに「問題を見いだし」たり「創造したり」するとは，「公共」の大項目Cで行う課題追究学習そのものとなる。ここで重要なことは「現実の生活に応用できる」テーマを取り上げることである。「何ができるようになるか」とは，学校で学んだことが日常生活で役立つようになることであり，新科目「公共」が現実の諸問題に対する「問い」を追究する科目として設定されたことは，それらの点を強調していることになる。

　3点目は，アクティブ・ラーニングとは「身体を動かす」ことではないことである。「教員が死刑制度の是非の資料について25分講義を行い，その資料をもとにグループで15分間討論させ，その討論の結果を10分間クラスで共有する授業」は，（グループ討論があるので）形だけは「アクティブ」に見えるが，教員から教わったことを使って討論するだけで「探究」がない。このような形式だけの「アクティブ・ラーニング」が実践され提案されてきたため，文部科学省（以下，「文科省」）は「アクティブ・ラーニング」を「主体的・対話的で深い学び」と名称変更した経緯がある。その意味で「討論」「調べ学習」だけでなく，前述した日米金利差から円・ドルレートを考えるような「頭を動かす『よい』発問」なども「主体的・対話的で深い学び」に含まれることに留意したい。

3. 新指導要領を定着させるために

　「主体的・対話的で深い学び」ひとつをとっても，新指導要領は学校現場にとっては大きな変革を促している。これまで，特に高等学校にお

いては「チョーク＆トーク」型授業が主流だっただけに，教員は授業スタイルを根本から変えることが求められている。過去の学習指導要領改訂のたびに授業改革が求められてきたが，これまで高校教員は「大学入試が『知識偏重』である限り，『教え込み』の授業は必要である」「教科書が終わらないと，保護者からクレームがくる」などの理由で，授業スタイルの変更をほとんど行ってこなかった。そのため文科省などはセンターテストから共通テストへと，テストそのものを全面的に変更した。センターテストの主目的は，大学入学志願者の高等学校段階における基礎的な学習の達成の程度を判定すること（大学合否判定の判断材料）とされていたが，共通テストは，知識を活用しながら思考力や判断力を発揮して解くような問題が必要であるとの判断によって導入された。具体的には，これまでの「知識を測るテスト」から，さまざまな資料を読み込んだ上で考えて解くような問題（一般的に「思考問題」と呼ばれている）を多く出題し，センター試験よりも思考力・判断力・表現力を問うテストへの移行が試みられている。その目的は，共通テストの「思考力・判断力・表現力」が必要となる問題を解く力を養う授業を高等学校に求めることにある。その意味で，高校側の「大学入試が変わらない以上，詰め込み教育は必要」というロジックを封じ込めることが目的となっている。さらに共通テストにおける「思考力・判断力・表現力」を必要とする出題の比重を高めるために，公民科のテストの組合わせは「公共，倫理」「公共，政治・経済」となっており，「見方・考え方」などを利用して現実の諸課題を探究させようとする新科目「公共」が必ず含まれていることにも留意が必要である。

4. 新科目「公共」の位置付け

　新指導要領の中で，「公共」がどのように位置付けられているかについても何点か注意が必要である。

　第一に，「公共」は，原則として1年生か2年生で履修させることとされている。つまり，18歳選挙権以来「主権者教育」が求められているが，新科目「公共」は主権者教育の「一丁目1番地」との位置づけ

であることを意識する必要がある⁶⁾。

　第二に，「公共」は2単位設定である。つまり年間70時間の授業時間で行う科目とされている。学校行事などにより現実的には65時間前後の授業時間が確保されるとして，大項目Aに10〜15時間，大項目Bでは1課題（テーマ，以下「課題」）に3時間×13課題で39時間，大項目Cに10〜15時間かけて授業を行うことが想定されている。ただし大項目Bはすべての課題に3時間かけるのではなく，課題の扱い方により1時間の課題があってもよいし，反対に6時間かける課題があってもよいとされている。その意味でカリキュラム・マネジメントを考える必要がある。しかし13課題すべてを扱うこととされていること（それ以上の課題設定は可となっている）には注意が必要である。

　第三に，新科目「公共」の目標にある「資質・能力の育成」は，高等学校公民科の学習だけで行うのではなく，小・中学校教育と高校教育を接続し，児童生徒の発達に応じた教育を積み重ねることによって可能になるという視点である。具体的に小・中・高の新指導要領では，社会的な「見方・考え方」が各校種全てに記述されており，特に中学校公民的分野では「社会的現象を，政治，法，経済などに関わる多様な視点（概念や理論）に着目して捉え」て，「現代社会の見方・考え方」を働かせることが示されている。この「見方・考え方」の働かせ方は，新科目「公共」で求められているものとほぼ同じである。

　第四に，小学校や中学校の学習内容との接続である。「『公共』では憲法学習が大幅に減っている」という声も聞かれるが，「公共」の学習内容から考える授業の時間配分では，日本国憲法の逐条的な解説を行う授業時間がとれないことは明らかである。そのため，直近の中学校3年生後半の公民分野で学ぶ「憲法の知識や理解」を前提として⁷⁾，それらの知識や理解を利用して課題探究や解決を行うこととなっている⁸⁾。

5. 新科目「公共」の授業づくりの留意点

　「公共」の授業づくりについては以下の留意が必要である。

　第一に「公共」の目標は，「人間と社会の在り方についての見方・考

え方を働かせ，現代の諸課題を追究したり解決したりする活動を通して，広い視野に立ち，グローバル化する国際社会に主体的に生きる平和で民主的な国家及び社会の有為な形成者に必要な公民としての資質・能力を……育成する」[9] こととされている。その要点は

　　①社会的な「見方・考え方」を働かせること
　　②現実社会の課題を追究したり解決したりする活動を通して学ぶこと
　　③公民としての資質・能力を育成すること

である。ここでは「授業づくり」に重点を置き「学び方」に関する上記①と②に絞って考察すると，新科目「公共」では，適切な現実の課題を設定し，その課題追究のための枠組みとなる「見方・考え方」を身に付けさせ，課題を追究したり解決したりして学ぶことが求められていることを確認したい。

　第二に，大項目Ａ「公共の扉」で選択・判断の手掛かりとなる概念や理論，公共的な空間における基本原理を「見方・考え方」として習得したうえで，大項目Ｂ「自立した主体としてよりよい社会の形成に参画する私たち」ではその「見方・考え方」を活用して法，政治，経済の課題学習を行い，さらに大項目Ｃ「持続可能な社会づくりの主体となる私たち」で探究学習を行うように構成されていることである。さらに大項目は，Ａ→Ｂ→Ｃの順番で学ぶこととされており，「見方・考え方」の「習得→活用→探究」という一連の学習過程が示されていることに留意が必要である。

6. 新科目「公共」の授業づくり

　上記５で示したように，「公共」の授業づくりの要点は適切な課題を設定し，「見方・考え方」を使って課題を追究したり解決したりする授業を構成することである。

(1) どのような「見方・考え方」を使うのか [10]

　公民科における「見方・考え方」とはどのようなものなのだろうか。ここでは「公共」の大項目Ａの（1）（2）（3）に示されている「社会的

な見方・考え方」を，現実の授業に合わせて大きく二つに類型化したい。

> ア　社会的事象などの意味や意義，特色や相互の関連を捉える視点や方法（考え方）

> イ　よりよい社会の構築に向けて課題の解決のために選択・判断するための視点や方法（考え方）

　アは，現代社会を捉える理論や概念である。例えば「夏と冬のトマトの値段の差」を考えるときに「需要と供給」の概念を持っていれば解決できることを指している。

　イは，社会の課題解決について選択・判断する基準である。例えば，「ドイツ航空法（ハイジャックされた旅客機を撃墜してもよい）」違憲判決を題材に，功利主義（あるいは「幸福・正義・公正」）の観点や人間の尊厳という判断基準から，議論し考察を深めさせることができる視点や方法である。当然，新科目「公共」が求めている「選択・判断の基準」は，上記イに重点が置かれている。

　また理論や概念，選択・判断基準の具体例には，「人間と社会の在り方を考える視点」として「幸福，正義，公正，個人の尊厳，自由，平等，寛容，委任，希少性，利便性と安全性，多様性と共通性」などがあげられており，「公共的な空間に見られる課題の解決を構想する視点」として「幸福，正義，公正，協働関係の共時性と通時性，比較衡量，相互承認，適正な手続，民主主義，自由・権利と責任・義務，平等，財源の確保と配分，平和，持続可能」などがあげられている[11]。

　この点について，大項目Ａで習得する内容にも関わることでもあるが，どの「理論・概念」「選択・判断基準」を用いて課題を追究・解決させるのか，授業者が明確に意識する必要がある。

(2) どのような「課題」を設定するのか

　「どのような『課題』を設定するのか」については，解説は，再三にわたって「具体的な『問い』を設け主題を追究したり解決したりするための題材（テーマ）」を求めている。要点は「問い」の設定である。解

説は項目ごとに詳細な具体例を挙げている。例えば法の分野では「なぜ契約自由の原則には例外が存在するのか」，政治分野では「なぜ議会を通して意思決定を行う必要があるのか」，経済分野では「消費税と所得税はどちらがより公平な税か」などである。

これまでの現代社会や政治・経済の授業では，例えば間接民主制の意義を授業で取り上げて講義してきたが，生徒の興味・関心は「なぜ議会を通して決定しなくてはならないか」「議会の意思と民意には乖離がないのか」などの疑問であったはずである。このように，生徒の素直な疑問（＝「問い」）を取り上げていくことが求められていることに留意したい[12]。

そしてどのような「問い」を立てるかによって，生徒の課題追究への意欲は変化する。具体的には，年度当初（または学期初めなど）に教科書の目次を生徒に概観させ，教科書の授業項目で「知りたいこと（＝疑問に思っていること）」を提出させて，その疑問（＝「問い」）を中心に授業を組み立てることも考えられるだろう。

(3) 大項目 A（「公共」の扉）の授業のつくり方

大項目 B や C につながる「概念や理論」の習得が大項目 A での学習目標となる。解説には「社会に参画する自立した主体とは，孤立して生きるのではなく，地域社会などの様々な集団の一員として生き，他者との協働により当事者として国家・社会などの公共的な空間を作る存在であることを学ぶとともに，古今東西の先人の取組，知恵などを踏まえ，社会に参画する際の選択・判断するための手掛かりとなる概念や理論などや，公共的な空間における基本的原理を理解し，大項目 B 及び C の学習につなげることを主なねらいとしている。」と記述されている（35ページ）。つまり大項目 A では，各人の意見や利害を公平・公正に調節することなどを通して，人間の尊厳と平等，協働の利益と社会の安定性の確保をともに図ることが，公共的な空間をつくる上で必要であることを学ぶことになる。その中心的テーマである「協働」に関する「見方・考え方」を身に付けるために「トロッコ問題」「囚人のジレンマ」「共有地の悲劇」「最後通牒ゲーム」などの思考実験[13]を行うことが示されて

いる。

（4）大項目Bの授業づくり

　大項目Bは，大項目Aで身に付けた「見方・考え方」や基本原理などを活用して，授業者が設定した法，政治，経済分野の13の課題[14]に沿った「問い」について生徒がその課題を追究・解決することとなっている。ただし大項目Cと異なり大項目Bでは，授業者が「問い」を示すことになっていることに注意が必要である。そのため，授業者が生徒の興味・関心を引きつけられるような「問い」を立てられるかが授業づくりのポイントとなる。前述したように，解説には具体的な指導例や指導の際のヒントが記述されているので参考にされたい。

（5）大項目Cの授業づくり

　大項目Cは，共に生きる社会を築くという観点から生徒自らが課題を見いだし，これまで身に付けてきた社会的な「見方・考え方」を総合的に働かせ，その課題の解決に向けて事実をもとに協働して考察，構想し，妥当性や効果，実現可能性などを指標にして，論拠を基に自分の考えを説明，論述することが求められている。注意点としては「課題追究学習」が求められており，生徒の活動は課題を見つけることから始まることである。具体的には，大項目A，大項目Bの学習内容に基づいて，単に資料を収集させレポートを作成させて終わりにするのではなく，議論をしたり，自分の考えを論拠をもって分かりやすく説明することや，優れた解決策に対しては，自身の解決策に固執することなく説得されるということを体験させることが考えられる。またどのような力を身に付けさせたいのか，それをどのような方法で評価すべきなのかということを，指導する前にしっかりと教員自身が把握して指導に望みたい。

　以上が授業づくりのポイントである。本編では授業実践が例示されるが，以上のポイントを踏まえた実践ばかりである。参考にしていただければ幸いである。

注

1) 本稿は，拙稿「新科目『公共』の『問い』はどのように扱われているか」（明治大学教職課程年報 45 号）に加筆・修正したものである。

2) 学習指導要領上，現代社会は「廃止」と明記されておらず「設置しないこととする」と表記されているが，現実的には「廃止」と同じと考えられる。いずれにせよ，1982 年以来，約 40 年間設定されていた科目を振り返りもせずに廃止したことには批判も多い。

3) 本書にはコラムが掲載されているが，外部講師や連携先として考えるべき方や組織から寄稿していただいている。

4) これまでの指導要領は「教科の目標は何か」「そのために何を学ぶか」などが示されてきた。例えば，旧指導要領は「生きる力」を身に付けさせるために「基礎的・基本的な知識・技能の習得，思考力・判断力・表現力等の育成」を目指し，「言語活動，理数教育，伝統や文化に関する教育，道徳教育，体験活動の充実」を図ることは示していた。しかし，「どのように学ぶか（＝教えるか）」は教員の裁量の範囲であり，特に触れてはいなかった。本文にも書いたように，団塊の世代が大量退職して，経験則に左右されやすい教育メソッドをどのように継承するかという視点から記載されたと指摘されることもあるが，「ラーニングピラミッド」に示されるように，教育方法を変えて教育効果を高める狙いがあるとの指摘も多い。

5) 国立教育政策研究所 HP
https://www.nier.go.jp/05_kenkyu_seika/pdf_seika/r02/r020603-01.pdf
（最終確認 2023 年 3 月 1 日）

6) 解説には，「主権者教育において重要な役割を担う教科である公民科として，選挙権年齢の引下げなどを踏まえ，『公共』については，全ての生徒が，原則として入学年次及びその次の年次の 2 か年のうちに履修することとしている。」と記述されており（162 ページ），また『望ましい政治の在り方及び主権者としての政治参加の在り方』については，(1) のイの (ア) の『現代政治の在り方』との関連性に留意して，世論の形成などについて具体的な事例を取り上げて扱い，主権者としての政治に対する関心を高め，主体的に社会に参画する意欲をもたせるように指導すること（内容の取扱い）が必要である。その際，選挙権をもつ者としての自覚を促すとともに，普段から政治や社会に関心をもって主体的に関わり，自分なりの考えをもって，様々な機会を通してそれを政治に反映させようとする態度を育成することが大切である。」（137 ～ 138 ページ）など，多くの箇所に「主権者教育との関連性」が指摘されている。

　ただし「公共」は主権者教育の中核を担っている科目であるが，公民科のみならず，他教科や特別活動，総合的な探究の時間なども含めた教育課程すべてにおいて実施されることが必要である。なお主権者として身に付けておいて欲しい幅広い「力」を獲得させるためには，学習内容の研究だけでなく，様々な専門家や専門機関との連携・協働が期待されている。

7) 「公共」の指導要領は，「人間の尊厳と平等，個人の尊重，法の支配，自由・権利と責任・義務」などの憲法的な基本原理を大項目 A で学ぶこと，さらにそれらの原理を使って大項目 B の課題を追究したり解決する活動を行なう建て付けとなっており，憲法の知識や理解が「前提」となっている。

8) 現実的には，中学校で既習の憲法的知識などを，所属する高校の生徒の実情に応じて「復習」することはあり得ると考えている。

9) 前述注 6 の解説 29 ページ

10) この項目（1）の趣旨は，『「公共」の授業を創る』（橋本康弘編著　明治図書　2018 年）によっている。

11) 出典は「高等学校公民科公共『（社会的な見方・考え方として）考えられる視点例』」（「幼稚園，小学校，中学校，高等学校及び特別支援学校の学習指導要領の改善及び必要な方策について（答申）」（中教審第 197 号別添資料 3 － 5）。

12) 拙著『ライブ！　主権者教育から公共へ』（山川出版社　2020 年）中の「ドイツの政治教育」（pp.226），特に「ドイツの政治教育の教科書の目次」（p246 ～ 249）を参照していただきたい。「具体的な『問い』」とはどのようなものかお分かりいただけると思う。

13) 思考実験とは「思考上だけで成立すべき実験」（広辞苑）を指す。道具などを使って実際に実験するのではなく，あくまでも頭の中だけであれやこれやと考えてみる思考による実験である。特に大項目 A で思考実験を求められる場合，「社会的ジレンマ」などをさまざまな「見方・考え方」で考察する際，具体例がないと考察が難しいが，実例だと議論に馴染まないものが多いため取り入れられたものである。その意味で「見方・考え方」を使いやすい例を探し実践したい。

14) 新指導要領に示されている 13 課題（テーマ）は，(1) 主として法に関わる事項として，法や規範の意義及び役割，多様な契約及び消費者の権利と責任，司法参加の意義，(2) 主として政治に関わる事項として，政治参加と公正な世論の形成・地方自治，国家主権，領土（領海，領空を含む。），我が国の安全保障と防衛，国際貢献を含む国際社会における我が国の役割，(3) 主として経済に関わる事項として，職業選択，雇用と労働問題，財政及び租税の役割，少子高齢社会における社会保障の充実・安定化，市場経済の機能と限界，金融の働き，経済のグローバル化と相互依存関係の深まり（国際社会における貧困や格差の問題を含む。）があげられている。ただし，13 テーマ以上を授業者が設定することは可能である。

はじめに

「評価」とは何か？

明治大学特任教授　藤井　剛

1. はじめに

　今次の学習指導要領（2018 年告示）（以下，「新指導要領」）は，新科目「公共」などを新設しただけでなく，「評価」についても踏み込んでいる。「観点別評価」と「指導と評価の一体化」である。議論を行うと大変な分量になるので，必要な点だけ解説したい。

　これまで多くの高等学校現場では，テストだけで「評価」を行うことが多かった。例えば，「中間テストと期末テストの平均が 80 点以上ならば，5 段階評定で『5』」あるいは「中間テストと期末テストの平均を 9 掛けして，残りの 10 点が平常点[1]」という評価方法が一般的だったと感じている。しかし新指導要領では，単なる「知識・技能」だけでなく，「思考力・判断力・表現力」の育成を求め，その上に「主体的に学習に取り組む態度」の評価が求められている。さらに学習メソッドとして「アクティブ・ラーニング」の採用を求めている以上，新指導要領が求めている授業を実施すると，これまでのような「テストだけによる『評価』」は出来なくなる。そのため『「指導と評価の一体化」のための学習評価に関する参考資料　高等学校　公民』（以下「参考資料」）[2]には，

> 学習評価の現状としては，学校や教師の状況によっては，
> ・学期末や学年末などの事後での評価に終始してしまうことが多く，評価の結果が児童生徒の具体的な学習改善につながっていない，
> ・現行の「関心・意欲・態度」の観点について，挙手の回数や毎時間

ノートをとっているかなど，性格や行動面の傾向が一時的に表出された場面を捉える評価であるような誤解が払拭しきれていない，
・教師によって評価の方針が異なり，学習改善につなげにくい，
・教師が評価のための「記録」に労力を割かれて，指導に注力できない，
・相当な労力をかけて記述した指導要録が，次の学年や学校段階において十分に活用されていない，

などの課題が指摘されている[3]。ここでは，どのような手順で「指導と評価の一体化」を行うべきかを示したあと，本書の授業実践を例に具体的な検討を行いたい。

2.「指導と評価の計画」の作成

上記の問題意識のもと，学習評価改善の基本的な方向性として
①児童生徒の学習改善につながるものにしていくこと
②教師の指導改善につながるものにしていくこと
③これまで慣行として行われてきたことでも，必要性・妥当性が認められないものは見直していくこと（下線は筆者が付した）
が示された（「小学校，中学校，高等学校及び特別支援学校等における児童生徒の学習評価及び指導要録の改善等について（通知）」）。そのような評価改善を行うためには，
①どのような目標の授業なのか（身に付けるべき資質・能力の具体的なイメージ）と，どのような評価を行うかを事前に生徒に示して共有しておくこと
②それらを事前に示すことによって生徒に学習の見通しを持たせ，自己の学習の調整のきっかけを与えること
③生徒に授業の振り返りを行わせる際に，当初の目標が達成できたか，これからどのように学びを深めていくかの視点を持たせ，あわせて授業者は授業を振り返り，指導改善に活かしていくこと
が求められている。そのような「指導と評価の計画」作成の手順は

1. 単元の目標を作成する

2. 単元の評価規準を作成する

3. 「指導と評価の計画」を作成する

4. 授業を行う

5. 観点別評価に総括する

という手順を踏むことになる[4]。

単元の目標については新指導要領に、単元の評価規準については新指導要領と参考資料から理解を深めてもらいたいが、「内容のまとまりと単元の関係」について補足したい。参考資料には、多くの授業実践事例が掲載されているが、その事例の評価規準は「内容のま

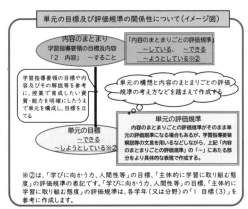

（山形県「目標－指導－評価の一体化ための学習評価リーフレット」2019年5月より）

とまり」ごとの評価規準である。「内容のまとまり」とは、新指導要領に示されている各教科などの「第1款 各科目」における各科目の「1 目標」及び「2 内容」の項目などをそのまとまりごとに細分化したり整理したりしたものである。つまり例えば、教科書の「単元」と評価を行う「まとまり」が異なることもありうる。2つの場合に分けて説明する。

①中項目を分割して単元を設定する場合

「内容のまとまりごとの評価規準（例）[5]」をもとに、その「内容のまとまり」を構成するいくつかの「単元」について評価規準を作成する。具体的には、「内容のまとまりごとの評価規準（例）」の記載内容をもとに、それを細分化しつつ具体化した「単元の評価規準」を設定することが可能である。

Ⅱ中項目を統合して単元を設定する場合

複数の内容の「まとまりごとの評価規準（例）」をもとに、それを

束ねる「単元」として 「内容のまとまり」を超えて評価規準を作成することが可能である。

いずれにせよ「公共」では，その授業の性格上，各単元において取り扱う事象は具体的な社会的事象であり，そこで取り扱う主題や設定する「問い」も具体的な事象をもとに設定されることが一般的である。そのため，「内容のまとまりごとの評価規準（例）」を参考にしつつ，新しい学習指導要領解説などの記述を用いて具体的な「単元の評価規準」を設定することが求められている。またそのためには，各中項目の目標の確認が重要となる。

「内容のまとまり」が設定されたら，学習内容のまとまりにおいて目標と評価規準を設定することになる。ここでは「まとまり」における各観点の評価規準作成における具体的な評価の方法について確認したい[6]。

(1)「知識・技能」の評価について

参考資料には具体的な評価の方法として，ペーパーテストにおいて，事実的な知識の習得を問う問題と，知識の概念的な理解を問う問題とのバランスに配慮するなどの工夫改善を図るとともに，例えば，生徒が文章による説明をしたり，各教科などの内容の特質に応じて，観察・実験したり，式やグラフで表現したりするなど，実際に知識や技能を用いる場面を設けるなど，多様な方法を適切に取り入れていくことが考えられる，と記載されている。ポイントは，単なる「穴埋め（＝単語や用語の確認）」だけを行うのではなく，「概念」を問う問題[7]がバランスよく出題されているかどうかである。

ペーパーテストでは単語を問う「穴埋め」問題は必要であるにせよ，例えば「法の支配を簡潔に説明せよ」と1〜2行で説明させる問題や，「現在の円安ドル高現象を説明する際，下記の資料の中で利用すべき資料はどれか」などの資料を選ばせる問題（「技能」を評価する）などが考えられる。また「技能」については，例えばレポートや研究発表の際に，どのような資料を選択するか（効果的な資料か，一次資料か，資料を正確に読み取っているかなど）も評価の対象になるだろう。

(2)「思考・判断・表現」の評価について

　参考資料には具体的な評価の方法として，ペーパーテスト以外に，論述やレポートの作成，発表，グループでの話合い，作品の制作や表現等の多様な活動を取り入れたり，それらを集めたポートフォリオを活用したりするなど評価方法を工夫することが考えられる，と記載されている。

　まず論述やレポートを評価する際はルーブリック[8]を取り入れ，そのルーブリックを生徒に事前に示しておくことが重要である。

　またペーパーテストでも「日本の銀行金利が0.01％，アメリカの銀行金利が6％のとき，円安になるか円高になるか説明しなさい（円高，円安を答えさせるだけでも十分に「思考力」を評価できる）」や，授業で模擬裁判を実施しているならば，その模擬裁判とは異なる事例を示し「裁判員として，理由を付して有罪・無罪になるか論じなさい」などの事例を変えた「思考問題」や，いくつか資料を示して「公害は法的規制が必要であることを，トゥールミンモデルを用いて図示しなさい」などの問題が出題できるだろう。さらに発表やプレゼンテーションではパフォーマンス評価を取り入れ，ルーブリック同様に事前に生徒に示して評価したい。

(3)「主体的に学習に取り組む態度」の評価について

　参考資料には具体的な評価の方法として，ノートやレポートなどにおける記述，授業中の発言，教師による行動観察，生徒による自己評価や相互評価等の状況を，教師が評価を行う際に考慮する材料の一つとして用いることなどが考えられる，と記載されている。しかし，注意しなければならない以下のような点がある。

　　しかし，具体的な評価方法を考えるとき，以下の点に留意する必要がある。
　　「主体的に学習に取り組む態度」については，挙手の回数やノートの取り方などの形式的な活動ではなく，児童生徒が「子供たちが自ら学習の目標を持ち，進め方を見直しながら学習を進め，その過程を評価して新たな学習につなげるといった，学習に関する自己調整を行い

ながら，粘り強く知識・技能を獲得したり思考・判断・表現しようとしたりしているかどうかという，意思的な側面を捉えて評価することが求められる」とされている。

　また，答申において，「このことは現行の『関心・意欲・態度』の観点についても本来は同じ趣旨であるが」，上述のような「誤解が払拭し切れていないのではないか，という問題点が長年指摘され現在に至ることから，『関心・意欲・態度』を改め『主体的に学習に取り組む態度』としたものである」と指摘されている。(「児童生徒の学習評価の在り方について（報告）」平成31年1月21日，中央教育審議会初等中等教育分科会教育課程部会，なお下線は筆者が付した)

　上記の報告から「授業中の発言，教師による行動観察」とは，挙手の回数などではないことが理解できる。つまり，教科の評価の観点の趣旨に照らして，
　① 知識及び技能を獲得したり，思考力，判断力，表現力等を身に付けたりすることに向けた粘り強い取り組みを行おうとしている側面
　② ①の粘り強い取り組みを行う中で，自らの学習を調整しようとする側面
　　（下線は筆者が付した）
という二つの側面を評価することが求められている。参考資料には，次の図でその評価イメージが示されている。

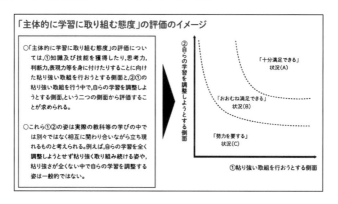

この**図**から,「粘り強い取り組みを行おうとする側面」と「自らの学習を調整しようとする側面」から評価することが読み取れる。具体的には,ポートフォリオを提出させ,どのような資料にあたり,試行錯誤を繰り返しているかを読み取ることが考えられる。また,中間発表会などを行い,他の生徒からの意見を採り入れながら,調査・研究を深めていったかも読み取ることが出来る。あるいは,授業前に理解していたことと,授業後に理解したことを比較して「学び」を振り返えらせ,今後の学びの方向性を考えさせることもできる。そのためには,

①「まとまり」の始めに「見通しを立てさせる」こと

②学習の途中で「学習改善につなげる評価」を行い,適切に指導すること

③「まとまり」の終わりに,学習を振り返る時間を十分確保することがポイントとなる。

3. 本書の「授業実践」編の評価

本書ではこれ以降,「公共の授業実践と評価」編が続く。各実践では,評価例が示されているが,その中からいくつかを取り上げて検討したい。

(1)「3 模擬裁判員裁判で司法参加を考える」(p.118) より

定期テストでは授業で行った模擬裁判の事例と異なる事件を示し,

> **問1** あなたが裁判員だったとして,この被告人に質問ができるとしたら,有罪・無罪を考えるためにどのような質問をしますか。裁判員として適切な質問を具体的に書きなさい。

を問うている。この**問1**は,模擬裁判で身に付けた「有罪・無罪を判断する際に必要な資料（証拠）とは何か」を利用して解答させようとしているもので,思考・判断とその前提となる資料集めの技能を評価する問題といえる。また

> **問2** 上の事件概要,検察官の主張,弁護人の主張,証拠①〜⑧に書かれている内容を読み,あなたが裁判員だった場合,どのような

判決（有罪・無罪）を言い渡すか書きなさい。解答欄の【有罪 無罪】のどちらかに〇をつけ，理由を書きなさい。その際，以下の点に注意して下さい。

1. 授業などで学んだ「証拠に基づく事実認定」に沿って説明せよ。
2. 証拠の番号を具体的にあげて説明すること。1つの説明で複数の証拠を引用してもよい。

との**問2**は，模擬裁判で身に付けた「証拠に基づく事実認定」の手法を，ペーパーテストで再現させようとした点で，判断するために必要な資料を選択する技能と，その資料から思考・判断・表現を評価する問題となっている。

前述したように，このようなペーパーテストでも「思考・判断・表現」を評価できることが確認できる良問だと考えられる。

(2)「10　持続可能な財政と社会保障制度を実現するには？」(p.242) より

授業で使用するワークシートの最後に，授業のまとめとして

①この授業で「何がわかった」か，「何がわからなかった」かを振り返らせ
②「わかったこと」「わからなかったこと」をもとに，社会保障制度を持続可能にするための問いの文を作らせる

このことによって，本時で学んだことを基礎に，持続可能な社会保障を考察させようとしており，「問いの文」の作成を通して，思考・判断・表現を評価する「問い」になっている。

ただし，このようなまとめを行う一方，授業の初めに「社会保障や財政問題について学びたいことの『問い』」を立てさせ，「社会保障制度について考えていること（知っていること）」などを書き出させたうえで，振り返りの時間にそれらの文章を読み返させながら，授業で「分ったこと」「分らなかったこと」，そして「これから考えてみたい，調べてみたい新たな『問い』」を書き出させて，その変容などを評価する方法もあっ

たと考えられる。

（3）「11　今日の市場経済における政府の役割を考える」（p.254）

授業で使用するワークシートの最後に，授業のまとめとして

> 単元の主題に対する自分の考えを「100字」以内でまとめてみよう

との作業があり，授業を通して学んだことを表現させて評価しようとしている。ただし（2）同様，授業冒頭で「政府の役割」や「市場を放っておくとどのようなことがおきるのか」などを記述させておき，この振り返りの時間で読み返させることができれば，生徒本人が変容に気づくことになるはずである。

以上のように，次章以降の実践例を検討すると，新しい評価方法に気づくはずである。是非，研究していただきたい。

注
1）そもそも「平常点」とは何なのだろうか。本来は，生徒にきちんと説明できるかを検討しておくべきだろう。
2）『「指導と評価の一体化」のための学習評価に関する参考資料　高等学校　公民』，（文部科学省国立教育政策研究所　東洋館出版）には，「（1）各教科等の目標及び内容を『知識及び技能』，『思考力，判断力，表現力等』，『学びに向かう力，人間性等』の資質・能力の三つの柱で再整理した新学習指導要領の下での指導と評価の一体化を推進する観点から，観点別学習状況の評価の観点についても，これらの資質・能力に関わる『知識・技能』，『思考・判断・表現』，『主体的に学習に取り組む態度』の3観点に整理して示し，設置者において，これに基づく適切な観点を設定することとしたこと。」「（4）特に高等学校及び特別支援学校（視覚障害，聴覚障害，肢体不自由又は病弱）高等部における各教科・科目の評価について，学習状況を分析的に捉える観点別学習状況の評価と，これらを総括的に捉える評定の両方について，学習指導要領に示す各教科・科目の目標に基づき学校が地域や生徒の実態に即して定めた当該教科・科目の目標や内容に照らし，その実現状況を評価する，目標に準拠した評価として実施することを明確にしたこと。」（下線は筆者が付した）と示されており，この通知を受けて都道府県教育委員会から各高等学校に「観点別評価」実施について指示があり，2021年度は各校とも「観点別評価」作成に多くの時間がとられていた。そのため，新科目「公共」などの授業準備が遅れたといえる。なお，HPにアップもされている。
https://www.nier.go.jp/kaihatsu/pdf/hyouka/r030820_hig_koumin.pdf
3）「小学校，中学校，高等学校及び特別支援学校等における児童生徒の学習評価及び指導要録の改善等について（通知）」（文科省　平成31年3月29日）。ただし一部省略してある。
4）この手順で考えるべきことは，本書「結び　これからの『公共』」（p.339）に多くの示唆がある。「単元レベルで授業目標を考える」「単元で授業時間配分を考えると，『話し合いの時間』もとれる」「小単元で『3観点』すべてを評価できなくても，最終的な大単元で3観点からなる目標が達成されればよい」「C評価は，教員の授業評価である」など挙げればきりがない。熟読されたい。
5）「参考資料」115～119ページ参照。
6）「参考資料」10～11ページ参照。なお，一部分省略してある。
7）「使う」ではないことに注意していただきたい。あくまでも「知識」としての「概念」を問うているのであり，「使う」ということは「思考・判断・表現」の評価になる。
8）ルーブリックについては，『大学教員のための　ルーブリック評価入門』（ダネル・スティーブンス／アントニア・レビ著　玉川大学出版部）が参考になる。「大学教員のための」とあるが，高等学校でも十分利用できる内容である。

公共
の授業実践と評価

大人として他者とどのように向き合うべきか
―ジグソー法で自分の考えを表現する授業―

羽山　和弘
は　やま　かずひろ

千葉県立松戸向陽高等学校教諭・教員歴13年
担当科目：公共

実践授業の概要

教科：**公民**　　　　科目：**公共**　対象学年：**高校1年**

実施クラス：**1クラス**　1クラスの人数：**24名**

◆ 本実践のメッセージ

　2016年に改正公職選挙法が施行され，18歳で選挙権が付与されるとともに2022年に改正民法が施行され，成年（成人）年齢が20歳から18歳に引き下げられた。これを受けて，主権者教育や法教育，消費者教育などさまざまな分野で「大人として（あるいは18歳，主権者として）どのような能力を身につけるべきか」という議論が数多くなされている。その中では，投票や結婚，契約など「18歳になったらできること」や未成年者取り消し権など「18歳になったらできなくなること」を主たるテーマとして取り上げ，その中で気を付けるべきこと，大切にすべきことについて生徒に考えさせる教材の開発・研究が進んでいる。

　しかしながら，法や社会のシステムを超越して，そもそも「大人とは何か？」「大人としてどのように生きるべきか？」という在り方生き方を考えるような教材の開発・研究は極めて少ないと感じている。もちろん「成人」としての法的責任や主権者としての生き方を考えることは極めて重要であるが，人間はその人生の中で「家庭の中での自己」「市民社会の一員としての自己」「働く者（労使の立場を問わず）としての自己」など，さまざまな小社会の中に自己を投じて生活しており，その中での「大人としての在り方生き方」について考え，悩みながら生きることになる。

　本実践はそのような「大人としての在り方生き方」を生徒とともに考えることを主眼としている。「生徒とともに考える」としているのにはいくつか理由がある。まずは，教員を含めたわれわれ「大人」が，「大人としての在り方生き方」を定義出来ていないという点である。そのため，知識として「大人としての在り方生き方」を理解させることは当然のことながら極めて難しい。また，高校生はさまざまな場面において「理想と現実」や「自己と他者」などをめぐる心理的な葛藤を抱える時期にある。そのような発達段階を迎える生徒に，権力としての大人の代表といっても過言ではない教員が，教条的に授業を展開しても実感がわきにくく，押しつけがましい授業になってしまうのではないかと考える。

　そこで，本実践では大人（教員）も判断に迷ってしまうようなさまざまな他者との関わりの場面における「選択」を通じて，その選択が「大人」としてのあるべき行動・態度なのか，そして，もしその選択が「大人としての行動」であるならば，なぜそうといえるのかを生徒とともに議論しながら「大人とは何か？」を考えていきたい。

■ 単元の指導計画と評価

ア　単元の学習指導計画

第1時　第2時　大人として他者とどのように向き合うべきか？　本時

イ　単元観

　本単元は，学習指導要領（2018年告示）における「大項目A（1）イ（ア）社会に参画する自立した主体とは，孤立して生きるのではなく，地域社会などの様々な集団の一員として生き，他者との協働により当事者として国家・社会などの公共的な空間を作る存在であることについて多面的・多角的に考察し，表現すること」に対応している。また，学習指導要領解説では，「全ての人々が，国家や地域社会，家庭などの様々な集団を構成する一員であり，相互に関わり合い支え合う主体として協働しながら，全ての個人が最大限に尊重され一人一人の幸福が実現できる国家・社会などの公共的な空間

を作り維持していく存在であるということ」を考察すべき対象としている。以上より、「大人として他者とどのように向き合うべきか」を考察することを通じて，自らが大人として成長したのち自立した主体として，あるいは，さまざまな集団を構成する一員としてどのように生きていくのか，その在り方生き方を生徒たちと議論・考察する授業を展開したい。

ウ　単元の観点別評価規準

知識及び技能 知	思考力・判断力・表現力 思	主体的に学習に取り組む態度 主
• 自らの体験や他者との対話などを振り返ることを通して，「大人」としての在り方生き方について理解している。 • 資料を正しく読み取ることを通じて，人間が他者との関わりの中で生きる社会的な存在であることを理解している。	• 他の生徒との対話を通じて，他者との協働によりさまざまな集団の中で生きる人間としての在り方生き方について多面的・多角的に考察し，自らの意見を適切に表現している。	• 他者との協働により公共的な空間を形成する存在として，主体的に学習に取り組み，「大人として他者とどのように向き合うべきか」ということについて考察しようとしている。

◆ 本実践の「問い」（主題）

「大人として他者とどのように向き合うべきか」

　将来的には，すべての生徒が「大人」として，さまざまな他者と協働しながら社会の一員として生活していくことになる。またその生活は，家庭・仕事・市民社会といった異なる集団や場面において，他者との関係を巡る数多くの選択を生徒たちに迫ることになる。そこで，生徒にとって大人として将来直面しそうな事例を示し，「大人として他者とどのように向き合うべきか」という問いを投げかけることによって，生徒の興味・関心を高めるとともに，他の生徒との対話を通じた自分なりの「大人像」を考察させていきたい。

◆ 本実践で活用する見方・考え方

「個人の尊重」「人間の多様性」「社会的存在としての人間」

　授業の中でこれらのキーワードに直接的に触れることはないが，教員

と生徒，あるいは生徒同士の対話を通じて，各個人の間には生い立ち，社会的・経済的・文化的背景から生まれる価値観や人生観についての差異があり，人間はそのような差異を尊重し，理解し合いながら生きる社会的存在であることを認識させたい。また，自らの価値観形成において他者の意見に触れることの重要性にも気付かせたい。

◆ 本実践の目標（観点別評価規準）

知識及び技能 知	思考力・判断力・表現力 思	主体的に学習に取り組む態度 主
• 自らの体験や他者との対話などを振り返ることを通して，「大人」としての在り方生き方について理解している。 • 資料を正しく読み取ることを通じて，人間が他者との関わりの中で生きる社会的な存在であることを理解している。	• 「大人として他者とどのように向き合うべきか」ということについて，他の生徒との対話を通じて，多面的・多角的に考察し，自らの意見を適切に表現している。	• 主体的に学習に取り組み，「大人として他者とどのように向き合うべきか」ということについて考察しようとしている。 • 他の生徒との対話を通じて，課題を多面的・多角的に捉え，主体的に自らの意見を構築しようとしている。

◆ 授業実践

1．教材など

（1）ワークシート・資料　※資料の各事例はオリジナルのもの。
（2）ホワイトボード，マーカー　※ジグソー活動後の発表で使用。

2．本時の展開

◆ 1時限目

〔導入：テーマの確認と最初の問い／10分〕

> 教員（T）：私たちは普段，さまざまな他者と関わり合いながら生きています。そして君たちは近い将来，「大人」としてさまざまな他者と関わることになります。そのとき，他者に対してどのような態度や行動を取ることが「大人」なのでしょうか？　まず最初に，現段階での自分の意見を書いてみましょう。
> 生徒（S）：（ワークシートに自らの意見を書く）
> T：（生徒に意見を発表させる）

＊ここでは意見の共有が目的のため深入りはしない

〔展開：さまざまなシチュエーションから「大人」としての態度，行動について考察する／35分〕

　T：それでは，みんなで少し議論をしながら「大人として他者とどのように向き合うべきなのか？」ということについて考えていきたいと思います。まずこれから行う活動の注意点，大前提を説明します。
① これから議論する問いに正解はありません。周囲のクラスメイトと議論をしながら，「自分なりの答え」を見つけることが目標です。
② 「なぜその結論に至ったのか?? なぜその結論が大人として正しいと考えたのか」を深く考え，言葉にすることが大切です。
③ 班での結論を出すときには，できるだけ「全員一致」を目指してください。

（1）個人での活動①（5分）
　T：皆さんに資料を配ります。この資料には，あるシチュエーション（事例）が書かれています。まず，Step1に書かれているシチュエーションにおいてA，Bどちらの行動がより「大人な行動」かを選び，その理由を書いてください。話し合いは禁止です。あくまで現段階での自分なりの意見を書いてください。理由は箇条書きで構いません。そして，理由はできるだけたくさん書きましょう。質より量です。
　＊資料は4種類，列ごとに異なる資料を配る。
　S：（ワークシートに，資料を読んで自らの意見を書く）

（2）個人での活動②（5分）
　T：今度は，裏面のStep2です。ここに書かれているシチュエーションはStep1に書かれているものと似ています（というかほぼ同じです）が，下線部分を少し変えています。このシチュエーションではA，Bどちらの行動がより「大人としての行動」でしょう？ あなたの選択はStep1と「変わる」，「変わらない」どちらでしょう？ 選んでみてください。そして，「選択を変えなかった理由」「選択を変えた理由」を書いてみてください。
　S：（ワークシートに自らの意見を書く）

(3) エキスパート活動（10分）

T：では，次のステップに移ります。気付いている人もいるかもしれませんが，配付した資料は4種類の事例が書かれていました。今度は，同じ事例について考えた人たち同士で集まって，「自分なりの答え」をぶつけ合ってください。その上で，グループごとにA，Bどちらの行動がより「大人としての行動」か，理由とともに考えましょう。

S：（同じ列＝同じ資料を読んでいる生徒と議論を行う）

(4) ジグソー活動（15分）

T：では，また新たなステップに移ります。今度はグループをシャッフルして，1つのグループに4つのシチュエーションについて考えた人がそれぞれ1人以上集まるようにグループをつくります。そして，次のように議論をしてもらいます。

① 最初に1人ずつ自分の事例と2つの選択肢を説明します。

② エキスパート活動でのグループの結論とその理由を説明します。

③ 各グループがその結論に至った「理由」を比較して，その共通点と相違点を考え，そこから「大人とは他者に対してどのような行動，態度を取ることができる人のことを言うのか？」を考え，まとめます。

④ ③の結果を発表します。

S：（新たなグループで議論を行う）

〔まとめ：グループでの発表を行う／5分〕

◎実際の授業で出てきた生徒たちの考え

・自分より相手のことを考えて行動している。（複数）

・今より先のことを考えている。

・自分の利益より相手の利益を考え，優先することができる。

・年上を敬い，将来を考えられる。

◆2時限目

〔導入：前時で出た意見の整理，確認／5分〕

〔展開1：各シチュエーション，問いの意図を説明／5分〕

T：実は，この4つの事例ですが「自分の目の前にいて関わっている相手は誰か」という部分が微妙に違っています。私たちは普段さま

ざまな人たちと関わり合いながら生きていますが，関わる目的や度合い（距離，近さ）というのは当然それぞれ違っています。例えば，家族，登下校中すれ違う人，学校のクラスメイトなどはみんな自分とは違う他者ですが，なぜ一緒にいるのか，なぜ一緒に活動するのか，どれくらい一緒にいるのか，どんな状況になったら距離を置くのかすべて違います。また，普段他者とともに生活していく中で，日々の行動が「他者よりも自分を優先する」場合と「自分よりも他者を優先する」場合がありますよね。4つのシチュエーションはこの点も異なるよう設定されています。その上で，日々私たちが出会うさまざまな他者との関係を分類してみると，ワークシート「4. 大人って？？」の図のように分類できるのではないでしょうか。

縦軸は，「同じ空間にいて関わる時間」が長いか短いか。簡単に言ってしまえば，上に行けば行くほど，よくその人と話したりともに行動したりすることが多い。逆に，下に行けば行くほど，ともに行動することは少なく，もう二度会うことのない人と言えます。

横軸は，「自分のために行動するか」「他人のために行動するか」ということになります。

そうすると君たちの選択は，だいたい以下の4パターンに分けられるのではないでしょうか？

① 「他者のため」より「自分のため」を優先，かつ他者は自分にとって近い存在の方がより大切
② 「自分のため」より「他者のため」を優先，かつ他者は自分にとって近い存在の方がより大切
③ 「他者のため」より「自分のため」を優先，かつ他者は自分にとって遠い存在の方がより大切
④ 「自分のため」より「他者のため」を優先，かつ他者は自分に取って遠い存在の方がより大切

〔展開2：前時の意見を参考に4象限のうちどれがより「大人」なのかを考察する／25分〕

(1) 個人での活動（7分）

T： それでは，前回のグループでの議論や発表を参考にしながら，自分としては①〜④のどこが「大人としての他者との向き合い方」なのかを考えてみましょう。

S：（ワークシートに自らの意見を記入する）

(2) 意見の共有（2〜3分）

　　T：それでは，自らが書いた意見を周りの人たちと共有してみましょう。

　　S：（近くの生徒と意見交換を行う）

(3) 発表及び生徒との対話（15分）

　　T：まず，①〜④の人数を簡単に数えてみましょう。

　　　＊実際の授業では，④＞②＞①＞③の順であった。

　　T：②や④が多いですね。何人かにその理由を聞いてみよう。

　　SA（④を選択）：なんか自分優先って子どもっぽい。

　　SB（④を選択）：私も。①は小学生でもできるけど，④はなかなかで
　　　きることじゃない。もちろん大人でもできる人は少ないと思うけど，
　　　大人として正しいのは④だと感じる。

　　SC（②を選択）：他者を優先できるのは，最大の優しさでもあり，余
　　　裕があると思う。余裕があるのはかっこよくて大人だと思う。

　　T：なるほど。「大人の余裕」なんてよく言うよね。Cさんはその余裕
　　　を「他人を優先させること」と考えるんだね。他の人も同じような
　　　感じかな？どれだけ自己犠牲できるかが大人って感じ？（生徒たち
　　　はうなずく）ありがとう。じゃあ，今度は①や③を選んだ人に聞い
　　　てみよう。

　　SD（①を選択）：きれいごとではなく，自分の幸せを最優先にするの
　　　は当然。他人のために身近な人をないがしろにするのは，考えが足
　　　りてないというか，子どもっぽい気がする。

　　SE（①を選択）：他人を引き立てて優先することだけが大人じゃない。
　　　今ある力（能力）を優先するくらいなら，その力を使って自分を優
　　　先してもよい。優しさで自己犠牲を選ぶのだけが大人というのは違
　　　うと思う。

　　T：なんでそう思うの？まとまっている範囲で教えて。

　　SE：うーん。自分が満たされることで，他の人にもいい影響を与え
　　　るっていうか…。

　　T：おっ，新しい視点が出てきましたね。自分が我慢して他者のために
　　　尽くすのではなく，自分のやりたいことややるべきことができてい
　　　る状態の方が，結果的に他者のためになるっていうことかな？？（生
　　　徒Eうなずく）DさんはEさんの意見を聞いてどう思う？

　　SD：私も同感かな。他者を優先して自分がつぶれてしまったらしょ

うがない。

T：ちなみに，君たちからみて私の生き方は①〜④のうちどれに当てはまると思う？

S F：絶対①！！帰るのすごく早いし，私たちより子どもとか奥さん優先って感じ！（ほぼ全員の生徒がうなずく）

T：確かにそうかもしれないなー。じゃあ，②とか④を選んだ人に聞きたいのだけど，私は「大人」じゃない？

S G：それは違うような…。

T：逆に，①や③を選んだ人にも聞きたいんだけど，④のような先生もこの学校にはいるよね？遅くまで話を聞いてくれたり，実習の準備をしてくれたり…。彼らは「大人」じゃない？

S D：「大人」じゃないっていわれると…，そうとは言えない…。

T：改めて「大人として他者とどう向き合うか」というのは難しい問題なのかもしれませんね。もっともっとみんなと議論をしたいけれども，そろそろまとめに入りましょう。

〔まとめ／15分〕

T：それでは，2回の授業を振り返りながら「他者との関わり」という視点から，改めて「大人とは何か？」ということを考えてみましょう。また，自分なりの大人像と現在の自分を比べてみて「自分が大人に近づいているな」と感じる点と，逆に「自分が大人とかけ離れているな」と感じる点も考えてみましょう。

◆ 本実践の評価方法や評価の場面

知識及び技能 知	具体的な場面
• 自らの体験や他者との対話などを振り返ることを通して，「大人」としての在り方生き方について理解している。 • 資料を正しく読み取ることを通じて，人間が他者との関わりの中で生きる社会的な存在であることを理解している。	・資料を正しく読み取り，自らの意見をまとめる過程で，人間が「大人」として生きていく中で，さまざまな集団の一員として生活していることを理解している。 （ワークシート，観察）

思考力・判断力・表現力 思	具体的な場面
● 「大人として他者とどのように向き合うべきか」ということについて，他の生徒との対話を通じて，多面的・多角的に考察し，自らの意見を適切に表現している。	・与えられた問いに対して，自らの体験などを振り返りながら意見をまとめ，他の生徒へ適切に自らの意見を表現することができる。（ワークシート，観察） ・対話を通して，「大人として他者とどのように向き合うべきか」という点について，他の生徒の意見を取り入れながら，自らの意見を再構築し，適切にまとめることができる。（ワークシート，観察）

主体的に学習に取り組む態度 主	具体的な場面
● 主体的に学習に取り組み，「大人として他者とどのように向き合うべきか」ということについて考察しようとしている。 ● 他の生徒との対話を通して，課題を多面的・多角的に捉え，主体的に自らの意見を構築しようとしている。	・1時間目の「大人として他者とどのように向き合うか」という問いに対する自らの意見と，授業内での対話で見られた他の生徒の意見を比較しながら，自分なりの大人像を形成しようとしている。（ワークシート，観察） ・問いに対して，自らの体験などを通して自分ごととしてとらえ，主体的に課題に取り組もうとしている。（ワークシート，観察）

◆ 本実践の成果と課題

1．成果

（1）授業内容

　生徒が他の生徒や教員との対話を通して，他者との関わりという視点から「大人とは何か？」ということについて考え，自分なりの大人像を構築しようとする様子が見られた。また，多くの生徒が他者の利益を優先させることを大人であると考えていたが，対話を通じて自己と他者とのバランスの重要性に気が付く様子も見られた。授業においてキーワードとして触れることはなかったが，「自己の確立」や「他者との望ましい人間関係の構築」など青年期のさまざまな発達課題について，「大人とは何か？」という問いを通して，生徒自身の力で主体的に考察することができていたと感じた。

(2) 授業方法

ジグソー法を用いることによって，多面的・多角的に「大人として他者とどのように向き合うか」ということを考察することができた。また，いきなり対話を始めるのではなく，個人での活動の時間を設けたことにより，生徒が問いと丁寧に向き合い，自己内対話を行っている様子が見られた。さらに，資料に示されたシチュエーションも生徒たちにとって比較的イメージしやすいものであったようであり，生徒たちの活発な議論につながった。

2．課題
(1) 授業内容

本実践は，18歳成年に対応する教材開発を目的として行われ，公民科の教員だけではなく家庭科の教員のアドバイスを受けながら，LHRや総合的な探究の時間での実践も視野に入れた授業実践である。そのため，「公共」で取り上げるべき内容である，青年期の特徴や先哲の思想などとの関連付けはきわめて弱いものとなっている。

「公共」の授業として実践を行う場合，生徒たちの議論からさらに発展させて，自らの意見の思想的背景を先哲の思想と関連付けながら考察させるという授業展開が，より対話的で深い学びへとつながるのではないかと考える。例えば，家族のように自らに時間・空間的に近い他者を重視するのであれば「儒教」，博愛主義的な他者との向き合い方であれば「キリスト教」といったかたちで，「大人として他者とどのように向き合うべきか」という問いから，先哲の思想が示す人間としての在り方生き方を考察することもできる（もちろん，先哲の思想が「大人とは何か？」という問いに対する答えを提示しているわけではないという点には留意する必要がある）。また，自己の利益という視点からは，「自由」「幸福追求」といった近代人権思想と関連付けて授業を展開していくことも可能であろう。

授業実践の部分にもあるが，実際に授業を行ってみると「他者の利益」を優先する態度・行動をとることが「大人である」と答えた生徒が多数

いた。生徒が記入したワークシートを見ても，「自己犠牲」「他人に合わせる」「自己主張しない」ことが「大人」の条件であると考える意見が多く見られた。これは，たまたまそのように考える生徒が多いクラス（学校）なのか，（日本の）高校生全体がそのように考える傾向にあるのか，あるいは資料に示された事例の内容に問題があるのか，丁寧な検証が必要であると思う。しかしながら，生徒たちがもつ過剰な自己犠牲や他者指向，「我慢することが大切」という感覚は，自立した権利主体としての人間の生き方とは言えないだろう。

そもそも，われわれが生きる現代社会（あるいはわれわれが目指すべき理想の社会）は，「対等な」人間同士がそれぞれを尊重しながら対峙する公共的な空間であり，支配や従属の関係によって形成されるものではない。「大人とは何か？」という問いを通じてそのような対等な人間関係の重要性，そしてそのような関係を構築できる人間観や人生観を理解させるには，どのような資料を提示するのがよいのかが今後の課題であると感じた。

（2）授業方法

対話を通じて自分なりの「大人像」を構築するために，ジグソー活動を通した生徒同士の対話や教員との対話によって授業を展開したが，生徒たちがどのような意見を持ち，どのような議論を展開していたかが教員側から見えづらかった。またオープンエンドにする以上，生徒たちがよりたくさんの意見や考え方に触れた上で自分の考えを整理することが重要だが，すべての生徒の意見を集約することが出来なかった点が反省点である。

この点についてはFormsのアンケート機能や，テキストマイニングなどを活用することで，どのような意見があるのかが可視化され，論点が明確になったり対話だけでは見えない新たな論点が浮かび上がったりするのでないかと考えている。情報の収集，分析という点において大きな力を発揮するICTの活用によって，より対話的で深い学びへとつなげていきたい。

資料

資料（Step 1）

【事例1－1】

　あなたは、住宅リフォームの営業をしています。お客さんの要望を受けて、リフォーム案を作成しました。しかし、経験上、お客さんの要望通りの提案だと「年をとってから生活しづらい間取り」になりそうですし、資金的にも予算オーバーになりそうです。

　　A　お客さんの要望に沿ったものなので、自信をもって提案します。予算オーバーの件は、ローンの返済期間を延ばして、毎月の返済額は変わらないようにしてあります。

　　B　いくらお客さんの要望であると言っても、リフォームしたことによって将来的に生活しづらくなることが予想されるのであれば、正直に説明して変更を提案します。予算オーバーの件も、生活の根幹にかかわることなので指摘して、再考してもらいます。

【事例2－1】

　あなたは割と混んでいる電車で、（優先席ではない）座席に座っていました。今日は仕事で大変疲れています。この電車であと50分乗ると、自宅近くの駅に着きます。少し眠りたいと思っていたちょうどその時、70歳過ぎのお年寄りが乗ってきて私の前に立ちました。

　　A　今日は疲れているのであと50分も立っていたくありません。ここは、気づいていないふりをして眠ります。

　　B　疲れていますが、「これも『運命』」と諦めて席を譲ります。

【事例3－1】

　あなたは、配偶者（夫 or 妻）と2人の子どもと暮らしています。また、自分の両親は自宅のすぐ近くに住んでいますが、配偶者の母親は遠方に住んでいます（父親は数年前に亡くなっている）。配偶者から、高齢の母親をひとり暮らしさせるのは不安ですし、将来の介護のことも考えて、母親と同居したいと提案されました。ちなみに、母親本人は「まだまだ若いものには負けてられない」が口癖で、毎日精力的に様々な活動に取り組んでいます。

　　A　血がつながっていないとはいえ、家族の一員なので配偶者の提案を受け入れ、配偶者の母親と同居する。

　　B　家族の一員とはいえ、長年別々に暮らしている人と一緒に暮らすことには抵抗があるので、介護が必要になった時は老人ホームへの入居やヘルパーなどの利用を提案する。

【事例4－1】

　あなたは、ある町の住宅街で家族（子どもあり）とともに生活しています。ある日、近所の人から「騒音やごみの散乱などを理由として、近々この住宅街にある X 公園が閉鎖されることになるようである。X 公園はこのあたりに住む人々の憩いの場だと思っているし、子どもたちからも放課後、遊ぶ場がなくなるのは悲しいという声があがっている。だから、行政に対して住民たちで騒音やごみの散乱などへの対策を考えた上で、公園閉鎖の撤回をお願いしようと思う。主に土日に話し合いをすることになるが、あなたも一緒に参加してくれないか。」と言われた。確かに、X 公園は自分も子どもたちもよく利用している。でも土日は、子どもの習いごとの送迎や定期的に行っている子どもたちへの学習支援ボランティアの活動もある…。

　　A　自分も含めた地域住民の問題なので、自分自身の時間を多少犠牲にしても協力する。

　　B　自らの子どもや一緒にボランティアとして活動している人たちに迷惑をかけたくないので断る。

資料

資料（Step2）

【事例1－2】
　あなたは、住宅リフォームの営業をしています。お客さんの要望を受けて、リフォーム案を作成しました。しかし、経験上、お客さんの要望通りの提案だと「年をとってから生活しづらい間取り」になりそうですし、この提案だと会社の売上には貢献できそうですが、資金的にも予算オーバーになりそうです。会社の上司からは、ここでもう少し売上を伸ばせば昇進（昇給）も近いぞと言われています。

　　A　お客さんの要望に沿ったものなので、自信をもって提案します。予算オーバーの件は、ローンの返済期間を延ばして、毎月の返済額は変わらないようにしてあります。
　　B　いくらお客さんの要望であると言っても、リフォームしたことによって将来的に生活しづらくなることが予想されるのであれば、正直に説明して変更を提案します。予算オーバーの件も、生活の根幹にかかわることなので指摘して、再考してもらいます。

【事例2－2】
　あなたは割と混んでいる電車で、（優先席ではない）座席に座っていました。今日は仕事で大変疲れています。この電車であと50分乗ると、自宅近くの駅に着きます。少し眠りたいと思っていたちょうどその時、1歳くらいの子供を抱っこした女性（しかもカバンには妊婦マークをつけている）が乗ってきて私の前に立ちました。

　　A　今日は疲れているので、あと50分も立っていたくありません。ここは、気づいていないふりをして眠ります。
　　B　疲れていますが、「これも『運命』」と諦めて席を譲ります。

【事例3－2】
　あなたは、配偶者（夫 or 妻）と2人の子どもと暮らしています。また、自分の両親は自宅のすぐ近くに住んでいますが、配偶者の母親は遠方に住んでいます（父親は数年前に亡くなっている）。配偶者から、高齢の母親をひとり暮らしさせるのは不安ですし、将来の介護のことも考えて、母親と同居したいと提案されました。ちなみに、母親は軽度の認知症を発症していますが、今のところ日常生活に大きな支障はありません。

　　A　血がつながっていないとはいえ、家族の一員なので配偶者の提案を受け入れ、配偶者の母親と同居する。
　　B　家族の一員とはいえ、自らのこどもや配偶者との生活を優先したい。介護が必要になった時は老人ホームへの入居やヘルパーなどを利用すればよいと提案する。

【事例4－2】
　あなたは、ある町の住宅街で家族（子どもあり）とともに生活しています。ある日、近所の人から「騒音やごみの散乱などを理由として、近々この住宅街にあるX公園が閉鎖されることになるようである。X公園はこのあたりに住む人々の憩いの場だと思っているし、子どもたちからも放課後、遊ぶ場がなくなるのは悲しいという声があがっている。だから、行政に対して住民たちで騒音やごみの散乱などへの対策を考えた上で、公園閉鎖の撤回をお願いしようと思う。主に土日に話し合いをすることになるが、あなたも一緒に参加してくれないか。」と言われた。X公園は、この住宅街にあるとはいえ自宅から歩いて行くには比較的遠く、私も子どもたちも利用したことはほぼありません。土日は、子どもの習いごとの送迎や定期的に行っている子どもたちへの学習支援ボランティアの活動もある…。

　　A　自分も含めた同じ地域の問題なので、自分自身の時間を多少犠牲にしても協力する。
　　B　自らの子どもや一緒にボランティアとして活動している人たちに迷惑をかけたくないので断る。

ワークシート

ワークシート　〜大人として他者とどう向き合うか？〜

1．自分以外の他者に、どのような態度・行動を取ることが「大人」だと言えるのだろうか？　自分なりの考えを書いてみよう。

2．資料を読んで、A・Bどちらが「大人としての行動」か？考えてみよう。

資料（Step 1）	資料（Step 2）
（あなたの考え）　　A　・　B （理由）	（あなたの考え）　　A　・　B （理由）

3．エキスパート活動：同じ資料を読んでいる人たちと議論しながら、グループとしての意見をまとめよう。

（メモ欄）「なるほど〜」と思った意見を書いてみよう。	
A　・　B	
A　・　B	

3．ジグソー活動：自分以外の他者に対してどのような態度・行動を取ることが「大人」だろうか？

4．大人って？？

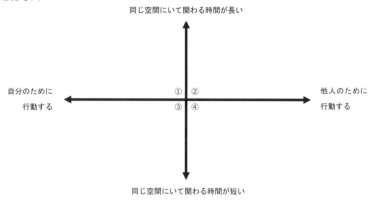

5．まとめ

① 対話を通じて「なるほど〜！」と思ったことをメモしてみよう。

② 今日の授業を振り返って、「他者との関わり」という視点から「大人とは何か？」という問いに対して、自分なりの答えをまとめてみよう。

③ 「現在の自分」と「②で書いたこと」を比べてみて、「自分が大人に近づいているな」と感じる点と、逆に「自分は大人とかけ離れているな」と感じる点をそれぞれ挙げてみよう。 （自分が大人に近づいているなと感じる点）   （自分が大人とかけ離れているなと感じる点）

（　　）組（　　）番　氏名（　　　　　　　　　　　）

正解のない問いと向き合うための「公共の扉」

―思考実験を通して多面的・多角的に考察させる授業実践―

久世　哲也
<せ　てつや>

東京都立向丘高等学校主任教諭・教員歴 10 年
担当科目：公共，倫理

実践授業の概要

教科：公民	科目：公共	対象学年：高校 1 年
実施クラス：7 クラス	1 クラスの人数：平均 40 名	

◆ 本実践のメッセージ

　高等学校公民科の教育現場において，思考実験，とりわけその典型としてのトロッコ問題などを授業でどのように扱うかについて，関心が高まっている。具体的には，学習指導要領（2018 年告示，以下同）の公共「大項目A　公共の扉」において，「倫理的価値の判断において，行為の結果である個人や社会全体の幸福を重視する考え方と，行為の動機となる公正などの義務を重視する考え方などを活用し，自らも他者も共に納得できる解決方法を見いだすことに向け，思考実験など概念的な枠組みを用いて考察する活動を通して，人間としての在り方生き方を多面的・多角的に考察し，表現すること。」と規定されたことで，高校生に思考力，判断力，表現力などを身に付けさせるための手段の一つとして，思考実験が，より積極的に教育実践に用いられるようになった。

　しかしながら，その典型としてのトロッコ問題などは，その内容が人の生き死にに直接関わるような極限状況を前提としたものであることもあり，良くも悪くも，思考実験の事例そのものが特定の価値を含んだものとして受け取られてしまうことがある。そしてそのことにより，マイケル・サンデルが「ハーバード白熱教室」（NHK，2010 年放送）で問いかけたような「正義」の議論や，義務論と功利主義の相克に関する議論にまで，授業の流れや学習者の考えが及びにくくなっている現状があ

ると言わざるを得ない。実際に 2019 年には，山口県の公立小・中学校で，トロッコ問題を資料にした授業に対して，保護者から「授業に不安を感じている」との指摘があり，両校の校長が授業内容を確認していなかったとして文書で謝罪する事態となった。（2019.9.29.「毎日新聞」https://mainichi.jp/articles/20190929/k00/00m/040/044000c）

　このような経緯もあってかトロッコ問題などの思考実験は，そのセンセーショナルな内容面ばかりが注目され，倫理的価値判断をさせる場面を創出するものとして授業を行う際には，さらなる工夫が必要なのではないかと考えられる。本実践では，大項目 A で公正を重視する義務論と幸福を重視する功利主義の間での相克が起きる場面をより効果的に創出するために，アナロジー思考や学習の転移などを活用しながら，思考実験としてのトロッコ問題を受けて，その後の授業展開をどのように行っていくべきかを，その評価方法とともに丁寧に考えていきたい。

■ 単元の指導計画と評価
ア　単元の学習指導計画
　　第 1 時　義務論と功利主義
　　第 2 時　思考実験としてのトロッコ問題
　　第 3 時　生命倫理　本時
　　考査　　環境倫理
イ　単元観
　　本単元は，学習指導要領における「大項目 A（2）公共的な空間における人間としての在り方生き方」に対応している。学習指導要領解説では，思考実験など概念的な枠組みを用いて考察する活動の例として，「最大多数の最大幸福を実現するが特定の人に大きな負担を課すことになる政策と，効用の総量を最大化できないがお互いを配慮し全員の効用を改善し得る政策とを比較し，どちらが望ましいと考えるか」や，「牧草地を共有している農民たちが，各自が利益を増やそうとして放牧する家畜の数を増やしすぎると，牧草地はどうなるか」などが挙げられている。また解説では，「指導に当たっ

ては,『環境保護,生命倫理などの課題を扱うこと』(内容の取扱い)
としているが,ここでは課題を解決することを求めているのではな
く,公共的な空間における人間としての在り方生き方を考察するた
めの選択・判断の手掛かりを理解できるようにすることがねらいで
あることに留意する」ともされている。

　以上より,環境倫理の課題として個人と社会の間で価値のぶつか
り合いが起き葛藤を生じさせる事例,そして生命倫理の課題とし
てトリアージ的なものの是非を問う事例に関するものをそれぞれ
選択し,かつそれらが,人間としての在り方生き方を考察するた
めの選択・判断の手掛かりの理解に資するものになるよう,内容
を構成した。

ウ　単元の観点別評価規準

知識及び技能 知	思考力・判断力・表現力 思	主体的に学習に取り組む態度 主
• 選択・判断の手掛かりとして,功利主義の考え方と,義務論の考え方について理解している。 • 功利主義と義務論の考え方を活用することを通して,倫理的価値の判断を自ら下すことが,よりよく生きていく上で重要であると理解している。 • 倫理的価値に関わる諸資料から,必要な情報を収集し,読み取る技能を身に付けている。	• 倫理的価値の判断において,功利主義と義務論の考え方を活用して,自らも他者も共に納得できる解決方法を考察し,その考察した結果を適切に表現している。 • 概念的枠組みを用いることで,より多面的・多角的に考察したうえで,倫理的判断を下している。	• 倫理的課題に関する自らの判断が,功利主義と義務論のどちらに基づいたものかを粘り強く把握しようとするとともに,その判断基準について振り返り,自らの学びを調整しようとしている。

◆ 本実践の「問い」(主題)
「最大多数の最大幸福によって正当化しきれないものはあり得るか」

　数や量の論理によって物事が正当化されることの是非について問うこ
とは,大項目Bで政治的主体として議論・考察・構想を行わせる際にも,
課題を捉えさせる視点として有効に機能し得る。ただしここでは,より
広い視点から,帰結主義としての幸福と,非帰結主義としての公正との
間での相克に関する議論を行わせるようにしたい。高校生は,最大多数

の最大幸福を実現させるものを正解として捉えがちであるが，それを絶対的・普遍的な正解として短絡的に選択されると思考停止を招き，答えのない問いに向き合う力が失われると考えられる。正解のない問いを通して学ぶことで非帰結主義の典型としての義務論を，高校生により深い思考を促す契機にしたい。また社会で実際に起きたことや多数が支持しているものが，必ずしも正解とはなり得ないことに気付かせ，問い続ける姿勢を涵養したい。

◆ 本実践で活用する見方・考え方
「功利主義」「義務論」

　大項目Aの単元であることを前提に，今後の学習において課題を捉える視点として見方・考え方が発揮されるように，「功利主義」「義務論」を，倫理的価値の内容を一般化させるキーワードとして習得させる。その際には，生徒の経験知や生活知とは異なった見方・考え方が習得されるように，思考実験を用いて考察させる活動を取り入れるようにする。

◆ 本実践の目標（観点別評価規準）

知識及び技能 知	思考力・判断力・表現力 思	主体的に学習に取り組む態 主
• トロッコ問題で学んだ功利主義と義務論の考え方の重要性を理解し，生命倫理や環境倫理に関する判断を下す場面に応用している。 • 生命倫理や環境倫理に関する諸資料から，必要な情報を収集し，読み取る技能を身に付けている。	• 功利主義と義務論が相克する場面において，自らも他者も共に納得できる解決方法を考察し，その結果を適切に表現している。 • トロッコ問題で学んだ概念的枠組みを前提に，多面的・多角的に考察した上で判断を下している。	• 生命倫理や環境倫理に関する判断を下す場面において，功利主義と義務論それぞれの考え方を踏まえて，自らの立場がどちらに基づいたものかを明らかにしようとしている。

◆ 授業実践

1. 教材など

(1) ワークシート・配布資料（p.53 〜 p.54 を参照）

(2) Microsoft Teams

　授業に参加している学級単位で，効率的に回答の共同閲覧や共同編集などが可能になるため，通常の授業で活用しているデジタル上のソーシャルプラットフォームである。本実践では，共有フォルダに生徒たちの回答を入力させることで，口頭で発表させるよりも効率的に，意見の共有や集約ができるようになる。生徒の実態に合わせて，電子機器が使用できない場合は，マグネット式のホワイドボードシートを各グループに配布し，記入したものを黒板に貼らせるなど工夫して，同様の実践をすることもできる。

(3) ICT 機器

　学校から生徒一人ひとりに貸与されているタブレット端末などを利用している。私的なものではないため，個々の生徒，ひいては家庭のさまざまな負担は軽減されている。しかし ICT 機器を学校が積極的に活用させることで，生徒の回答が形式的なテキスト入力でしか表現されないことも多く，多様な形式で生徒の考えや意見が表出されない可能性があることには注意が必要である。

(4) 定期考査（p.55 を参照）

　トロッコ問題などの思考実験で学んだ概念をアナロジー的に応用させる場面として，定期考査を活用した。具体的には，思考実験で示されたものと同じ構造で捉えられる事例に関する問題を出題し，義務論と功利主義の相克がどのように生じているのかについて解答させた。

2．本時の展開

段階	学習内容・学習活動	指導上の留意点
導入 10分	・本時の「問い」を確認する。 **最大多数の最大幸福によって正当化 しきれないものはあり得るか？** ・個人で【ワークシート（1）】に取り組む。具体的には，下記のア～エを並び替えて，自らが考えるワクチン接種のあるべき優先順位を，理由とともにワークシートに記入する。 　ア．医師や看護師 　イ．高齢者 　ウ．子ども 　エ．日本政府の代表者（自分含む） ・実際のワクチン接種は，医療従事者（ア．医師や看護師）を最優先にするものであったことを理解する。	・前時の学び，具体的にはトロッコ問題などの思考実験を通じて学習した功利主義と義務論について振り返らせる。 ・ワークシートの事例は，感染症のワクチン接種の優先順位を決めるものであることを理解させる。 ・あとのグループワークに向けて，自分の立場や考えを整理するための作業であることを伝える。 ・似た事例として，COVID-19への対応では，政府はどのようなことを行ったかなどに触れてもよい。
展開2 25分	・グループで【ワークシート（2）】に取り組む。具体的には，教員から割り当てられた立場（ア～エのいずれか）のワクチン接種優先順位を1位にするための理由をグループで話し合う。話し合った結果は，他グループの生徒にも内容が共有できるように Teamsに提出する。 ・グループで【ワークシート（3）】に取り組む。具体的には，各グループから提出された，それぞれのワクチン接種優先順位1位の理由を閲覧しながら，それらが下記のいずれの立場に立ったものといえるか分類する。 　幸：幸福を重視する考え方 　義：義務を重視する考え方	・【ワークシート（1）】で選んだものとは異なる立場から理由を考えることを強いられることに抵抗のある生徒に対しては，多面的・多角的に考察できるようになってほしいという授業の意図を丁寧に説明する。 ・提出はグループごとに，共有フォルダに入力させたり，マグネット式のホワイトボードシートに記入させて黒板上に貼らせたりする。 ・トロッコ問題で「5人＞1人」として合理的な判断を下すものを「幸福を重視する考え方」，トロッコ問題で誰かの命を利用することを許さないと判断したものを「義務を重視する考え方」であるとして分類させる。

	分類した結果は，他グループの生徒にも内容が共有できるように Teams に提出する。	
	・トロッコ問題の思考実験で学んだ倫理的価値の判断基準（義務論と功利主義）は，汎用的にさまざまな課題を捉える視点として利用できることを理解する。例えば，正しい手続きに則って政治が行われると，かえって全体の幸福を量的に減少させるような事例から，政治的主体としてジレンマを見出す。	・今後の，大項目BやCの学習において，課題を捉える視点として本時の学びを利用できるかどうかが，重要であることを示す。
まとめ10分	・配布された【配布資料】から，平等を最優先することも，優先順位を考えることも，ともに特定の価値に重きを置いた判断の一つに過ぎないことを理解する。	・【配布資料】を配布し，実社会で起きていることだからといって，それが必ずしも万人を納得させられる正解になるとは限らないことを示す。そのうえで，現状を追従するだけでなく，自ら考えることの重要性を実感させる。
	・「最大多数の最大幸福＝正解」と短絡的に捉えられない場面（例えば，少数者の権利や意見の尊重がより重要な場面など）においては，義務を重視する考え方も含めたより広い見方・考え方に従って，価値判断を下す必要があることを理解する。	・その一方で，義務を重視する考え方だけでは，自己満足的な正義を振りかざして皆を不幸にする可能性があることにも留意させたい。
		・「どのような倫理的な価値判断を下せるようになるべきか」といった問いを発することで，大項目B以降の学習への見通しをもたせる。
	・義務論と功利主義の相克が起きている社会的事象や，義務論・功利主義いずれかの判断を絶対的・普遍的な正解であると捉え思考停止に陥っている身近な事柄には，どのようなものがあるか，またそれはどのように解決すべきと考えるか，について自分の考えを感想やポートフォリオとして提出する。	・別紙の【定期考査】(p.55) を活用して学びを評価することもできる。これは，同じ構造で捉えられる他の事例について考えさせ，義務論と功利主義の相克がどのように生じているのかについて解答させるものである。

◆ 本実践の評価方法や評価の場面

知識及び技能 知	具体的な場面
● トロッコ問題で学んだ功利主義と義務論の考え方の重要性を理解し，生命倫理や環境倫理に関する判断を下す場面に応用している。	・いずれの判断理由が，功利主義的，義務論に基づいたものであるかを，適切に理解したうえで分類している。【ワークシート（3）】
● 生命倫理や環境倫理に関する諸資料から，必要な情報を収集し，読み取る技能を身に付けている。	・環境倫理に関する資料から，功利主義的，義務論的であると考えられる記述を読みとることができる。【定期考査】

思考力・判断力・表現力 思	具体的な場面
● 功利主義と義務論が相克する場面において，自らも他者も共に納得できる解決方法を考察し，考察した結果を適切に表現している。	・他の立場を具体的に挙げて，他者を納得させられるようなワクチン接種の優先順位を考えている。【ワークシート（1）】【ワークシート（2）】
● トロッコ問題で学んだ概念的枠組みを前提に，多面的・多角的に考察した上で判断を下している。	・ワクチン接種の優先順位を考えること自体，特定の価値に重きを置いた判断であると考えることができている。【配布資料】

主体的に学習に取り組む態度 主	具体的な場面
● 生命倫理や環境倫理に関する判断を下す場面において，功利主義と義務論それぞれの考え方を踏まえて，自らの立場がどちらに基づいたものかを明らかにしようとしている。	・グループワーク全体において，課題を分析的に捉えるだけでなく，功利主義と義務論を踏まえて，主体的に価値判断を下そうとしている。【ポートフォリオ】

◆ 本実践の成果と課題

1．成果

（1）授業内容

　最大多数の最大幸福の実現を目指す社会は，そこに至るまでにさまざまな見方・考え方を踏まえている可能性があるということや，幸福の重

視は結果的には特定の見方・考え方に従ったものであり，絶対的・普遍的な正解ではないということを，生徒に示すために実践を行った。生徒は，演繹型思考によって正解を導き出しがちだが，実際の社会的事象は多様な利害が複雑に対立し合っており，結局は正解のない状況と向き合わざるを得なくなる。その際に，ここで習得した倫理的価値の判断基準や思考の枠組みが，有効であることを示そうとした実践である。実際に生徒が授業の最後に提出したポートフォリオは，「優先順位をつけることには一定の合理性がある」といった感想が多数を占めたものの，全ての感想において義務論を踏まえた含みのある記述，具体的には「理想と現実」の対比や「社会の在るべき姿と貫きたい自分の価値観」の対比を踏まえた記述がみられた。このような結果から，正解への追従だけでなく，自分なりの価値判断を全ての生徒が行おうとしていたと考える。

　倫理的価値の判断基準や思考の枠組みについては，仮想の思考実験による学習だけでは表面的な理解に留まる可能性があり，実際の社会的事象としての生命倫理や環境倫理の葛藤の場面において，アナロジー的に応用させる必要があるのではないか。本実践では，トロッコ問題後の授業として，トロッコ問題における葛藤を彷彿とさせるような，生命倫理や環境倫理の事例について考えさせようと試みており，その意味で，大項目Aにおける見方・考え方の習得に，より効果的な取り組みができたのではないかと考えている。

（2）授業方法

　ICT機器を授業に活用することにより，効率的に学級の全てのグループの意見が共有・集約された。生徒の意見が全てテキストデータとして同じ様式で入力されることによって，各生徒が先入観なく他の意見の内容を吟味することができていたと感じられる。また副次的な効果として，リアルタイムで回答が更新されていくため，他のグループの意見からさまざまな影響を受けながら，自分のグループの回答を見直しているような場面も見受けられた。

　学習指導要領総則（2018年告示）ではICT環境の整備や，それに即した学習活動の充実などが求められているが，そもそもは利用者である

教員・生徒自身がその機能の有用性を実感することが重要である。その
ためにも試行錯誤しながら，まずやってみるという姿勢が求められよう。

2. 課題
(1) 授業内容

　大項目Bでは見方・考え方を活用するタイプ，大項目Cでは探究す
るタイプの授業が想定されているのに対して，本単元である大項目A「公
共の扉」は，見方・考え方を習得するタイプの授業が求められている。
しかし，予定調和的に特定の価値を押し付けるような授業は避けるべき
である。本時の授業は功利主義の考え方に対して，義務論の考え方もで
きるようになることを，授業の「まとめ」における【配布資料】によっ
て生徒に求めており，価値の押し付けにならないようにする配慮は常に
必要である。

　例えば【配布資料】にもあるように，義務論には「犠牲を生むのは無
条件に間違っている」として自己満足的な正義を振りかざし，「救える
人数は関係ない」として全体の幸福を度外視してしまうなどのネガティ
ブな側面があることにも言及していきたい。場合によっては，義務論的
な考え方にとらわれ，より功利主義的な発想に基づく社会構想が求めら
れているような実社会における事例を紹介することなども，この後の展
開として必要かもしれない。いずれにせよ，実社会で起きていることを
正解として押し付けることがないように，一方で，むやみに実社会で起
きていることの全てを批判することもないように，概念的な枠組みを用
いて考察できるようにさせることが重要である。

　また別紙の【定期考査】で，事例から義務論と功利主義の相克を見出
させる出題をすることで評価を行うようにしたが，多少の思考力は発揮
される形式になっているものの，基本的には知識・技能を問うような正
解ありきの形式になっていることは課題であると言わざるを得ない。課
題解決のためには，より開かれた形式で自分の価値観を投影させるよう
な，倫理的価値の判断を下させるような機会を創出する工夫は必要であ
る。例えば，別紙の【定期考査】では小問を追加して，「あなたの考える，

ヤヌスの正しい判断はどのようなものか」「あなたの考える，同様の葛藤を生じさせている他の事例はどのようなものか」といったことを問うのもよいだろう。

(2) 授業方法

ICT 機器の活用によって，全ての生徒の意見を，画一的にテキストデータとして整理された情報の形で，効率的に集約することが可能になったが，その一方で，生き生きとした生徒の創造的な表現様式が失われた側面はあると考えられる。同様の授業をホワイトボードシートで実施した際には，自ら解答欄を創り出し，伝わりやすい方法はどのようなものかを各生徒が考えていた実態があったからである。ただし，ICT 機器による表現様式も多様になりつつある。生徒の興味・関心に応えられるように，また学習指導要領の要請に応えられるように，教員一人ひとりがICT 機器をどのように活用していくべきかを引き続き考えていく必要がある。

ワークシート

義務論と功利主義　　　　1年　　組　　番　氏名 _____

　20XX 年、世界的に流行した新型インフルエンザに対して、日本国内ではワクチンが不足するという事態が起きました。これを受けて日本政府は、国民に対してワクチン接種の優先順位を示しました。この状況を踏まえ、下記の（1）（2）（3）について、考えて下さい。

（1）もしあなたが日本政府の代表者なら、下記のア〜エのどの立場の人に、優先してインフルエンザのワクチンを接種させますか。あなたが考える優先順位を、理由とともに教えて下さい。
　　　ア．医者や看護師　　　イ．高齢者　　　ウ．子ども　　　エ．日本政府の代表者（自分を含む）

順位	選択肢	理由
①		
②		
③		
④		

（2）あなたたちのグループは（　ア．医者や看護師　）の権利を守る団体の一員です。
　　　インフルエンザワクチンを全ての（　ア．医者や看護師　）にいきわたらせるために、どのような理由で（　ア．医者や看護師　）のワクチン接種の優先順位を1位にしますか。
　　　下記の評価規準を踏まえ、できるだけ高い評価が得られるように、理由を考えてみて下さい。

〈評価規準〉
A：他の全ての立場の人を納得させ、さらに今後どのような立場の人にも納得させられる理由を導いた。
B：自分以外の一つ以上の立場の人を納得させられる理由を導いた。
C：自分の立場からしか意見を述べられなかった。

　　　まずは自分の考えを各個人で下記に記入して下さい。次にグループで話し合いをして下さい。話し合った結果は、グループの代表者が【Teams の共同編集可能な領域】の「理由」欄に入力して提出して下さい。

〈回答〉
　（　　　　　　　　　）の権利を守る団体 _____
_____
_____
_____
_____

（3）（2）で提出された各グループの理由は、下記のいずれの考え方に立ったものといえるか、分類して下さい。

幸：幸福を重視する考え方（トロッコ問題において、「5人＞1人」として合理的な判断を下す。）

義：義務を重視する考え方（トロッコ問題において、誰かの命を利用することを許さないとの判断を下す。）

分類した結果は、【Teams の共同編集可能な領域】に、「幸」or「義」を入力して提出して下さい。

【Teams の共同編集可能な領域】

班名	1位	理由	幸 or 義					
			1班	2班	3班	4班	5班	6班
1班								
2班								
3班								
4班								
5班								
6班								

【配布資料】

Kさん：

人は皆平等であるので、優先順位を考えること自体、問題である。常にすべての人を救おうとする努力をすべきである。そのため全員にワクチンを接種すべきである。救える人数は関係ない。
犠牲を生む判断をするのは無条件に間違っている。

⇒Kさんの意見に従ってワクチンを配分したところ、一人あたりのワクチンの量が足りず、ワクチンの効力が発揮されなかったため全員がインフルエンザになり、全員が不幸になりました。

大問　授業でトロッコ問題に関わるものとして挙げた2つの立場を思い出して、次の資料を読み、下の問いに答えてください。【10点】

イレーナ・ヤヌスは、飛行機が地球温暖化に与える影響について、発表する準備をしていた。商業飛行によって、一年間に、おもな温室効果ガスである二酸化炭素が大気中に排出される量は、アフリカ大陸全体が排出する量よりも多い。ヤヌスはそのことを聴衆に訴えようとしていた。そして、一回の長距離飛行は、車で一二ヶ月旅行してまわるより空気を汚染することも話すつもりだった。地球を救いたいのなら、自分自身が飛行機に乗る回数を減らす努力をし、ほかの人たちにも、旅行を減らすか別の移動手段を使うよう促すべきだ、と結論づけるつもりだ。

自分の発表が満場の喝采を浴びる場面を想像していたとき、客室乗務員からワインを差しだされて、ヤヌスはわれに返った。これは偽善だろうか？　いや、そんなことはない。何回か飛行機に乗ったくらいでは、環境に与える影響など微々たるものだというのも、よくわかっていたからだ。飛行機に乗るのを一回やめたとしても、全体が変わることはしないだろう。必要なのは、全体が変わることであり、政策が変わることなのだ。世界中を飛び回ってそのことを訴える自分の仕事は、だから、問題解決につながるものだ。飛行機に乗るのをやめるなんて、うわべだけのジェスチャーにすぎない。

そう考えて、ヤヌスは機内映画のスイッチを入れた。そこに映しだされたのは『デイ・アフター・トゥモロー』［地球温暖化によって氷河期が到来し、混乱する人々を描いた二〇〇四年のアメリカ映画］だった。

ジュリアン・バジーニ『100の思考実験―あなたはどこまで考えられるか』紀伊國屋書店，2012年，pp56-60

小問　ヤヌスの飛行機に乗るという行為は、「結果的に現在の地球をより持続可能なものにする」という点で正当化されますが、「他の人にするべきではないと言ったことを自分がしている」という点で批判することもできます。
　　　ヤヌスの行為を正当化する立場と、ヤヌスの行為を批判する立場、それぞれの名称を明らかにしなさい。それぞれの立場の名称を明らかにする際には、下記語群を、それぞれどちらの立場と直接かかわるように使用しなさい。

※　文章で解答してください。箇条書きになっているもの、文章になっていないもの、読み手に伝わらない書き方をしているものは減点の対象になります。
※　語群はカギカッコ付で用いて、語群を使っていることが採点者に伝わるようにすること。

語群　「最大多数の最大幸福」　「道徳法則」

見方・考え方を働かせて社会を捉える公共の扉
―演劇的手法を用いて在り方生き方を考察する授業実践―

外側 淳久
東京都立駒場高等学校主任教諭・教員歴9年
担当科目：公共，倫理

実践授業の概要
教科：**公民**	科目：**公共**	対象学年：**高校1年**
実施クラス：**8クラス**	1クラスの人数：**平均40名**	

◆ 本実践のメッセージ

　これまでの授業実践のなかで自分が重視してきたことは，「倫理」という教科で「何を学ばせるか」だった。そうした思いを持ちつつ，学習指導要領（2018年告示）のもと新科目「公共」が始まった。そこでは，いかにして「深い学び」を実現するかに心を砕くようになった。

　諸先輩方と比べたら，まだまだ短い教員歴の中で，これまで課題として感じてきたことは，多様な立場や意見に対する生徒の「想像力」の涵養だ。「財や機会が配分されない状況」や「社会的に弱い立場」，「ある政策や社会問題に対する多様な意見」などに対して，生徒たちは一般論や教科書の知識は持ち得ているものの，当事者たちの「生活」や「感情」，「価値観」といった背景…，まさに「在り方生き方」に対して，実感を伴った理解が出来ているとまでは言い切れない。「公共」の目標にもある通り，「よりよい社会の構築や人間としての在り方生き方についての自覚を深める」ためには，こうした多様な「在り方生き方」に対する「深い学び」が必要なのだと考える。だからこそ，この先の見えない社会の中で生き抜いていくためには，習得した理論や概念を借り物として使うのでなく，むしろ生き抜くための武器としてその場の状況に応じて形を変え，活用しながら，「私や他者がいかにして生きるべきか」という問いに延々と自ら考え続けていく，その素地を養うべきであろう。

　本実践は，「どのように学ぶか（主体的・対話的で深い学び）」に関しては，「演劇的手法を用いたプレゼンテーション」を，そして「何ができるようになるか（新しい時代に必要となる資質・能力の育成）」に関しては，何が課題なのかを「問う力」と，自己や他者の価値観を踏まえた「対話力」を身に付けることと捉えている。大項目BやCにおいて活用すべき概念や理論だけでなく，生き抜くために必要な能力を，「公共の扉」で生徒に身に付けさせたい。

■ 単元の指導計画と評価
ア　単元の学習指導計画
　　第1時　概要説明，担当テーマ決め，課題設定とは　**本時**
　　第2時　グループごとに調べ学習（図書室など）
　　第3時　調べ学習の続き兼リハーサル
　　第4時　発表①
　　第5時　発表②
　　第6時　発表③
　　第7時　発表④
　　考査　「公共的な空間における人間としての在り方生き方とは何か」
イ　単元観
　　本単元は，学習指導要領「大項目A　公共の扉」における「(2)公共的な空間における人間としての在り方生き方」「(3)公共的な空間における基本的原理」に対応している。この両項目は，(2)，(3)と順番で扱う必要があるとされ，「現実社会の諸課題を見いだし，考察，構想する際に活用する選択・判断の手掛かりとなる考え方や公共的な空間における基本的原理」（同解説）として扱われ，これを学び，大項目B及びCの学習につなげることとされている。
　　今回の学習指導要領の改善・充実の要点として「人間と社会の在り方についての見方・考え方」を働かせ，考察，構想する学習の重視や，現実社会の諸課題から「主題」や「問い」を設定し，追究し

たり探究したりする学習の展開が重視されている。そして，こうした活動は，本単元の学習内容である「公共的な空間における基本原理」を理解した上で，大項目B，Cにおいて実施することが想定されている。しかし，この基本原理の習得段階であっても，個人と社会との関わりについて考察してみることが大切であると考える。そうすることで，大項目B，Cにおける，「見方・考え方」を働かせた学習や，自ら「問い」を設定し探究する学習を，より深く，より高いレベルで展開するための土台作りにもなると言える。

　そのため，本実践では学習指導要領に挙げられている公共的な空間における基本的原理を10のテーマに統合し，グループごとにそれぞれについての調べ学習及び発表を行わせる。

ウ　単元の観点別評価規準

知識及び技能 知	思考力・判断力・表現力 思	主体的に学習に取り組む態度 主
• 選択・判断の手掛かりとして帰結主義や義務論の考え方や，公共的な空間における基本的原理について理解している。 • 現代の諸課題について自他共に納得できる解決方法を見いだすために必要な情報を，諸資料から収集し読み取っている。 • 考え方などを活用することを通して，公共的な空間を作る上で必要な事項について理解している。	• 概念や理論を活用して，自他共に納得できる解決方法を見いだすことに向け，人間としての在り方生き方を多面的・多角的に考察し，表現している。 • 幸福，正義，公正などに着目して，公共的な空間における基本的原理と個人や社会における倫理的価値の判断との関わりを多面的・多角的に考察し，表現している。	• よりよい社会の実現を目指し，公共的な空間における人間としての在り方生き方を主体的に見出そうとしている。 • 公共的な空間における基本原理をもとに，現代の諸課題を主体的に解決しようとしている。

◆ 本実践の「問い」（主題）

「習得した概念や理論はどのような社会問題や場面に活用できるだろうか」

　テーマに関する概念や理論から，生徒達が自ら問いを設定することが何より肝心である。さらに，教員が用意した社会的課題を考察するのではなく，そうした見方・考え方を活用して考察すべき社会的課題を生徒達が探し出す活動を通じて，自らと実社会とのつながりの実感を持たせ，

変化の激しい社会を生きる中で習得した概念や理論を「生きた知識」として活用し，自らの在り方生き方を考える力を育みたい。

◆ 本実践で活用する見方・考え方
「公共的な空間における基本的原理の10テーマ」

①**帰結主義と動機主義**：功利主義，意志の自律，目的の国

②**自由と平等の調整**：ロールズやセンの公正，リバタリアニズム

③**主体性（自己）と客観性（他者）**：道徳法則，人倫，実存主義

④**幸福な生き方**：ギリシャ哲学，中国思想，義務論，宗教

⑤**生命倫理**：功利主義，義務論，法の支配

⑥**環境倫理**：功利主義，義務論，シュヴァイツァーの思想

⑦**個人の尊重と人権保障**：法の支配，社会契約説

⑧**政治と民主主義**：法の支配，社会契約，功利主義，対話的理性

⑨**自由・権利と責任・義務**：法の支配，功利主義，義務論，共同体主義，実存主義（サルトル）

⑩**正義とは何か**：ギリシャ哲学，中国思想，法の支配，正義の原理

◆ 本実践の目標（観点別評価規準）

知識及び技能 知	思考力・判断力・表現力 思	主体的に学習に取り組む態度 主
• 現代の諸課題について，自他共に納得できる解決方法を見いだすための必要な事項を理解している。	• 学校の課題や納得できる解決方法を見いだし，解決主体としての在り方生き方を多面的・多角的に考察し，表現している。	• よりよい社会の実現を目指し，公共的な空間における人間としての在り方生き方を主体的に見いだそうとしている。

（参考資料　発表授業第4時から第7時で使用する評価参考表）

	評価項目	Excellent！	Very Good！	Good	So so
1	演劇的手法	演劇によって班の伝えたい内容が適切に表現され，テーマや問題を「自分事」として捉え，理解を深めることができた。	演劇によって班の伝えたい内容をよく理解することができた。	演劇を行っていたが，伝えたいことが理解できなかった。	演劇を行っていなかった。

2	発表の進行・資料	8分〜10分で発表することができていて，作成されたスライドのデザインなどに工夫があり，わかりやすくスムーズに進行した。	8分〜10分で発表することができていて，わかりやすくスムーズに進行した。	8分〜10分で発表することができていたが，スムーズな進行ではなかった。	8分〜10分で発表することができなかった。
3	発表の構成	聞き手を引き付ける工夫や資料やデータの活用があり，わかりやすく聞き手に配慮した構成になっている。	資料やデータの活用があり，わかりやすく聞き手に配慮した構成になっている。	資料やデータの活用があるが，わかりやすい構成になっていない。	調べてきた知識を話すだけになっている。
4	問題提示と内容	テーマ設定や問題提起自体が「考えさせられる」内容となっており，「提言」や調べてきた内容，考察に深みがある。	「提言」や調べてきた内容，考察に深みがある。	「提言」や調べてきた内容，考察がある。	「提言」がない。

◆ 授業実践

1．教材など

（1）ワークシート・配布資料（p.68 〜 p.71 参照）

＜導入時＞

　　配布物①発表授業に関して（別紙 1）

　　配布物②最低限おさえてほしいポイント（活用すべき見方・考え方）（別紙 2）

　　配布物③課題の見つけ方，問いの立て方について（未提示）

＜発表時＞配布物①評価シート，生徒作成のレジュメ（未提示）

＜まとめ＞配布物①振り返りシート（未提示）

（2）Microsoft Teams

　東京都が導入している Microsoft 社のクラウドツールであり，課題の配信や回収，web 会議（オンライン授業），チャットやチームへの投稿などのコミュニケーションが可能である。普段の授業ではプリントのPDF やテスト範囲，授業時に用いた PowerPoint の PDF 資料等を共有したり，課題配信した振り返りシートを，単元の始めと終わりに wordオンラインで編集・提出させたり，発表用の PowerPoint を班ごとに配布し，同時に共同編集させたりしている。本実践においては，生徒が作

成したスライドやレジュメをチーム内の共有フォルダに保存させた。また，他の班の発表の評価や感想をオンライン上のアンケートツール，Forms で回収し，結果用 URL を班員に伝え，共有した。

(3) スマートスクール端末，プロジェクターなどの ICT 機器

　東京都では令和 4 年度入学生より，1 人 1 台スマートスクール端末というタブレット PC を購入している。その購入費の多くは東京都が負担しているが，家庭の負担もあり，生徒個人の所有物となる。導入している端末は学校によって異なり，本校では Surface Go Pro を導入している。生徒は校内 Wi-Fi にこれを接続して，Microsoft Teams を使った作業をしたり，直接所有の端末をプロジェクターにワイヤレスで接続しプレゼンテーションをしたりしている。教員にも 1 人 1 台生徒と同機種の端末が配備されている。

(4) 定期考査

　さまざまな思想家の原典資料や考え方を問うような通常の問題に加え，公表された共通テスト「公共」のように，具体的な選択・判断の結果や資料において，その手掛かりとしてどのような考え方や公共的な空間における基本的原理が活用されたのかを問う問題を作成している。記述問題は 400 〜 600 字で，「公共的な空間における人間としての在り方生き方」とは何かについて，これまで学習してきた考え方や基本原理との関係性を明らかにしたうえで，具体的に書かせている。

2．本時の展開

段階	学習内容・学習活動	指導上の留意点
導入 5分	・単元をつらぬく「問い」を確認する。 習得した概念や理論はどのような社会問題や場面に活用できるだろうか ・配布した【発表授業に関して】を確認し，発表形式や資料などの作成方法を理解する。	・単元を通じて学んでほしいこと及び身に付けてほしい力などの目標を確認させる。 ・教科書内容を解説するだけでなく，概念や理論を活用して「考えさせたい」場面

		や社会的課題を見つけることを強調する。
展開1 15分	・4人1組のグループを作り，教員から与えられている10のテーマから，自分たちが取り組みたいテーマを1つ選ぶ。	・他のグループと被らないように，第二希望，第三希望まで考えておくように伝える。
	・発表用スライドやレジュメの提出期限や形式，提出場所を確認し，さらに自分たちのグループのテーマ，発表の順番，日程などを確認し，【発表授業に関して】にメモする。	・お互いの強みを生かしながら，プロジェクト成功のために協働することを伝え，計画的に準備を進めるように伝える。
展開2 20分	・グループで以下の「問い」について考える。 　自分たちの学校の「課題」を捉えてみよう。 ・自分の経験に即した事例と共に問題意識を出し合い，グループ内で共有する。 ・グループ内で出た意見を全体で共有する。 　あがった「問題点」に共通する原因は何か， 　考えてみよう。 ・問題点の共通項を各自で考え，グループ内で意見共有を行う。 ・グループ内で出た意見を全体で共有する。 　共通の「原因」がなぜ解決されないか，考え 　てみよう。また，解決に向けて，「誰が」「何を」 　すべきなのか考えてみよう。 ・各自で考えた後，グループ内で意見共有を行う。	・個別具体的な「問題状況」と解決すべき「課題」とを区別して，議論させることに注意する。 ・部活動やクラス，校内の状況や様子などのさまざまな場面から実体験を想起させる。 ・適宜板書などを行いながら，出てきた意見を整理し，構造化する。 ・全ての問題点を包括できなくても良いが，できる限り多くの点に共通するものを考えさせる。 ・学校や教員，自治体などが主体となって解決に動くべきものであったとしても，それに対して「私たち」に何ができるのかを考えさせたい。
まとめ 10分	・解決方法を考える上で，意見交換を通じた多様な価値観や立場の交換が大切であることを理解する。 ・配布された資料から，問い方のレパートリーや課題設定をする際の注意点などを確認する。	・学校の課題という身近なテーマだからこそ，自分事として捉え，かつ自分と異なる立場や意見に触れることが比較的容易にできたことを伝える。

・配布した【発表授業に関して】の評価の方法及び評価規準を確認し，全員が目指すべき以下の目標を理解する。 ①伝えたい問題意識を明確にする ②効果的に劇を用いる ③私たちの「在り方生き方」につながる提言にまとめる ④時間内に収める ・振り返りシートに記入する	・現代社会の諸課題などをより身近に捉えるため，そして異なる立場や意見をよりリアルに体感するために「演劇」を用いることを説明する。 ・単元の1時間目に感じたこと，考えたことを卒直に振り返らせる。

＜参考：本時以降の指導と（演劇）発表＞

　第2〜3時では観点別評価規準をもとに，以下の3点を目指すべきゴールとして指導している。

　①10のテーマの中で答えのない問いや判断の迷う状況を取り上げて，演劇として考えさせる構成にすること

　②こうした問いや状況を「自分事として」理解させる工夫をすること（演劇はこれを実現するための一つの手段である点を強調）

　③伝えたいメッセージ（答えのない問いや判断の迷う状況の中で，「誰が」「何を」すべきか）を明確にすること

　しかし，高校1年生の初期の段階ではテーマ内での問いの設定や判断に迷う具体的な状況設定が難しく，答えありきの問いや，賛否のバランスが偏った状況設定をすることがある。指導に際しては，問いの設定が「見方・考え方」を活用しながら「う〜〜ん」と頭を悩ませるような内容になっているかどうかを丁寧に確認している。また，伝えたいメッセージに関しても，「国がこうすべきだ」「社会がこうあるべきだ」では終わらせず，最後は必ずそうした国や社会にするために「私たちはどうあるべきか」に落とし込めるように指導している。

　問いや状況設定が出来たら，生徒たちは，実際の事件や事例を探して整理したり，少し難しい状況設定の事例であれば，それを学校などの身近な場面に置き換えてシナリオを自作し，聞き手が「自分事として」設定した状況を理解できるように，自ら考え工夫して取り組んでいる。中には，教室でのディベートや法廷での裁判を模して主張し合う「劇」を

仕立てて，論点を明確にするような構成も考えられている。

　発表前（第3時）に行うリハーサルは，実際の立ち位置や小道具の有無の確認，照明や音響の使い方の確認を目的としている。

　実際の劇の発表（第4～7時）では，途中で聞き手に問いを投げかけて考える時間をとり，意見を聞いたりするような場面を設定するチーム，終了時間のギリギリまで論点を明らかにしながら，答えを出すことの難しさを伝え，最後にオープンエンドな問いをクラスに投げかけて終わるチームもあった。

◆ 本実践の評価方法や評価の場面

知識及び技能 **知**	具体的な場面
• 選択・判断の手掛かりとして帰結主義や義務論の考え方，公共的な空間における基本的原理について理解している。	・考え方や基本的原理がわかりやすくまとめられている。　　【提出物および発表内容】
• 現代の諸課題について自他共に納得できる解決方法を見いだすために必要な情報を，諸資料から収集し読み取っている。	・選択や判断の根拠がどの考え方や基本的原理に基づいたものであるかを，適切に理解した上で分類している。　　　【定期考査】
• 考え方などを活用することを通して，公共的な空間を作る上で必要な事項について理解している。	・必要な事項を理解している記述を見出すことができる。　　　【振り返りシート】

思考力・判断力・表現力 **思**	具体的な場面
• 概念や理論を活用して，自他共に納得できる解決方法を見いだすことに向け，人間としての在り方生き方を多面的・多角的に考察し，表現している。	・与えられた概念や理論を活用できる実社会の場面を想定し，適切に劇のシナリオに落とし込んでいる。　　【発表の評価規準】
• 幸福，正義，公正などに着目して，公共的な空間における基本的原理と個人や社会における倫理的価値の判断との関わりを多面的・多角的に考察し，表現している。	・社会における倫理的価値判断が「自分事」として捉えられるように，課題や提言が適切に表現されている。　【発表の評価規準】

主体的に学習に取り組む態度 主	具体的な場面
• よりよい社会の実現を目指し，公共的な空間における人間としての在り方生き方を主体的に見出そうとしている。	・学んだことや他者の発表を通じて，「公共的な空間における人間としての在り方生き方」を主体的に考察しようとしている。【定期考査】
• 公共的な空間における基本原理をもとに，現代の諸課題を主体的に解決しようとしている。	・諸課題の主体的な解決に向けた，学習前後の自身の考えの変化や深まりを，記述から見出すことができる。【振り返りシート】

◆ 本実践の成果と課題

1．成果

（1）授業内容

　これまでの発表（劇）例では，「生命の倫理」を扱ったチームが，デザイナー・ベビーの是非について取り上げ，「デザイナー・ベビーとして生まれた子供の人生」を想定した劇を作り，どのような課題があるかをわかりやすく表現していた。その上で，法規制の在り方や技術の進展と倫理のバランスについて「考えさせる」内容構成になっていた。生徒たちの感想も，劇によって追体験することで，実感を伴って論点を理解することが出来たり，緊張感や臨場感のようなものを感じながら考えたりするものとなっていた。

　本単元終了後の考査における論述においても，考察を深め，自分の意見に対する根拠付けをしっかり行っている生徒が多くいた。「自己と他者」について発表した生徒は，この二者の関係性の変化を客観的に捉えた上で，主体的に判断していくことが「在り方生き方」であると論じ，また，ロールズの正義論を扱った生徒は難民問題に対し，遠くの世界から「公正さ」を判断するだけではなく，サルトルの「アンガージュマン」を参考に，人間としての社会的責任を果たしていくことの大切さを述べていた。社会の出来事を「どこか遠く」で起きていることではなく，実感を伴った「自分事」としてとらえることで，「私自身」の生き方への考察を深化させたのだと感じた。驚くのは，生徒たちによる調べ学習が

中心の授業であったにも関わらず，定期考査における基本問題の正答率が前年度と変わらないだけでなく，概念や理論を活用した問題においては向上していた。

こうしたことから，生徒達が自ら課題設定することや見方・考え方の社会的課題への応用は，概念や理論の習得だけでなく，未知の状況にも対応できる思考力，判断力，表現力，そしてそうした学びを人生や社会に生かそうとする「学びに向かう人間性」の涵養にもつながると考えている。さらに，大項目 B，C における「見方・考え方」を働かせた学習に向けた良い練習になったと感じている。

(2) 授業方法

演劇的な手法は，発表を通じて皆に伝えたいメッセージは何か，そしてそれをどうしたら最大限伝えることができるのかを考えさせる上で非常に効果的だと感じた。生徒達は劇の場面設定やセリフ，BGM や照明など，随所にこだわりを見せていたのが印象的だった。また，人前で話をすることが苦手な生徒も裏方で演出を担当するなど，協力して劇を作り上げており，計画性や協働性を身に付けさせる副次的なメリットもあったようだ。

また概念や理論を個々のチームが調べている際に，行き詰まったり，難しさを感じたりしている所へ適切に巡回指導を行うことで，より生徒たちの理解が深まっているようだった。それに加え，他者へわかりやすく説明するという活動を伴うことで，自分自身で情報を収集し，それらを比較しながら思考し判断するといった，未曽有の社会を生き抜く生徒たちにとって必要な能力の涵養につながったように思う。そうした活動を通じて活用された知識や概念が，より深い理解へとつながり，深い学びの実現へと向かっていくと感じた。

2．課題
(1) 授業内容

こうした活動を，どのように評価していくかが課題である。当日のパフォーマンスや提出物を評価することはもちろんだが，当日に至るまで

の様子については評価の観点を持たないため，作業分担の軽重を踏まえて発表に向けた準備を評価することが出来ていない。また，定期テストの論述や提出されたワークシートでの記述を評価していくことで，発表当日以外の各観点の評価を補うことが出来ているが，その確認の作業は非常に大変であり，時間的な問題も残る。

　いずれにしても，何かしらの成果物に対して評価することを前提とし，どのような力を身に付けてほしいか，何を目指してほしいかを事前に生徒にその基準を示していくことが大切だと考える。

　発表の評価規準に関しても，設定した4つが適切なのか，そもそも4つの項目は適切なのか，伸ばしたい力を伸ばせる評価になっているのか，生徒達が自分たちで設定する評価項目もあっても良かったのではないか，などさまざまに検討の余地があるように思う。

（2）授業方法

　グループの学習不足などに起因する「誤った理解」に基づいた説明をどのように防止するかが課題である。現状は準備段階での指導を丁寧に行ったり，発表後に補足を行ったりしているが，独断論や偏見に基づいた発表にならないように注視する必要があると感じている。また，説明する側は深く理解できていても，聞く側も短時間で難解な概念を理解しなければならないこともあり，苦労している様子も見て取れる。そのため，説明者側により分かりやすく，より理解できるようなレジュメ（配布資料）やスライドを作成するように指導している。

　また，十分に本単元の意図が伝わらず，形式だけ整えた発表になってしまう場合もあり，「なぜこの授業形式なのか」や「なぜ劇を用いるのか」などの説明を繰り返し強調していく必要もある。

参考文献
戸田山和久『最新版　論文の教室　レポートから卒論まで』NHK出版，2022年
後藤芳文・伊藤史織・登本洋子『学びの技　14歳からの探求・論文・プレゼンテーション』玉川大学出版部，2014年
安斎勇樹・塩瀬隆之『問いのデザイン　創造的対話のファシリテーション』学芸出版社，2020年

テーマ⑧：政治と民主主義　スライド

演劇
〜コロナ禍の修学旅行〜

登場人物
- 修学旅行に行かせてあげたいけれどどうしたら良いかわからない先生A
- 世間の目を気にし、修学旅行に行かせるべきでないと主張する先生B
- 大切な友達と修学旅行に行けることを楽しみにしていた生徒Aと生徒B

生徒全員の幸福　VS　社会全体の幸福
（生徒の青春を守る）　（社会のモラルを守る）
↓
それを主張する人数の多さや「こうすべきである」という義務的な正しさではなく、互いの立場を理解し、尊重し合いながら対話をして、考えていくことが大事

正しさの根拠を交換し合う「対話的理性」

あなたはこの問題についてどう考えますか？

一緒に考えてみましょう

テーマ②：自由と平等の調整　シナリオ→

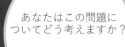

ナレーション：ここは、ここは都内某所の私立学校の売店。ある生徒が買い物をしていた。
生徒A：これ、お願いします。
売店の店員：税込百三十円です。レジ袋はいりますか？
生徒A：じゃあ、お願いします。
売店の店員：レジ袋二円です。
生徒A：これで。
売店の店員：ちょうどお預かりします。レシートはいりますか？
生徒A：あ、お願います。
売店の店員：またのご来店をお待ち……
生徒A：……
会長：機嫌よう皆様。生徒会長の●●だ。
生徒A：こ、こんなところで何を？
生徒A：私は、チョコレートを買い……
会長：あ、生徒Aさんじゃありませんか。こんなところで何を？
会長：そのチョコレート見せてもらえますか？
会長：わが校の生徒会はSDGsを目標にしています。店内にいる皆様に説明して差し上げます。公正な公正な取引をフェアトレードと言うが、不当な搾取や劣悪な労働者の自立と生活改善を達成しようという取り組みです。輸入する企業から支払うフェアトレードプレミアムという支援金が渡される。これとは別に集まってつくる労働組合によりその用途や価格交渉が行われる。生産者が……
会長・フェアトレードにはFLOCERT……
公正な貿易かつ公正な取引を判断する経済……
安全な商品かどうかを判断する環境……
また、その商品はどんなものがあ……

＃スライド3病室の写真＃
＊スポットライト左・オン＊
先生・病室〈放課後・3分〉
○病院・病室　めぐみと話している。
先生　退出　3人入室。
めぐみ「やっぱ、音が鳴らないようにドアを閉めて。」
しょう「まあ、こう。おかえり。今日は学校どうだった？」
めぐみ「まこと、しょう、まことおかえり……ゲーム。」
まこと「そっか。この頃理系科目が難しくなってきて……やばい。春から受験生なのに……」
めぐみ「いやあ、まことと話せて嬉しくなっちゃった。（下巻じょうに）」
先生「では、また明日様子を見ましょうね」
まこと、最後までドアを見送る。
しょう、音が鳴らないように静かにドアを閉める。
まこと「じゃあね」

めぐみ「ありがとう」
まこと「そういえば、今日けいこちゃん休みできた、寂しかった」
まこと「まこと、斉藤先生すごい」
めぐみ「いいなあ、私も学校行きたいなあ」
まこと「いいでしょ」
まこと「ま、どうしたの弱音なんか吐いて、元気だしなよう大丈夫だって！」

めぐみ「そうかなあ、もう無理なんじゃないかなって考えちゃうんだ。」
まこと、言葉を探す

←テーマ⑤：生命倫理シナリオ

発表授業に関して

1．作成形式
・4人一組で一つのテーマについて調べ、発表する
・発表はスライド（パワーポイント）を用いて行う。スライドの枚数は自由
・発表時間は8〜10分におさまること
・必ず一人1回は話す場面を設けること
・1枚目のスライドには「タイトル」「メンバー氏名」を必ず入れること

2．発表方法について
以下の要素を必ず取り入れてください
①与えられた教科書の内容から自分たちで課題（テーマ）を設定し、分析する
②必ず1度は聴衆を巻き込む（聞き手を引き付けるアクション）
③手法として、必ず演劇を用いる事
④資料やデータを必ず使用する（使用するときは出典も明記）
⑤自分たちも聞き手も、「考えさせられる」内容であること
⑥最後は「提言」（対政府、対自治体、対私たち）につなげること

3．評価について
（観点1）演劇的手法を効果的に使うことができているか
（観点2）発表時間を守れているか、作成されたスライドのデザインや発表形式、話し方などに工夫があるか
（観点3）発表の構成が適切か（起承転結などの構成、画像や資料等の活用など、メリハリをつける）
　　　　　※ただ調べてきた知識を載せる＆話すだけになっていたら減点。聞く人の目線で構成を考えよう
（観点4）内容点（調べてきた内容の深さ、インタビューやアンケートの活用、自分たちの考察があるなど）

発表授業　評価参考表

	評価項目	Excellent！	Very Good！	Good	So so
1	演劇的手法	演劇によって班の**伝えたい内容が適切に表現**され、**テーマや問題**を「**自分事**」として捉え、理解を深めることができた。	演劇によって班の**伝えたい内容をよく理解する**ことができた。	演劇を行っていたが、伝えたいことが理解できなかった。	演劇を行っていなかった。
2	発表の進行・資料	**8分~10分**で発表することができていて、作成されたスライドのデザイン等に工夫があり、わかりやすくスムーズに進行した。	**8分~10分**で発表することができていて、わかりやすくスムーズに進行した。	**8分~10分**で発表することができていたが、スムーズな進行ではなかった。	**8分~10分**で発表することができなかった。
3	発表の構成	**聞き手を引き付ける工夫や資料やデータの活用**があり、わかりやすく**聞き手に配慮した構成**になっている。	**資料やデータの活用**があり、わかりやすく聞き手に配慮した構成になっている。	**資料やデータの活用**があるが、わかりやすい構成になっていない。	調べてきた知識を話すだけになっている。
4	問題提示と内容	テーマ設定や問題提起自体が「**考えさせられる**」内容となっており、「**提言**」や調べてきた**内容、考察に深み**がある。	「**提言**」や調べてきた内容、考察に深みがある。	「**提言**」や調べてきた内容、考察がある。	「提言」がない。

4．テーマ一覧

番号	テーマ	活用する理論や概念	該当ページ 教科書	資料集
①	帰結主義と動機主義	ベンサムやミルの功利主義、カントの意志の自律、目的の国など		
②	自由と平等の調整	ロールズやセンの公正、ノージックのリバタリアニズムなど		
③	主体性（自己）と客観性（他者）	カントの道徳法則、ヘーゲルの人倫、実存主義など		
④	幸福な生き方	ギリシャ哲学、中国思想、カントの義務論、宗教、青年期		
⑤	生命倫理	功利主義、義務論、法の支配		
⑥	環境倫理	功利主義、義務論、シュヴァイツァーの思想		
⑦	個人の尊重と人権保障	法の支配、社会契約説		
⑧	政治と民主主義	法の支配、社会契約説、功利主義、ハーバーマスの対話的理性など		
⑨	自由・権利と責任・義務	法の支配、功利主義、義務論、共同体主義、サルトルの思想など		
⑩	正義とは何か	ギリシャ哲学、中国思想、法の支配、ロールズの正義の原理など		

5．発表時期

1H				
2H				
3H				
4H				
5H				
6H				
7H				
保体科				

6．提出物
①提出するもの
・スライド（枚数不問）
・レジュメ（A4 1枚 表面のみ）
②形式
・スライド⇒ パワーポイント または スライドをPDF化したもの
（アニメーション等が必要であればパワーポイントを提出）
・レジュメ⇒ Word または PDF （画像ファイルは禁止）
③締め切り、提出先
・発表前々日 17：00
提出先：ホームのTeams内フォルダ「公共発表」
※提出後の変更はできません。必要なスライドや情報をそろえた上で提出しましょう

7．レジュメに記載すること
①タイトル、ホーム、班、氏名
②内容の概略（詳細は不要）
③特に評価してほいポイント（注目）
（あれば④補足資料）

調べ学習補足資料

☆最低限　おさえてほしいポイント☆

①帰結主義と動機主義

- 功利主義とはどのような考え方か（ベンサムとミルの思想の違いも含めて）
- 動機主義とはどのような考え方か（目的と手段の違いや、定言命法・仮言命法の違いを含めて）
- この２つの考え方はどのように対立するのか（その理由も含めて）

②自由と平等の調整

- ロールズやセンの公正に対する考え方はどのようなものか
- リバタリアニズムの自由に対する考え方はどのようなものか
- 実質的平等と形式的平等の違いは何か

③主体性（自己）と客観性（他者）

- 真理へ到達する手段としての演繹法と帰納法の違いとその問題点は何か（独断論と懐疑論を踏まえて）
- カントの道徳的な行為に関する考えと、それに対するヘーゲルの考えの違いは何か
- キルケゴールの主体的真理とは何か（実存主義とはどのような思想かを含めて）

④幸福な生き方

- ギリシャ哲学における幸福な生き方はどのような生き方か
- 中国思想における良い行為とはどのような行為か
- 私たちの考えや主体性は絶対なものなのか（構造主義の考え方を含めて）

⑤生命倫理

- SOL（Sanctity Of Life）とQOL（Quality Of Life）とは何か
- 近年進む医療技術の発展の例とそれに伴う倫理的課題とは何か
- （生命倫理について）技術革新と法整備に関する問題点とは何か

⑥環境倫理

- 地球環境問題の実例とその原因の背景はどのようなものか（レオポルドの土地倫理を含め）
- 環境問題を地球規模で解決していく際の問題点とは何か
- （環境倫理における）世代間倫理とはどのようなものか

日本はクオータ制を導入するべきか？
―男女共同参画を追究する―

山室　由美子
千葉県立国分高等学校教諭・教員歴7年
担当科目：公共・倫理

実践授業の概要

教科：**公民**　　科目：**公共**　対象学年：**高校1年**
実施クラス：**8クラス**　1クラスの人数：**平均40名**

◆ 本実践のメッセージ

　世界経済フォーラムが公表した「ジェンダー・ギャップ指数2023」での日本の順位は146か国中125位となっており，日本は世界的に見ても男女共同参画が進んでいない。2003年に設定された「2020年までに指導的地位の女性割合を30％程度にする」目標の時期を「2020年代の可能なかぎり早期に」へと変更したことも，日本の男女共同参画の遅れを物語っている。

　このような男女共同参画の遅れを解決するために，内閣府男女共同参画局では「第4次男女共同参画基本計画」（平成27年12月25日閣議決定）において，あらゆる分野における女性の活躍を目指して国家公務員などの女性登用を増加するなどの目標を設定した。この政策は「ポジティブ・アクション」と呼ばれ，日本が他の先進諸国と比べて女性の参画が低い水準であることの改善，男女の実質的な機会の平等の確保，多様性の確保を目的としているが，これに対しては逆差別であると非難する声もある。このようにポジティブ・アクションは，「結果の平等」が公正であるのか，「扱いの平等」が公正であるのかという議論を呼んでいる。「結果の平等」と「扱いの平等」のどちらがより公正かという問題は，「法が公正なルールであるためには，どのような特質を備えていなければならないか」という問いを内包している。

　本実践では，大項目Ａで習得した功利主義（ベンサム）・リバタリアニズム・格差原理（ロールズ）の見方・考え方を活用して，ポジティブ・アクションの是非を考察する。これを通じて「法が公正なルールであるためには，どのような特質を備えていなければならないか」「男女共同参画社会を実現するためには何が必要か」を生徒に問いかけたい。

■ 単元の指導計画と評価

ア　単元の学習指導計画

　　第１時　形式的平等と実質的平等・現代日本における男女格差　本時❶

　　第２時　日本はクオータ制を導入するべきか　本時❷

イ　単元観

　　本単元は，学習指導要領（2018 年告示）における「大項目Ｂ　ア（ア）法や規範の意義及び役割」に対応している。学習指導要領解説では本単元における問いとして，「法が公正なルールであるためには，どのような特質を備えていなければならないか」が挙げられている。また，「間接差別や積極的差別是正措置（アファーマティブ・アクション）などに関する課題を取り上げ」（大項目Ａ（3））とも示されている。以上より，ポジティブ・アクション（アファーマティブ・アクション）を通じて，中学校で既習の基本的人権（特に「平等権」）に関する知識などを活用しながら「法が公正なルールであるためには，どのような特質を備えていなければならないか」を考察する授業を展開したい。

ウ　単元の観点別評価規準

知識及び技能 知	思考力・判断力・表現力 思	主体的に学習に取り組む態度 主
• 基本的人権（特に「平等権」）について基礎的な知識を理解している。 • 現代社会における男女格差やポジティブ・アクションについて理解している。 • さまざまなデータから現	• さまざまなデータから現代社会における男女格差の解消策を考察している。 • 大項目Ａで習得した先哲の思想（功利主義・リバタリアニズム・ロールズ）をもとに，ポジティブ・アクション（特にクオータ制）	• 現代社会における男女格差について，よりよい社会の実現を視野に，主体的に学習に取り組み，ポジティブ・アクション（特に

代社会における男女格差について必要な情報を適切かつ効果的に読み取り，まとめている。	の是非について考察し，合意形成を意識しながら事実を基に協働して考察し，自分の意見をまとめ，表現している。	クオータ制）の是非（男女格差の解消）について考察しようとしている。

◆ 本実践の「問い」（主題）
「日本はクオータ制を導入するべきか？」

　男女共同参画社会を実現するために行われるポジティブ・アクション（積極的差別是正措置）は，将来的に生徒が直面する可能性の高い制度である。さらに，クオータ制を用いて女性の社会進出を促進することは賛否が分かれる問題である。自らに関係のある社会的課題を扱うことで，生徒の興味・関心を高めると同時に，クオータ制が公正であるかを検討することで，法やルールの公正さはいかにして担保されるのか，男女共同参画を実現するためには何が必要かを考察させたい。

◆ 本実践で活用する見方・考え方
「功利主義（ベンサム）」「リバタリアニズム」
「格差原理（ロールズ）」「男女共同参画」

　議論の根拠を明確にするために，公共の扉（大項目A）で身に付けた功利主義（ベンサム）・リバタリアニズム・格差原理（ロールズ）の思想を活用してポジティブ・アクションの是非を考察する。先哲の思想を基に考察・議論させることによって，自らの思考のみにとらわれず，多面的・多角的な視点でポジティブ・アクションの是非を問うことができる。

◆ 本実践の目標（観点別評価規準）

知識及び技能 知	思考力・判断力・表現力 思	主体的に学習に取り組む態度 主
• 現代社会における男女格差やポジティブ・アクションについて理解している。 • 現代社会における男女格差につ	• 先哲の思想をもとに，ポジティブ・アクション（特にクオータ制）の是非について考察し，合意形成を意識	• 主体的に学習に取り組み，ポジティブ・アクション（特にクオータ制）の是非（男女格差

いて，さまざまなデータから必要な情報を適切かつ効果的に読み取り，まとめている。 | しながら事実を基に協働して考察し，自分の意見をまとめ，表現している。 | の解消）について考察しようとしている。

◆ 授業実践

1．教材など

（1）ワークシート・資料（p.83 ～ p.87 参照）

（2）Teams

チームのメンバー内でグループチャットなどができるツールである（千葉県の県立学校においては，各生徒に Microsoft のアカウントが供与されている）。Teams を活用すれば，写真や動画などを共有しながら授業を進めることが可能になる。また，生徒一人一人の意見を瞬時に共有することができる。ただし GIGA スクール構想で配布されたタブレットやソフトなどによっては，Teams 以外の共有ソフトを使用することもある。

（3）パソコン，プロジェクター，スマートフォン

Teams の投稿は生徒個人が所有するスマートフォンを通して行う。また，プロジェクターで Teams の画面を投影する。

2．本時（第 1 時）の展開

段階	学習内容・学習活動	指導上の留意点
導入	・本時の「問い」を確認する。 ポジティブ・アクションが行われているのはなぜか？ ・大項目 A「公共の扉」で学習した「平等」の概念を振り返る。 ・個人で Q1 の女性優遇措置は公正であるかを考え，ワークシートにその	 ・「形式的平等」は扱いにおける平等であり，「実質的平等」は結果の平等であることを確認する。 ・ワークシートの絵を見て，「形式的平等」「実質的平等」を選択する。 ・ワークシートに書き終わったら，自分の考えを Teams に投稿し，他にはど

		ように考えた理由を書く。 【ワークシート Q1】	のような意見があるのかを見るように指示する。
		・実際に行われている女性優遇の事例にはどのようなものがあるのかを理解する	・＜実際に行われている似た事例＞として，アメリカやドイツ，名古屋大学や東京大学の事例を紹介する。
		・ここまで見てきた女性優遇措置は「ポジティブ・アクション」と呼ばれることを理解する。	・ワークシートの Q1 は，ポジティブ・アクションであったことを読み取らせる。
展開 1		・家事や育児に関する商品の CM を視聴する。	・女性ばかりが登場し，「炎上」した CM を選ぶ。
		・グループで，この CM が「炎上」したのはなぜか考える。 【ワークシート Q2】	・グループの意見を Teams に投稿し，他のグループの意見を確認するよう指示する。
		・CM が「炎上」した理由を理解する。	
		・ジェンダーの概念を理解する。	・家事や育児の CM に女性しか登場しないのは，「家事や育児は女性が行うもの」という考えを追認していることを解説する。 ・ジェンダーとは，CM に見られるような，社会や文化が人為的に作り上げた性差であることを解説する。 ・男女別の制服や「女子力」などの例を挙げ，生活の身近にジェンダーがあることを解説する。
展開 2		・個人で Q3 の①から⑧について調べて問題を解き，日本における男女格差の現状を理解する。 【ワークシート Q3】 ①「夫は外で働き，妻は家庭を守るべき」という考え方に対する意見の国際比較 ②夫と妻の家事時間	・別紙資料を配布する。 ・男女格差の背景にはジェンダーの意識があることに触れながら，資料の解説をする。 ①日本では諸外国に比べて，ジェンダーの意識が根付いている。また，男性の方が，ジェンダーの意識を強く持っている傾向がある。 ②共働きの家庭においても，夫のほうが仕事の時間が長い。また，妻のほうが家事・育児を多く担っている。この背景には①の資料に見られるようなジェ

		ンダー意識がある。
	③男女別育児休業の取得率	③男性の育児休業取得率は非常に低く、男性が十分に育児に参加していない。背景には「男性は育児ではなく働くもの」という考えがある。
	④正規雇用における男女比	④女性の非正規雇用率は男性よりも高い。女性が家事・育児を担うため、仕事に十分参加できないことが一因である。
	⑤男女の賃金格差	⑤平均賃金は男性よりも女性の方が低い。女性の非正規雇用率が低いことが一因である。
	⑥就業者および管理的職業従事者に占める女性の割合	⑥諸外国と比較すると就業者に占める女性割合は大きく変わらないが、管理的職業従事者に占める女性割合は、圧倒的に低い。校長はほとんどが男性であるなど身近な例を紹介する。
	⑦各国の国会議員に占める女性割合	⑦日本の国会議員に占める女性割合は世界の中でも最低クラスである。
	⑧ジェンダー・ギャップ指数	⑧男女平等が実現しているかを示すジェンダー・ギャップ指数の日本の順位は非常に低く、国際的に見て男女平等が実現していない。
	・Q3に見られる男女格差の一因はジェンダーの意識であることを理解する。	・グループの考えをTeamsに投稿し、他のグループの意見を確認するように指示する。
	・グループで、男性の育児休業取得率が低い理由を考える。	・生徒の意見をもとに、「男性は外で働く」という意識がある結果、育休を取りづらい、男性が育休を取ることに対応できていない労働環境があることなどを解説する。 ・グループの考えをTeamsに投稿し、他のグループの意見を確認するように指示する。
	・グループで、国会議員や管理職の女性割合が低いとどのようなことが起こるか考える。	・生徒の意見をもとに、政治や組織経営に女性の意見が取り入れられないため、さらに女性の社会進出が進まなくなってしまうことなどを解説する。
	・男女格差があることは、男性にとっても不利益な一面があることを理解する。	・ジェンダーによって、男性は育休が取りたくてもとれないなど、自分がやりたいことより「男らしさ」が優先されてしまう面があることを解説する。
まとめ	・今回の授業の内容を踏まえて、「ポジ	・書き終わったら、グループの中でお互

段階		学習内容・学習活動	指導上の留意点
		ティブ・アクション」が行われている理由を自分の言葉でまとめる。	いに書いた文章を読みあう。

2．本時（第2時）の展開

段階	学習内容・学習活動	指導上の留意点
導入	・本時の問いを確認する。 　日本はクオータ制を導入するべきか？ ・クオータ制とは何かを理解する。	・政治分野，大学入試，育児休業取得におけるクオータ制の事例を紹介する。
展開1	・各グループに功利主義（ベンサム），ロールズ，リバタリアニズムを割り当てる。 ・割り当てられた先哲の思想に基づくと，ポジティブ・アクションはどのように評価されるかグループごとに意見をまとめ，ワークシートに記入する。　←　エキスパート活動【ワークシートQ1】 @功利主義（ベンサム）の考え …社会全体の幸福が増大するため，ポジティブ・アクションを行うべきである。 @リバタリアニズムの考え …個人の自由が侵害されるため，ポジティブ・アクションは行うべきではない。 @ロールズの考え …全員に平等な機会を与え，公正に競争した結果以外の不平等は認められないので，ポジティブ・アクションを行うべきである。	・本時はジグソー活動とエキスパート活動を行うので，あらかじめクラスを3つのグループに分けておく。 ・エキスパート活動が終わったら，各グループのワークシートの記入例を写真に撮り，Teamsに投稿するように指示する。 ・先哲の考え方を理解していないグループがあれば，前時のワークシートなどを振り返るよう指示したり，適宜ヒントを与えたりする。
展開2	・功利主義（ベンサム），リバタリアニズム，ロールズの立場の生徒が混在するようにグループを組む。 ・エキスパート活動でまとめた意見をもとに，3つそれぞれの立場から	・それぞれの立場の意見をメモしながら議論するように指示する。

	Q2の各事例に対する是非を議論し，ワークシートに記入する。 ← ジグソー活動 【ワークシート Q2】	・必要に応じて，Teams の投稿を参考にするように指示する。

【生徒の議論 LIVE】

A：「選挙における女性候補者割合」「公務員の女性割合」については，女性の政治家や総合職の国家公務員が増えれば，女性の意見を取り入れた政策が実現しやすくなるのではないかな。そうすると，女性の幸福度は大きくなり，社会全体の幸福量は増大するよね。

B：社会全体の幸福量が増大したとしても，一部の男性が犠牲になっている状態は正しいのかな？やはり，試験は個人の能力を見るべきだよ。

C：でも，そもそもその能力を身に付けるのに，格差があるのではないかな。現状，男性は家事や育児を担う時間が少ない分，自分の実力を伸ばすために時間を使えるよね。それに対して，女性は家事や育児を担う時間が多いよ。平等ではない状態のもとに身に付けた実力を，同じように試験するのは公正ではないと思う。

B：「男性の育休の義務化」については，義務化すると個人の自由が侵害されてしまうよ。個人の自由を侵害して，平等を実現するのは正しいのかな。

A：個人の自由よりも，社会全体の幸福量で判断するべきなのではないかな。現状，個人の自由に任せていたら，育児の負担が女性に偏っていることはなかなか変化しないと思う。だから，義務化しないといけないのではないかな。

C：女性が育休をとって男性が育休を取らないことが多い状況のまま，会社において男性と女性の業績を同じように評価するのはどうなんだろう？…。

まとめ	・これまでの議論をもとに「日本はクオータ制を導入するべきか」に対する自分の意見を書く。 【ワークシート Q3】	・書き終わったら，自分の意見を写真に撮り，Teams に投稿するように指示する。
	・Teams で自分以外の意見を読み，感想を書く。　【ワークシート Q4】	・前時の初めに書いた「Q1【事例】の女性優遇措置は公正であるか」と現在の意見を比較させる。

◆ 本実践の評価方法や評価の場面

知識及び技能 知	具体的な場面
● 現代社会における男女格差やポジティブ・アクションについて理解している。	・既習事項の先哲の思想も含めて，ポジティブ・アクションなどの基本事項を理解している。（ワークシート）
● 現代社会における男女格差について，様々	・提示された資料などを読み取り，男女間の

思考力・判断力・表現力 思	具体的な場面
● 先哲の思想をもとに, ポジティブ・アクションの是非について考察し, 合意形成を意識しながら事実を基に協働して考察し, 自分の意見をまとめ, 表現している。	・ポジティブ・アクションを, 先哲の思想を用いて評価（説明）することができる。（ワークシート, Teams） ・ポジティブ・アクションが必要である理由を, 資料①〜⑧から見いだして説明している。（ワークシート） ・ジグソー法で, 自分の割り当てられた先哲の思想に沿ってポジティブ・アクションを評価説明し, 他の思想を受け入れながら自分の意見をまとめ, 表現している。（ワークシート, Teams, 観察）

なデータから必要な情報を適切かつ効果的に読み取り, まとめている。 / 格差を読み取り, まとめている。（ワークシート）
・適切に Teams へ投稿することができると同時に, Teams から必要な情報を取り出すことができる。（Teams）

主体的に学習に取り組む態度 主	具体的な場面
● 主体的に学習に取り組み, ポジティブ・アクションの是非（男女格差の解消）について考察しようとしている。 ● 他の先哲の思想やグループでの他の意見などを参考に, 自分が考えてきたことを修正するなど, さらに深めようとしている。	・１時間目の初めに記入した「Q1【事例】の女性優遇措置は公正であるか」への意見と, ２時間目のジグソー法で議論したあとの「日本はポジティブ・アクションを推進するべきか」に対する自分の意見を比較し, 本時の学習の意義（よりよい社会の形成に参加する意義）を見いだしている。（ワークシート, Teams） ・自分に割り当てられた先哲の思想以外の考え方を取り入れて, 自分事として主体的に課題に取り組もうとしている。（ワークシート, Teams）

＜２時間目 Q3 の評価ルーブリック＞

S	A	B	C
先哲の思想や現在の社会の状況を踏まえて考察がなされている。	先哲の思想や現在の社会の状況のいずれかを踏まえて考察がなされている。	自分の考えに対する根拠が書かれているが, 先哲の思想や現在の社会の状況につ	自分の考えに対する根拠が不十分である。

		いての考察がなされ ていない。	

◆ 本実践の成果と課題

1．成果

(1) 授業内容

　生徒が将来直面する可能性が高い現代社会の課題を取り扱うことができた。また，先哲の思想を現代社会の諸課題の中で応用することによって，先哲の思想が現代社会の諸課題に対する答えの一端となることを感じさせることができた。

　公共では，大項目Aで習得した見方・考え方を現実社会の問題に応用することが求められているため，その実践をすることができた。

(2) 授業方法

　Teams を使うことで，全ての生徒が意見を表明することができた。SNS を利用した意見の集約は効率的であるとともに，生徒の授業に対する意欲も向上させることを感じた。

　学習指導要領総則には，各学校において，コンピュータや情報通信ネットワークなどの ICT 環境を整備し，これらを適切に活用した学習活動の充実に配慮することが明記されている。このような ICT 機器の活用は，新指導要領のもとで広く求められるだろう。

2．課題

(1) 授業内容

　新学習指導要領において，アファーマティブ・アクションの取り扱いは大項目Aの分野に置かれている。しかし，本実践では大項目Bでアファーマティブ・アクションを取り扱った。本実践は，一部内容を変更すれば大項目Aで行うことも可能である。大項目Aで行うには，最終的な問いを「クオータ制は公正か？」にすることや，「男女共同参画を実現するためにはどのような制度が有効かつ公正か」にするなどが考えられる。

実際の授業では，先哲の思想の理解が不十分であったため，先哲の思想を活用してポジティブ・アクションの評価を行う部分に答えを出せないグループがあった。これについては，適宜大項目Ｂでも大項目Ａの内容を復習する必要があるだろう。しかし，知識の活用なしに真にその知識を理解することは不可能である。生徒は，このような活用と活用の失敗を繰り返すことで，知識を定着させるはずである。そのため，大項目Ｂにおいて大項目Ａの内容の復習に時間を取られすぎるのもよくない。知識の定着と活用は並行して行われるものである。

　また，具体的なクオータ制の事例の是非を検討するところでは，ただの感情論で話を進めてしまうグループがあった。先哲の知識を活用したり，客観的なデータに基づいた考察を行ったりするためには，どのような問いが適切であるのか，さらなる検討が必要である。

（2）授業方法

　Teams の活用によって，全ての生徒の意見を拾うことが可能になったが，個人が Teams に熱中してしまい，お互いに議論する時間が損なわれてしまった。Teams を使う時間と全体で話し合う時間をうまく切り替える必要がある。

参考文献
瀬地山角『炎上 CM で読み解くジェンダー論』（光文社新書，2020）

ワークシート（第1時）

男女共同参画①

＿＿＿組 ＿＿＿番 氏名（　　　　　　　　　）

テーマ「ポジティブ・アクションが行われているのか」

＜「平等」の考え方＞
① （　形式　）的な平等　…　扱いにおける平等
② （　実質　）的な平等　…　結果の平等

形式的平等
実質的平等

Q1: 次の事例は平等ではないか考えよう　※この事例はフィクションです

AくんとBくんは、国家公務員になることを目標に毎日一生懸命勉強しました。試験はまずまずの結果で、努力では分かれるに違いないと思いAくんは合格を期待しましたが、結果はBくんは合格でした。しかしAくんと同じ点数をとったBさん（女性）や、Aくんより点数の低いCさん（女性）は合格していました。この試験では、合格者の30%は女性にすることという決まりがあったのです。

この試験結果は「平等」だと思いますか？　…　平等だと思う　・　平等でないと思う

理由：

＜実際に行われている似た事例＞
・ドイツでは、大手企業108名以上の監査役員の女性比率を30%以上にすることが義務づけられている。
・名古屋大学では主婦の評価が同等だった場合には、女性を積極的に採用することとしている。
・東京大学には、女子学生には月3万円の家賃補助を与える制度がある。

…このような取り組みを（　ポジティブ・アクション　）という。

＜なぜポジティブ・アクションが行われているのか＞
Q2: このCMはなぜ「炎上」したのか考えよう

（　ジェンダー　）…社会や文化が人為的に作り上げた性差

Q3: 資料を見て、次の質問に答えよう

(1) 日本では、韓国・アメリカ・スウェーデンに比べて、「男性は外で働き、女性は家庭を守るべき」という考えに【　賛成　反対　】する割合が高い。

(2) H28の共働き世帯における妻の家事関連の時間は、夫の家事関連の時間の約【　2　3　5　⑩　】倍である。

(3) Rの育児休業取得率が約【　50　60　70　⑧⓪　】%であるのに対して、男性は約【　⑩　20　30　40　】%である。

(4) 非正規雇用で働く女性は総数で見ると男性の約【0.5　2　③】倍であり、パート・アルバイトで働く女性の約【0.5　②　3】倍である。

(5) 2018年における女性の平均賃金より男性の平均賃金よりも約【　10　50　⑩⓪　】万円高い。

(6) 女性労働者について、日本は諸外国に比較して【　就業者　管理的職業従事者　】は高い。管理的職業従事者は諸外国よりも圧倒的に【　高い　低い　】。

(7) 2022年の日本の国会議員に占める女性の割合は（　9.7　）%である。

(8) 2023年の日本のジェンダーギャップ指数は（　125　）位である。特に【経済　教育　健康　政治　】分野が遅れている。

Q4: 男性の育休取得率が低いのはなぜか？理由を考えて書いてみよう

Q5: 国会議員や管理職の女性割合が低いとどのようなことが起こるだろうか？

Q6: 「ポジティブ・アクション」が行われている理由を自分の言葉で説明しよう

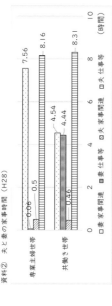

資料① 「夫は外で働き、妻は家庭を守るべき」という考え方に対する意見

男性

日本	賛成 39.4	どちらかといえば賛成 39.3	どちらかといえば反対・反対	わからない・無回答 4.9
韓国	賛成 20.2	どちらかといえば賛成 66.1		わからない・無回答 2.7
スウェーデン	賛成 21.7	どちらかといえば賛成 76.8		わからない・無回答 1.5
アメリカ	賛成 8.9	どちらかといえば賛成 88.2		わからない・無回答 2.9

女性

日本	賛成 31.1	どちらかといえば賛成 63.4		わからない・無回答 5.5
韓国	賛成 13.2	どちらかといえば賛成 85.1		わからない・無回答 1.7
スウェーデン	賛成 18.1	どちらかといえば賛成 81		わからない・無回答 1
アメリカ	賛成 4	どちらかといえば賛成 93.2		わからない・無回答 2.8

(内閣府男女共同参画局「平成15年版男女共同参画白書」より作成)

資料② 夫と妻の家事時間（H28）

■妻 家事関連　□妻 仕事等　■夫 家事関連　□夫 仕事等

専業主婦世帯：7.56　0.06　0.5　8.16
共働き世帯：4.54　0.46　4.44　8.31
（時間）

(総務省「平成28年社会生活基本調査 生活時間に関する結果」より作成)

資料③ 育児休業取得率の推移

https://www.mhlw.go.jp/wp/hakusyo/kousei/20/backdata/1-8-1.html
（令和3年度版厚生労働白書）

資料④ 非正規雇用における男女比（2021年）

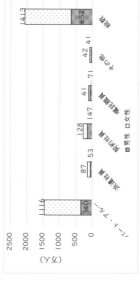

（万人）
■男性　□女性

(総務省「2021年労働力調査平均結果の概要」より作成)

資料⑤　男女の賃金格差

（資料出所）厚生労働省「賃金構造基本統計調査」

（独立行政法人労働政策研究・研修機構「早わかり グラフでみる長期労働統計」）

資料⑥　就業者および管理的職業従事者に占める女性の割合（国際比較）

https://www.gender.go.jp/about_danjo/whitepaper/r01/zentai/html/zuhyo/zuhyo01-02-14.html

（内閣府男女共同参画局「男女共同参画白書 令和3年版」）

資料⑦　各国の国会議員に占める女性割合（2022年）

国名	スウェーデン	フランス	ドイツ	英国
女性割合(%)	46.1	39.5	34.9	34.5

国名	米国	韓国	日本
女性割合(%)	27.9	18.6	9.7

（内閣府男女共同参画局「男女共同参画白書 令和4年版」より作成）

資料⑧　ジェンダー・ギャップ指数（2023年）

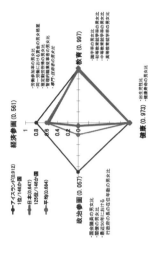

—アイスランド(0.912)　1位/146か国
日本(0.647)　125位/146か国
平均(0.684)

経済参画 (0.561)
・労働参加率の男女比
・同一労働における賃金の男女格差
・推定勤労所得の男女比
・管理的職業従事者の男女比
・専門・技術者の男女比

教育 (0.997)
・識字率の男女比
・初等教育就学率の男女比
・中等教育就学率の男女比
・高等教育就学率の男女比

政治参画 (0.057)
・国会議員の男女比
・閣僚の男女比
・過去50年における
　行政府の長の在任年数の男女比

健康 (0.973)
・出生児性比
・健康寿命の男女比

順位	国名	値		順位	国名	値
1	アイスランド	0.912		72	ベトナム	0.711
2	ノルウェー	0.879		74	タイ	0.711
3	フィンランド	0.863		79	イタリア	0.705
4	ニュージーランド	0.856		87	インドネシア	0.697
5	スウェーデン	0.815		105	韓国	0.680
6	ドイツ	0.815		107	中国	0.678
15	英国	0.792		124	モルディブ	0.649
30	カナダ	0.770		125	日本	0.647
40	フランス	0.756		126	ヨルダン	0.646
43	アメリカ	0.763		127	インド	0.643

（備考）1. 世界経済フォーラム「グローバル・ジェンダー・ギャップ報告書(2023)」より作成
2. 日本の数値が分かっていない項目はイタリックで記載
3. 分野別の値は　経済(4分)、教育(12分)、健康(13分)

（詳細は、世界経済フォーラムのHP参照
https://www.weforum.org/reports/global-gender-gap-report-2023 ）

男女共同参画②　　　　　　組　　番　氏名（　　　　　　　　　）

日本はクオータ制を導入するべきか？

＜クオータ制を導入するべき？＞

（　　クオータ制　　）…ポジティブ・アクションの手法の一つ。

格差を是正するために、性別などを基準に一定の比率を割り当てる制度。

① 政治分野

名前	内容	採用している国数
議員割当制	議席のうち一定数を女性に割り当てることを憲法・法律で定める。	26か国
法的候補者クオータ制	議員の候補者の一定の割合を女性に割り当てることを、憲法・法律で定める。	60か国
政党による自発的クオータ制	政党が党の規則などにより、議員候補者の一定割合を女性に割り当てる。	55か国

（内閣府男女共同参画局「諸外国における政治分野の男女共同参画のための取組」R2年3月）

② 教育分野

東京工業大学は、2024（令和6）年4月入学の学士課程入試から、総合型選抜および学校推薦型選抜において女性を対象とした「女子枠」を導入します。2024年4月入学者の入試では4学院（物質理工学院、情報理工学院、生命理工学院、環境・社会理工学院）で新選抜を開始し、58人の女子枠を導入、2025年4月入学者の入試では、残りの2学院（理学院、工学院）で新選抜を開始し85人の女子枠を導入します。最終的に、全学院の女子枠の募集人員は計143人になり、これは学士課程1学年の募集人員1,028人の約14%に相当します。　　　　（東京工業大学HPより）

③ 育児保育分野

スウェーデンの例

育児休業は子どもが8歳になるまで、両親合わせて480労働日（配偶者に譲ることのできない休日「パパクオータ」「ママクオータ」各60労働日を含む）。

Q1：それぞれの思想家だったら、クオータ制をどのように評価したか推測しよう

	ベンサム	ロールズ	リバタリアニズム
立場	導入すべき　導入しないべき	導入すべき　導入しないべき	導入すべき　導入しないべき
理由			

ワークシート（第２時）

Q2：それぞれの事例で「日本はクオータ制を導入するべきか」を議論しよう

*各思想家だったらどう考えたか検討する　→　それを踏まえてグループの意見を出す＆理由を書く

事例	グループの意見	理由	ベンサム	ロールズ	リバタリアニズム
選挙における女性候補者の割合を30％以上にする	導入する 導入しない				
新しく採用する国家公務員の30％以上を女性にする	導入する 導入しない				
育児休暇を必ず男性が2か月以上取ることを義務化する	導入する 導入しない				

※30％…「クリティカル・マス」と呼ばれる比率で、マイノリティがマイノリティでなくなる必要最低限の割合。

Q3：「日本はクオータ制を導入するべきか」に対する自分の考えを書こう（マス目を空けずに詰めて書く）

Q4：ポジティブ・アクションについて学習した感想を書こう

消費者としての責任を果たすとは？
―消費者トラブルと自らの消費行動から考える―

山室　由美子

千葉県立国分高等学校教諭・教員歴7年
担当科目：公共・倫理

実践授業の概要

教科：**公民**　　科目：**現代社会**　対象学年：**高校3年**
実施クラス：**6クラス**　1クラスの人数：**平均40名**

◆ 本実践のメッセージ

　令和4年4月1日より成年（人）年齢が18歳に引き下げられた。これによって，18歳より保護者の同意を得なくても自分の意思でさまざまな契約ができるようになった。そのほかにも多くの権利が拡大される一方で，民法で定められた「未成年者取消権」を行使することはできなくなった。また，社会経験に乏しい，保護がなくなったばかりの成人を騙す業者が現れることが予想される。そのため，18歳より自立した成人として，自身が結ぶ契約に責任を持たなければならない。自分の身を守るためには，契約や消費者問題に関する十分な知識が必要不可欠である。また，自らの消費行動が社会に与える影響を自覚し，どのような消費行動をとるべきなのか考えることも重要である。

　本実践では，「消費者の8つの権利と5つの責任」などの見方・考え方を用いて，自立した消費者が果たすべき責任について考える。消費者トラブルから身を守るだけでなく，自らの消費に対する責任についても考えさせたい。

■ 単元の指導計画と評価

ア　単元の学習指導計画

　第1時　消費者トラブルから身を守るには？　**本時❶**

第2時　消費者としての責任を果たすとは？　本時❷

イ　単元観

　　本単元は，学習指導要領（2018年告示）における「大項目B ア（ア）多様な契約及び消費者の権利と責任」に対応している。学習指導要領解説では，本単元について「消費者契約を扱い，消費者が，情報の非対称性や自らの経済状況などのために，熟慮に基づく自由な意思により契約することができない場合があること」「消費者としての自らの選択が現在及び将来の世代にわたって社会・経済の在り方や地球環境に影響を及ぼし得るものであることを自覚して，公正かつ持続可能な社会の形成に積極的に参画することが期待されていることを理解できるようにする」と示されている。以上より，若者が多く巻きこまれる具体的な消費者トラブルから，情報の非対称性が契約にどのような影響を与えているか理解し，消費行動の際の批判的思考の重要性を認識させる授業を展開したい。また，先進国の消費行動が発展途上国に与えている影響について知ることで，自らの消費の在り方や消費者としての責任を考える授業を展開したい。

ウ　単元の観点別評価規準

知識及び技能 知	思考力・判断力・表現力 思	主体的に学習に取り組む態度 主
• 消費者の権利と責任，契約自由の原則や消費者保護法制について基礎的な知識を理解している。 • 先進国の大量生産・大量消費が発展途上国や地球環境に与える影響を理解している。 • さまざまな資料から消費者トラブルの実態などを，適切に読み取りまとめている。	• 消費者トラブルが起こる原因や，消費者トラブルから身を守るにはどうすればよいかを，消費者の権利と責任の視点から考察し，表現している。 • どのような消費や生産者に対する行動をとることが公正であるのかを考察し，表現している。	• 主体的に学習に取り組み，消費者の権利と責任について，よりよい社会の実現を視野に考察しようとしている。

◆ 本実践の「問い」（主題）

「消費者としての責任を果たすとはどのようなことか」

◆ 本実践で活用する見方・考え方
「消費者の8つの権利と5つの責任」

◆ 授業実践
1. 教材など

(1) ワークシート・資料 (p.98 ～ p.101 参照)

(2) Teams

　チームのメンバー内でグループチャットなどができるツールである (千葉県の県立学校においては、各生徒に Microsoft のアカウントが供与されている)。Teams を活用すれば、写真・動画を共有しながら授業を進めることが可能になる。また、生徒一人一人の意見を瞬時に共有することができる。ただし GIGA スクール構想で配布されたタブレットやソフトなどによっては、Teams 以外の共有ソフトを使用することもできる。

(3) パソコン、プロジェクター、スマートフォン

　Teams の投稿は生徒個人が所有するスマートフォンを通して行う。また、プロジェクターで Teams の画面を投影する。

(4) 付箋、模造紙、マーカー

　KJ 法を行うときに使用する。

2. 本時 (第1時) の展開

段階	学習内容・学習活動	指導上の留意点
導入	・動画を視聴し、成人すると自由に契約ができる一方で、契約に伴う責任を自分で取らないといけなくなることを確認する。【ワークシートQ1】 ・本時のテーマを確認する。 **どうすれば消費者トラブルから身を守れるか**	・消費者庁「成年年齢—大人になる君へのメッセージ (動画)」のアドレスを QR にして提示する。

展開1	・家庭科で学習した,「消費者の8つの権利・消費者の5つの責任」を確認する。【ワークシートQ2】	・生徒の理解が十分でない時などは,必要に応じて説明をする。
	・グループで,資料1の消費者トラブルでは,「消費者の8つの権利」のうちどれが侵害されているか考える。【ワークシートQ3】	・別紙資料を配布する。 ・生徒が考え終わったら,以下の事項などを解説する。
	①医療脱毛 　…知らされる権利 　　選択する権利	①SNS広告で十分な情報を知らされてない。その場で勧誘されているため比較ができず,選択の幅を狭められている。
	②美容整形 　…安全である権利 　　知らされる権利 　　選択する材料	②術後の経過についてのサポートが十分でなく,安全が保障されていない可能性がある。SNS広告に十分な情報が提供されていない。リスクを知らされていない。
	③暗号資産 　…知らされる権利	③受けた説明と違う内容になっており,十分な情報が提供されていない可能性がある。
	④マルチ商法 　…知らされる権利 　　選択する材料	④儲けの実態が消費者に知らされていない。
	⑤定期購入 　…知らされる権利 　　選択する材料	⑤購入条件が定期購入であることを十分に説明されていない可能性がある。
	⑥副業のためのオンライン講座 　…知らされる権利 　　選択する権利	⑥訪問販売という断りづらい状況下である。
	⑦SNSからの誘導 　…知らされる権利 　　選択する権利	⑦やり取りするのにお金が必要であることを知らされていない可能性がある。断りづらい状況下に置かれている。
	⑧引越直後の契約 　…知らされる権利 　　選択する権利	⑧虚偽の説明で,正しい情報を知らされていない。訪問販売なので選択の幅を狭められている。
	⑨タレント・モデル契約 　…選択する権利	⑨十分に考える時間がない状態で契約させられている。
	・個人で,消費者トラブルが起きやすいのはどのような状況か考え,ワークシートにまとめる。【ワークシートQ4】	・消費者トラブルの背景には,情報の非対称性があることを解説する。

| 展開2 | ・グループで，資料１の消費者トラブルはどの消費者の責任を果たせば回避することができたか考える。
【ワークシートQ5】

・個人で問題を解き，中学校や家庭科での既習内容（契約自由の原則，クーリング・オフ，消費者契約法，PL法，消費生活センターなど）を確認する。
【ワークシートQ6】

・資料１の消費者トラブルの中で，クーリング・オフが適用される可能性があるものをグループで選ぶ。
【ワークシートQ7】

┌─────────────────┐
**クーリング・オフの対象になる可能性
があるもの**

　①継続的なサービス
　④マルチ商法
　⑥キャッチセールス
　⑧訪問販売
　⑨キャッチセールス
└─────────────────┘ | ・いずれも「批判的意識を持つ責任」（売り手の情報が本当であるのか疑うなど）「主張し行動する責任」（契約したくない場合は，勇気をもってはっきり断るなど）を果たすことで回避できた可能性があることを解説する。
・生徒の理解が十分でなかったら，必要に応じて解説をする。

・資料２のクーリング・オフの説明を見ながら考えるように指示する。

・生徒が考え終わったら以下の事項を解説する。

・下記の販売方法・取引でも，条件によってはクーリング・オフできない場合があることに留意させる。
①美容医療は，特定継続的役務提供にあたるのでクーリング・オフができる。美容医療などの特定継続的役務提供の場合は，契約期間や金額の制限があるが，クーリング・オフ期間後も，将来に向かって，契約（関連商品の販売契約を含む）を解除（中途解約）することができる。
④マルチ商法は，連鎖販売取引にあたるのでクーリング・オフ期間は20日間となる。また①同様特定継続的役務提供にあたるので契約解除ができるし，一定の条件を満たせば商品の売買契約も解除できる。
⑥キャッチセールス，アポイントメントセールスなどは，訪問販売にあたるので，クーリング・オフが可能。
⑧業者が消費者の自宅などを訪ねて商品を売買する訪問販売にあたるので，クーリング・オフが可能。
⑨キャッチセールスにあたるので，⑥同様，クーリング・オフが可能。 |

段階	学習内容・学習活動	指導上の留意点
	・個人で，資料３の消費者契約法についての説明を読む。 ・クーリング・オフ以外にも消費者トラブルから身を守る制度があることを理解する。	・クーリング・オフが適用されない場合も，消費者契約法などの制度があることを解説する。 ・実際に消費者トラブルに遭った場合は，自分一人で判断せずに消費生活センターなどに相談するように解説する。
まとめ	・どうすれば消費者トラブルから身を守れるか，自分の考えを書き，写真を撮ってTeams に投稿する。 【ワークシート Q8】 ・自分以外の人が書いた意見を読む。 ・今日の学習で気づいたことや自分の考えが変化したところを書く。 【ワークシート Q9】	・授業で学習した内容を踏まえて書くように指示する。 ・書き終わったらワークシートの写真を撮り，Teams に投稿するように指示する。

２．本時（第２時）の展開

段階	学習内容・学習活動	指導上の留意点
導入	・映画「ザ・トゥルー・コスト～ファストファッション 真の代償～」の抜粋を視聴する。 【ワークシート Q1】 ・視聴した映画に関係する責任を消費者の５つの責任から２つ選び，ワークシートに記入する。 ・本時のテーマを確認する。 消費者の責任を果たすとはどのようなことか	・内容のメモを取りながら視聴するように指示する。 ・社会的弱者に配慮する責任，環境に配慮する責任に関係することを解説する。
展開１	・個人で，スマートフォンを用い，社会的弱者に配慮する責任，環境に配慮する責任に関する取り組みにはどのようなものがあるか調べ，ワークシートに記入する。 【ワークシート Q2】 ・Teams で自分以外の投稿を見て，社会的弱者に配慮する責任，環境に配慮する責任に関する取り組みにはどのようなものがあるかを理解する。	・情報源が確かなものであるかを確認するように指示する。 ・調べ終わったら，ワークシートの写真を撮り，Teams に投稿するように指示する。 ・自分以外の投稿でよいと思った内容をワークシートにメモするように指示する。

展開2	・個人で，社会的弱者に配慮する責任，環境に配慮する責任を果たすために自分ができることを付箋に書き出す。 【ワークシート Q3 ①】 ・グループで，付箋を分類し，模造紙に貼る。各分類にタイトルをつけ，写真を Teams に投稿する　【ワークシート Q3 ②】 　　　　　　　　← KJ法 ・Teams を見て，ほかのグループの考えをワークシートにメモする。 【ワークシート Q3 ③】	・各グループに付箋，模造紙，マーカーを配布する。 ・Q2 を参考にするように指示する。 ・可能な限りたくさん書くように指示する。
まとめ	・「消費者としての責任を果たす」とはどのようなことか，自分の考えを 200 字程度で書く。　　　【ワークシート Q4】 ・消費者の権利と責任について学習した感想や学習の前後で自分の意見が変化したことを書く。　　　【ワークシート Q5】	・前時の学習内容と今回の学習内容を踏まえて書くように指示する。

◆ 本実践の評価方法や評価の場面

知識及び技能 知	具体的な場面
• 消費者の権利と責任，契約自由の原則や消費者保護法制について基礎的な知識を理解している。 • 先進国の大量生産・大量消費が発展途上国や地球環境に与える影響を理解している。 • 消費者の責任を果たす取り組みには，どのようなものがあるか理解している。 • さまざまな資料から消費者トラブルの実態などを，適切に読み取りまとめている。	・消費者の 8 つの権利と 5 つの責任，契約自由の原則や消費者保護制度などの基本事項を理解している。（ワークシート） ・消費者の責任を果たす取り組みにはどのようなものがあるか調べてまとめている。（ワークシート） ・動画や資料などから必要な情報を読み取り，まとめている。（ワークシート） ・適切に Teams へ投稿することができると同時に，Teams から必要な情報を取り出すことができる。（Teams）

思考力・判断力・表現力 思	具体的な場面
• 消費者トラブルが起こる原因や，消費者トラブルから身を守るにはどうすればよいかを消費者の権利と責任の視点から考察し，自分の意見をまとめ，表現している。	・グループワークで，消費者トラブルが起こる原因や，どうすれば消費者トラブルを防ぐことができるかを消費者の権利と責任の視点から考察している。（ワークシート）

消費者トラブルが起こる原因や，どうすれば消費者トラブルを防ぐことができるかについて自分の意見をまとめ，表現している。（ワークシート）

- どのような消費や生産者に対する行動をすることが公正であるのかを考察し，自分の意見をまとめ，表現している。
  - ・消費者トラブルが起こる原因や，どうすれば消費者トラブルを防ぐことができるかについて自分の意見をまとめ，表現している。（ワークシート）
  - ・グループワークで，消費者の責任を果たすために，自分ができることは何かを考察している。（ワークシート）
  - ・消費者の責任を果たすとはどのようなことかを考察し，表現している。（ワークシート）

主体的に学習に取り組む態度 主	具体的な場面
・主体的に学習に取り組み，消費者の権利と責任について，よりよい社会の実現を視野に考察しようとしている。	・各時間の最後に学んだことや自分の意見が変化したことを書き，本時の学習の意義（よりよい社会の形成に参加する意義）を見いだしている。（ワークシート）

＜2時間目 Q4 の評価ルーブリック＞

S	A	B	C
消費者の権利と責任，消費者制度，自らの消費が社会に与える影響を踏まえて考察がなされている。	消費者の権利と責任，消費者制度，自らの消費が社会に与える影響のうち2つを踏まえて考察がなされている。	消費者の権利と責任，消費者制度，自らの消費が社会に与える影響のうち1つを踏まえて考察がなされている。	消費者の権利と責任，消費者制度，自らの消費が社会に与える影響を踏まえずに考察している。

◆ 本実践の成果と課題

1．成果

（1）授業内容

　消費者トラブルを題材にした授業は，生徒にとって身近であり，興味を引くことができた。また，消費者の責任という視点を重視したことによって，単に消費者トラブルから身を守るだけでなく，自らの消費を顧みるきっかけを作ることができた。

　家庭科で学習した内容を取り入れることで，クロスカリキュラムを意識した授業を行うことができた。公共では，家庭科との連携が求められるため，その実践を行うことができた。

(2) 授業方法

　視聴覚教材を用いることで，生徒の興味・関心を引き出すことができた。また，生徒は KJ 法での学習に意欲的に取り組んでいた。

２．課題
(1) 授業内容

　消費をする個人としての責任を考える場面が多く，「連帯する責任」に触れることができなかった。「連帯する責任」は社会運動に直接つながるものであり，公民科で取り扱うことに意義がある内容である。「連帯する責任」をいかに授業で取り扱うことができるか，さらに研究する必要がある。消費をする個人としての責任は家庭科でも取り扱うものであるため，家庭科との連携を深めることで，時間的な余裕が生まれ，「連帯する責任」まで追究することが可能になるかもしれない。家庭科との連携についてはさらなる検討が必要である。

(2) 授業方法

　Teams の活用によって，すべての生徒の意見を拾うことが可能になったが，個人が Teams に熱中してしまい，お互いに議論する時間が損なわれてしまった。Teams を使う時間と全体で話し合う時間をうまく切り替える必要がある。

<参考となる web サイトなど>
消費者庁 HP（ゆりやんレトリィバァのラップ動画 成年年齢－大人になる君へのメッセージ－）
　https://www.caa.go.jp/policies/policy/consumer_education/consumer_education/lower_the_age_of_adulthood/movie/movie_004.html
国民生活センター HP
・https://www.kokusen.go.jp/t_box/data/t_box-faq_qa2021_05.html
・https://www.kokusen.go.jp/t_box/data/t_box-faq_qa2021_04.html
・https://www.kokusen.go.jp/t_box/data/t_box-faq_qa2021_09.html
・https://www.kokusen.go.jp/t_box/data/t_box-faq_qa2019_17.html
・https://www.kokusen.go.jp/t_box/data/t_box-faq_qa2017_33.html
・https://www.kokusen.go.jp/t_box/data/t_box-faq_qa2021_19.html
・https://www.kokusen.go.jp/pdf/n-20211104_1_lf.pdf
・https://www.kokusen.go.jp/t_box/data/t_box-faq_qa2021_34.html
・https://www.kokusen.go.jp/t_box/data/t_box-faq_qa2017_38.html
・https://www.kokusen.go.jp/soudan_now/data/coolingoff.html
政府広報オンライン
　https://www.gov-online.go.jp/useful/article/201803/3.html
アンドリュー・モーガン監督『ザ・トゥルー・コスト～ファストファッション　真の代償～』（2015 年公開　アメリカ）

第1時　ワークシート

消費者の権利と責任①　　　　組　番　氏名（　　　　　　　　　）

どうすれば消費者トラブルから身を守れるか

Q1：動画の内容をメモしよう

<なぜ消費者トラブルが起こる？>

Q2：「消費者の8つの権利・消費者の5つの責任」を復習しよう

消費者の8つの権利		消費者の5つの責任
A・安全である権利	B・知らされる権利	a・批判的意識を持つ責任
C・選択する権利	D・意見が反映される権利	b・主張し行動する責任
E・消費者教育を受ける権利	F・補償を受ける権利	c・社会的弱者に配慮する責任
G・生活の基本的ニーズが満たされる権利		d・環境に配慮する責任
H・健康な環境の中で働き生活する権利		e・連帯する責任

Q3：資料Ⅰの消費者トラブルでは、「消費者の8つの権利」のどれが侵害された可能性がある？

事例	①	②	③	④	⑤	⑥	⑦	⑧	⑨
権利 A～H	B C	A B C	B	B C	B C	B C	B C	B C	C

Q4：Q3をもとに、消費者トラブルが起きやすいのはどのような状況か自分の言葉で書こう

…　売り手と買い手の間には（　情報の非対称性　）がある！

<消費者トラブルから身を守るにはどうすればいい？>

Q5：資料Ⅰの消費者トラブルは、どの消費者の責任を果たせば回避できた？

事例	①	②	③	④	⑤	⑥	⑦	⑧	⑨
責任 a〜e	a b	a b	a b	a b	a b	a b	a b	a b	a b

Q6：教科書などかを使って、中学校や家庭科で学習した内容を復習しよう

（　契約自由　）の原則
┌・誰とでも自由に契約を結ぶことができる。契約内容も自由に決められる。
└・原則としてお互いが（　　合意　　）すれば契約は成立する。
　　→原則として、一度結んだ契約は取り消すことができない。

・訪問販売、エステなどの継続的なサービス、連鎖商取引などを対象にして一定の条件を満たせば
　消費者側から契約の解除や申し込みができる制度を（　クーリング・オフ　）制度という。
・すべてを対象にして嘘の説明をした場合などの一定の条件を満たせば、消費者側から契約の解除
　や申込みの撤回ができる法律を（　　消費者契約　　）法という。
・製造物の欠陥による被害に対し、製造者などが過失の有無に関わらず損害賠償責任を負うことを
　定めた法律を、（　PL（製造物責任）　）法という。
・契約などで困ったときは（　　消費生活　　）センターや（　　法テラス　　）に相談するか、
　消費者ホットライン（番号：　１８８　）に電話する。

Q7：資料Ⅰの消費者トラブルでクーリング・オフが適用される可能性があるものを選ぼう

①④⑥⑧⑨

　　→クーリング・オフの対象外でも、（　　消費者契約法　　）が適用される場合がある！

　　　　　困ったときは（　消費生活センター　）に相談する！

Q8：どうすれば消費者トラブルから身を守ることができるか自分の考えを書こう

Q9：学習の感想や自分の考えが変化したところを書こう

第1時　資料

（No22 資料）　　　　　　　　　　　　　　　　組　番　氏名（　　　　　　　　　　）

資料I：若者に多い消費者トラブル（国民生活センターHPより作成）

美容医療サービス	**①10万円で全身脱毛のはずが、70万円に…** 「10万円の全身脱毛」というSNS広告をみてクリニックへ行ったら「別のコースの方が効果が高い」と70万円の医療脱毛を勧められ契約した。
	②契約当日に手術を受けたが腫れが引かない… 「二重まぶたの手術が1日で可能。手術当日に化粧できる」というSNS広告をみて、カウンセリングを申し込んだ。カウンセラーから「50万円の手術は腫れない」「一緒に脂肪吸引もやるとよい」と勧められ90万円の契約を結んだ。そのまま当日に手術を受けることになったが、術後1週間経っても腫れが引かない。リスクの説明はなかった。
情報商材 暗号資産 仮想通貨	**③暗号資産（仮想通貨）** SNSで知り合った人から、「必ずもうかる良い話がある。日本円を暗号資産に換えて海外事業者の専用口座に送金すると高い利息がつく」と暗号資産を使った投資を勧められた。信用できるか。
連鎖商取引	**④セミナーやオンラインサロンのマルチ商法** 友人に誘われて参加した投資セミナーで、投資会社の社員を名乗る男性から「入会金50万円を出せば儲けられる」「人を紹介すれば紹介料が入る」と、投資セミナーへの入会を勧誘されました。お金がないと断りましたが、「借金すればよい」「すぐ返済できる」と言われ、貸金業者から50万円を借金して支払い、入会しました。よく考えると怪しいのでやめたいです。
定期購入	**⑤1回限りの注文のつもりが「定期購入」だった** インターネットの通信販売で、割引価格の健康食品を1回だけ試すつもりで購入したところ、同じ商品が翌月も送られてきました。広告を再度確認すると、「3回以上の商品購入が条件」と書かれていました。
怪しい副業 アルバイト	**⑥副業のためのオンライン講座** 副業のためのオンライン講座について、事業者からカフェに呼ばれて話を聞いた。コースの契約金額が約100万円で「お金がなくて支払えない」と断ると、「消費者金融で借りればいい」と言われた。学生だと借りられないので社会人と偽って借りるよう指南を受け、50万円を借り入れして支払ったが、クーリング・オフできるか。
SNS	**⑦SNSで知り合った相手から誘われて…** SNSで知り合った相手とやり取りをしていたところ、「別のサイトでやり取りをしよう」と言われて出会い系サイトに誘引された。するとサイトから「専用のチャット内に入る必要がある」と言われて費用を請求された。その後も「やり取りをするにはお金が必要」と言われて、合計約16万円を支払った。
引越直後の 訪問販売	**⑧引越直後の契約** 引越当日に業者が換気扇フィルターの勧誘に訪れた。管理会社と関連があるかのような話で「居住者はみんな契約している」と説明されたので仕方なく契約したが、後日管理会社に確認したらウソだった。
タレント モデル	**⑨キャッチセールスでタレント養成スクールの契約をしてしまった** 昨日、「ドラマのエキストラになりませんか」と街頭で呼び止められ、芸能事務所へ連れていかれました。「すごく魅力がある。君のような人を探していた」と言われて舞い上がり、タレント養成スクールの契約をしてしまいました。よく考えると高額で支払えるか不安です。

資料

資料3：消費者契約法

消費者と事業者の間のすべての消費者契約に適用

- 事業者の不当な勧誘によって契約をしたときは、消費者はその契約の「取消し」が可能
- 消費者の権利を不当に害する契約条項は「無効」

取消ができる不当な勧誘とは…

消費者契約法

資料2：クーリングオフ制度

特定商取引法におけるクーリング・オフができる取引と期間

8日間
訪問販売
（キャッチセールス、アポイントメントセールス等を含む）
電話勧誘販売
特定継続的役務提供
（エステティック、美容医療、語学教室、学習塾、パソコン教室、結婚相手紹介サービス）
訪問購入
（業者が消費者の自宅等を訪ねて、商品の買い取りを行うもの）

20日間
連鎖販売取引
業務提供誘引販売取引
（内職商法、モニター商法など）

※上記販売方法・取引でも条件によってはクーリング・オフができない場合があります。
※訪問購入の場合、クーリング・オフ期間内は、消費者（売主）は購入業者に対して売却商品の引渡しを拒否することができます。
※全商品を自宅で保管しその間の保管料の支払いを請求できるものもあります。

通信販売の場合

通信販売には、クーリング・オフ制度はありません。

返品の可否や条件について特約がある場合には、特約に従うことになります。特約がない場合には、商品を受け取った日を含めた8日以内であれば返品することができますが、その場合、商品の返品費用は消費者が負担します。

クーリング・オフの手続き方法

- クーリング・オフは書面（はがき可）または電磁的記録で行います。
- クーリング・オフ書面には、事業者が対象となる契約を特定するために必要な情報（契約年月日、契約者名、購入商品名、契約金額等）や、クーリング・オフの通知を発出した日を記載します。
- クーリング・オフができる期間内に通知します。
- クレジット契約をしている場合は、信販会社とクレジット会社に同時に通知します。

クーリング・オフを「はがき」で行う場合
送付する前に、はがきの両面をコピーしておきましょう。「特定記録郵便」または「簡易書留」など、発信の記録が残る方法で送付し、コピーや送付の記録を一緒に保管しておきましょう。

クーリング・オフを「電磁的記録」で行う場合
まず契約書面を確認し、電磁的記録によるクーリング・オフの通知先や具体的な通知方法が記載されているかを確認しましょう。通知を送信したら、送信メール、ウェブサイト上のクーリング・オフ専用フォームの送信画面のスクリーンショットを保存しておきましょう。

（国民生活センターHPより https://www.kokusen.go.jp/soudan_now/data/coolingoff.html）

第２時　ワークシート

（No.23）消費者の権利と責任②

消費者としての責任を果たすとはどのようなことか

組　番　氏名（　　　　　　）

Q1:「ザ・トゥルー・コスト　ファストファッション　真の代償」を見て、内容をメモしよう

→消費者の責任…（　　　　　　）責任・（　　　　　）責任・（　　　　　）責任

Q2：Q1の消費者の責任に関する取り組みにはどのようなものがあるか調べよう

社会問題	具体的な取り組み	情報源

Q3：Q1の消費者の責任を果たすために、自分ができることは何か考えよう
①個人でふせんに書き出す→構造紙に貼る
②グループごとに書き出す分類する→それぞれのグループにタイトルをつける
③ほかのグループの考えをメモする。

Q4：「消費者としての責任を果たす」とはどのようなことか、自分の考えを書こう

Q5：消費者の権利と責任について学習した感想や学習して自分の意見が変化したことを書こう

「自立した消費者」の育成をサポート

公益財団法人　消費者教育支援センター
主任研究員　小林知子
（こばやしともこ）

消費者教育と「公共」

　消費者を取り巻く状況を見てみると，2022年に成年年齢が20歳から18歳に引き下げられ，多くの高校3年生は誕生日を迎えると成年となり，契約に責任のある主体となるようになった。世界では，気候変動や資源エネルギー・環境問題などが深刻化し，消費者一人ひとりのライフスタイルや社会のあり方の転換が急務となっている。では今，消費者としてどのような学びが必要なのか？

　2012年に施行された消費者教育の推進に関する法律（以下，推進法）において，「消費者教育とは，消費者の自立を支援するために行われる消費生活に関する教育（消費者が主体的に消費者市民社会の形成に参画することの重要性について理解及び関心を深めるための教育を含む。）及びこれに準ずる啓発活動をいう。」と定義された。

　ここでいう消費者市民社会とは，消費者が，個々の消費者の特性及び消費生活の多様性を相互に尊重しつつ，自らの消費生活に関する行動が現在及び将来の世代にわたって内外の社会経済情勢及び地球環境に影響を及ぼし得るものであることを自覚して，公正かつ持続可能な社会の形成に積極的に参画する社会をいう。当センターは，この推進法に基づいて，消費者市民社会の形成に参画する消費者の育成を目指す取り組みを行っている。

　この参画という視点は，「公共」の学習と重なる。「公共」の学習において，教員が消費者教育を意識し，「消費者」であることを起点にしたり，「消費者」の立場で振り返ったりすることで，リアルな日常生活に結び付き，より主体的な学びが期待できる。

消費者教育支援センターの概要

　1990 年に当時の経済企画庁と文部省の共管法人（2012 年公益財団法人に移行）として設立された消費者教育の専門機関である。30 年以上にわたり，青少年等を対象とした消費者教育に関する調査研究及び各種事業を実施することにより，消費者教育の総合的かつ効果的な推進を支援することを目的として，

　　①消費者教育に関する調査研究，教材作成，広報事業
　　②消費者教育に関するセミナー事業
　　③消費者教育に関する表彰事業等

を行っている（**表 1**）。ここではその中でも教材資料表彰と当センター制作の教材「悪質商法対策ゲームⅢ」を中心に紹介する。

表 1　消費者教育支援センターの主な活動

①消費者教育の調査研究・教材作成　広報事業		②セミナー等の企画・運営・講師派遣	③消費者教育教材資料表彰
国内外の実態調査，授業等で活用できる教材作成	機関誌，ホームページ，SNS 等による発信	シンポジウム，教員等対象の実践セミナーと企画実施	学校で活用できるすぐれた教材を選考して表彰
高校生調査	機関誌	実践セミナー	教材表彰授賞式

学校で活用できる教材情報の発信－教材資料表彰－

　教育現場に役立つ優秀な教材を募集・表彰し，広く発信することで学校における消費者教育の充実発展に寄与することを目的として消費者教育教材資料表彰を毎年実施している。

＜教材表彰の概要＞

応募教材：学校等で活用できる教材とし消費者教育推進法の理念に掲げられた自立の支援及び消費者市民社会の形成に寄与するもの等

　　①印刷資料　②視聴覚資料　③実験実習キット　④ Web サイト

部門：a. 行政部門　b. 企業・業界団体部門　c. 消費者団体・NPO 部門

選考：選考委員会にて公益性，独自性，創意工夫，探求型教材，対象者
　　　の適合性，最新情報の掲載，内容の整合性，記述の普遍性，差別
　　　表現の不使用（アンコンシャスバイアスなど含む），視覚的な見
　　　やすさ，入手の容易さなど総合的に判断して行う

表彰の流れ：

「優秀賞」を受賞した教材は，当センター機関誌「消費者教育研究」
やWebサイトなどで広く情報発信している。特にWebサイトでは，
受賞年度，学習領域（消費者市民社会の構築・商品等の安全・生活の管
理と契約・情報とメディア），対象などで検索をすることができる。作
成団体の教材サイトとリ
ンクもしているので，教
材をお探しの際は，活用
いただきたい。

教材表彰Web

＜最近の高校生を対象とした受賞教材の特徴＞

・社会の変化に対応したテーマ
　　　18歳成年に対応した契約などに関する教材
　　　資産形成をはじめとした金融教育に関する教材
　　　SDGsの達成に向けた持続可能な消費と生産に関する教材
・アクティブラーニングや調べ学習に対応
・活用しやすさへの対応
　　　パッケージ化（教材・ワークシート・指導書など）
　　　WebからダウンロードができたりYouTubeで視聴ができる

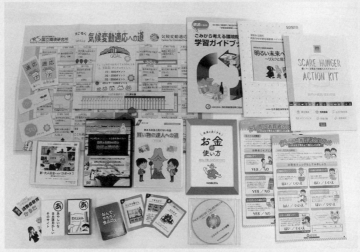

2023年度受賞教材（一部）

　また，毎年5月の「優秀賞」受賞教材決定後，「内閣府特命担当大臣賞」
（**表2**）を選考するため教材を活用評価する教員を募集している。一人
5教材程度を1教材1評価シートで評価項目によって点数化して評価
する。評価のコメント等は教材作成者にフィードバックすることで，今
後の教材改善を期待している。

　最新の教材を手に取るチャンスでもある。是非，評価教員への応募に
ご協力いただきたい。

表2　2017年度創設の内閣府特命担当大臣賞受賞教材一覧

年度	制作団体	教材
2017年	NPO法人 開発教育協会	写真で学ぼう！地球の食卓 学習プラン10
2018年	大阪府消費生活センター	高校生向け消費者教育教材 「めざそう！消費者市民」
2019年	埼玉県危機管理防災部危機管理課	埼玉イツモ防災
2020年	浜松市	浜松から未来をひらくエシカル消費 -SDGsの達成に向けた消費者市民としての行動-
2021年	独立行政法人国際協力機構（JICA）	世界につながる教室 〜授業で使える映像教材〜
2022年	浜松市	人・地球にやさしい消費者になろう！ 〜契約って何？〜
2023年	株式会社横浜銀行	「はまぎんお金の教室」ウェブサイト

学校で活用できる消費者教育教材を作成

　高等学校で活用できる教材としては，主に
3点ある。

① SDGs 達成のための『未来を変えるエ
　シカル消費』
　：エシカル消費（SDGs ゴール12）をフォ
　トランゲージや「もったいない」「買い物」
　「社会参画」の3つの切り口で学ぶリー
　フレット教材。1冊¥82（税別）

②消費者アクションゲームⅡ
　：消費者市民社会をゲームで体感する
　すごろく型ボードゲーム。3分程度
　のプレイガイドあり。
　1セット¥1,650（税別）

③悪質商法対策ゲームⅢ
　：18歳成年対応版。
　1セット¥1,650（税別）

　ここでは「悪質商法対策ゲームⅢ」
の「公共」の授業実践を中心に紹介する。

消費者アクション
ゲームⅡ
プレイガイド

（1）「悪質商法対策ゲームⅢ」の概要

　本教材は，ライフステージを反映したゲームですごろくを進める中で，
さまざまな手口の悪質商法に遭遇する。そのリスクに対して消費者が必
要な力を楽しみながら身に付けることができる。例えば，「悪質商法カー
ド」でトラブルにあうと，被害金額に相当するポイントがマイナスされ
る。17歳までのトラブルは未成年者取消権を使って取り消すことがで
きたり，成人の場合も手持ちのアクションカードを活用して販売勧誘を

「お断り」「クーリング・オフ」「相談」
で対処できたりする。1グループ3
人から5人で使用する。ゲーム時間
は，20分程度で，教材には，ボード，
カード，コマ，サイコロのほか記録用
紙，ルール説明書，指導の手引きが付
いている。

（2）ゲーム教材を活用したアクティブラーニング

　悪質商法を他人事として捉えがちな生徒が，ゲームの疑似体験を通して学びに向かう力を養い一人ひとりが自ら考え，ルールに従って他者と共に関わりながら，知識，スキルに加え思考力や判断力，表現力を身に付ける。そのためには，一人ひとりの生徒が学習内容を記録しながら考えたり，振り返りの場面で周りと意見共有したりしたときの新たな気付きや課題の発見を大切にして学習目標の達成につなげる。

（3）消費者問題を「公民科」で指導する際の実践ポイント

　「18歳成人」を受け，消費者問題の取り扱いに関する重要性が格段に増している。公民科においては，「契約が当事者の自由な意思の合意により成立する法的拘束力のある約束であること，誰とどのような内容の契約を行うかは，当事者の意思に基づくことを理解した上で，契約によって，売買，土地・建物や金銭の貸し借り，雇用などの多様な活動が行われること，このような多様な契約によりさまざまな責任が生じること」を学習する必要があり，契約に関する基本的な考え方を理解させることに力点が置かれる。

　消費者トラブルをめぐっては，消費者を守るための法的規制や行政による施策について理解することに加え，消費者が単なる"保護される存在"としてだけではなく，消費行動を行う主体として，消費者としての権利と責任について考察させることも求められる。この点は公共の重要なテーマである社会参画にあたる。

（4）公民科での実践例

　ここでは，都立蒲田高等学校主幹教諭の淺川貴広氏による実践を紹介する。本実践はゲーム教材とワークシートを活用して行っている。
1．単元名　公共　大項目B　主として法に関わる事項
　　　　　　　　　　　　　　多様な契約及び消費者の権利と責任
2．本時の目標
　　①契約及び契約自由の原則を知り，契約を守る責任について理解できる。
　　②「悪質商法対策ゲームⅢ」を用いて，消費者が巻き込まれやすい悪質商法，契約トラブルを知り，その特徴や問題点を未成年者取消権の意味とともに気付くことができる。

③消費者の権利を踏まえ，消費生活センターの役割を知り，自分と他者の今後のトラブル防止に役立てる。

3．本時の展開例

時間	学習活動と内容	指導上の留意点	教材資料
導入 10分	1．「悪質商法対策ゲームⅢ」裏面の「暮らしの中の契約クイズ」を行い，契約の成立について確認する	・ワークシートのQ1に「暮らしの中の契約クイズ」の答えを書かせる	・「悪質商法対策ゲームⅢ」（ボード裏面） ・公民科ワークシート（配布）
展開① 5分	2．「契約」及び「契約自由の原則」，また契約を取り消すことができる場合はどのような時かを考える「暮らしの中の契約クイズ」チャレンジ2）	・「契約」がどのようなときに成立するのか，どのような時に取り消すことができるのかを，口約束やクーリング・オフ制度などの実例を挙げて説明する	・契約に関する資料（契約書，架空請求の実物やコピー，啓発ポスターなど）
展開② 20分	3．「悪質商法対策ゲームⅢ」を使って，悪質商法の事例と消費者の対処・対策について理解する 4．ゲームを振り返って気付いたことや感想をグループで議論する	・「暮らしの中の契約クイズ」のポイントをスコアに加算することなど，教材の趣旨とルールを説明する ・早めに終わった生徒からワークシートのQ3に取り組ませ，若者，高齢者がだまされそうなトラブルと理由や対策について議論させる	・「悪質商法対策ゲームⅢ」（カード，コマなどをあらかじめ準備しておく）
展開③ 10分	5．日本の消費者保護立法（Q4）と消費生活センターの役割（Q5）についてワークシートでまとめる	・消費者基本法，消費者契約法，クーリング・オフ制度などを紹介する ・悪質商法に対する対処・対策の2つとして，消費生活センターの役割を紹介する	・消費生活センター等で発行している冊子資料
まとめ 5分	6．学習内容について振り返る	・契約に関する基本原則とともに，未成年者取消権が18歳以降は行使できなくなること，そのために注意すべきことを確認する	

＜発展課題例＞

①契約が当事者の自由な合意とは言えないのは，どのような場合か調べてみよう。

②消費活動を行うときに何に気を付ければよいか，話し合ってみよう。

③悪質な販売勧誘や不当表示に対する行政指導，規制の在り方など消費者行政の役割について，調査してレポートにまとめてみよう。

4．評価の観点

①「契約」及び「契約自由の原則」について知り，またどのような場合に契約が取り消せるのかを理解できたか。

②さまざまな悪質商法の特徴に気付き，消費者としての対処や社会への影響について考えることができたか。

　淺川教諭が実践した授業では，生徒から「楽しく法律の内容や，詐欺の手口などがわかり，とてもよかった」などの感想が寄せられている。

　本教材の活用については，単元の冒頭で用いた場合は，学習内容に対する興味・関心を持たせることができるし，単元の最後に用いると学習内容のまとめにもなる。

消費者市民社会の形成に参画する「自立した消費者」を育成するための取組

　消費者教育は，「消費者被害防止の学び」と理解されることが多いがそれだけではない。その学びも含め消費者市民社会の形成に参画する自立した消費者を育成するという目的のもと，積極的に情報発信・情報交換の場づくりに取り組みたい。当センターが毎年開催している消費者教育シンポジウムは，全国より参加者を募り多様な主体の情報交換の場として企画実施している。また，学校の教員等を対象とした実践セミナーは，全国から参加する教員が，消費者教育に関する講演・報告を聴講した後，授業プランを作成するワークショップでの情報交換を通して，消費者教育への理解を深め広める機会となっている。

　機関誌「消費者教育研究」発行においても，消費者教育に関する最新情報などを掲載している。「公共」での消費者教育に関連した授業実践の情報も募集し掲載している。

　当センターは，今後も刻々と変化する社会に対応した消費者教育を総合的かつ効果的に推進するため，関連する主体や先生方とも連携・協働して消費者教育の担い手を広く応援していきたい。

＜参考文献＞
消費者教育支援センター「悪質商法対策ゲームⅢ」2022 年 4 月
文部科学省「これならできる！消費者教育」2022 年 3 月
文部科学省「高等学校学習指導要領（平成 30 年告示）解説 公民編」平
　成 30 年 7 月
消費者庁「消費者教育に推進に関する法律」2012 年 8 月

「リスクを読み解く力」を養う情報リテラシー教育

「ネット」「金融」「保険」「著作権」「防災」を題材として

鹿児島大学大学院教育学研究科

助教 髙瀬和也

「公共」で「リスクを読み解く力」を養う意義

　メディアは「送り手と受け手の間で情報を媒介するもの」，リテラシーは「社会で生活したり，社会を開発したりしていくために必要とされる知識や能力」（中橋 2021，p.1）のことである。「メディア」の語源がラテン語の medium [「中間」「媒介」「手段」の意] にあるように（杉田・池田 2020，p.26），「メディア」は情報そのものと私たちとの間をとりもつ，新聞やテレビ番組，ネット記事・動画などの媒介物であり，我が国のメディア・リテラシー教育では，こうしたメディアが発信する情報の真偽を考え議論する授業が取り組まれてきた。

　しかし，単に情報の真偽をクイズ的に当てさせるだけがよい学習と言えるのだろうか。今次の学習指導要領（2018 年告示）公民編では，現代社会において情報の利用が原則的に自由であり生活を豊かにしていること，その反面，情報の不適な活用は社会や個人への損害をもたらし，誤った選択や判断をさせてしまうことなどが述べられている（p.73）。

　すなわち「公共」の学習においては，単なる真か偽かの議論ではなく，情報を自由利用するという「ベネフィット」の側面と，社会や個人へ損害をもたらし得るという「リスク」の側面との双方から，情報そのものを捉え直し読み解かねばならない。本稿では，「ネット」「金融」「保険」「著作権」「防災」という 5 つの現代的なテーマに即し，教材を紹介しながら，「公共」における情報リテラシー教育の指導方略を検討する。

「ネット」を読み解く情報リテラシー教材

　「ネット」におけるリスクを読み解く情報リテラシー教材としては，サイバーセキュリティ保護の専門技術を提供する民間企業であるカスペルスキーが開発した，情報セキュリティ教材「ネットの『リスク』を見きわめよう：ネットショッピング・キャッシュレス編」が挙げられる。

(a) フリマアプリ　　　　(b) クレジット決済　　　　(c) QR 決済

図1：「ネット」を読み解く教材例 （a）（b）（c）のスマホ画面で情報リスク
が高いものを考えてみよう。

出典：カスペルスキーの教材より抜粋　カスペルスキー HP「情
報セキュリティ啓発教材：ネットの『リスク』を見きわめよう」
https://kasperskylabs.jp/activity/networkrisk/index.html（最
終閲覧 2023.01.31）

　　本教材を活用した授業では，学習者が 3 ～ 5 名のグループとなり，
カードに書かれている内容を議論しながら，リスクの多寡を判断する。
その後，回答例と解説が示され，ワークシートで考察をまとめる，といっ
た流れで学習活動が展開される。

　　本教材のポイントは，スマートフォンの画面を模したカード型の教材
（**図1**）を見ながら，各カードを，金銭的被害の大きさや個人情報を盗
まれる危険が少ない（リスク小）／やや高い（リスク中）／とても高い
（リスク大）というグラデーションで読み解き，学習者自身に具体的な「あ
やしさ」「どのくらいリスクがあるのか」を判断させる材料を提供する
ことにある。この手法により，学習者に当事者意識を促すことが期待さ
れている（塩田ほか 2018）。

　　学習指導要領においても，「成年年齢が 18 歳へと引き下げられるこ
とに伴い，高校生にとって政治や社会は一層身近なものとなる」ことか
ら，「クレジットカードや電子マネーなどの利用によるキャッシュレス
社会の進行」なども金融の働きに関わる具体的なテーマとして挙げられ
ており，同テーマの学習に資する教材の一例と言える。

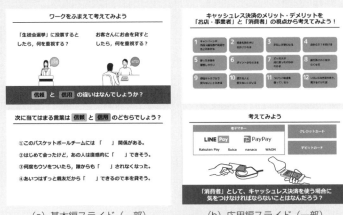

(a) 基本編スライド（一部）　　　　（b) 応用編スライド（一部）

図2：「金融」を読み解く教材例

出典：LINE みらい財団の教材より抜粋　一般財団法人 LINE みらい財団 HP「金融・情報リテラシー教育の取り組み」https://line-mirai.org/ja/activities/activities-finance（最終閲覧 2023.01.31）

「金融」を読み解く情報リテラシー教材

　「金融」におけるリスクを読み解く情報リテラシー教材としては，一般財団法人 LINE みらい財団（SNS 大手の LINE 株式会社が設立した，子どもたちのデジタルリテラシー向上のための教育・研究・普及啓発活動を行う）が開発した，金融・情報リテラシー教材「基本編『信用』ってなんだろう？」「応用編『見えないお金』との付き合い方を考えよう」が挙げられる。

　応用編の教材（**図2右**）を活用した授業では，学習者が「お店・事業者」と「消費者」との2観点から，キャッシュ決済のメリット・デメリットを考え議論した上で，「消費者」としてキャッシュレス決済を使う場合に気をつけることを考える，といった流れで学習活動が展開される。ワークシートもあり，教授用資料も提供されている。

　本教材のポイントは，「信頼」と「信用」との違いは何か，キャッシュレス決済をはじめとする「見えないお金」に対し，どのように向き合い付き合っていけばよいかについて，具体的に考え読み解くことにある。特にキャッシュレス決済については，事業者と消費者との両方の立場から金融に関わるリスクをより多面的・多角的に捉えることが期待できる。

学習指導要領では，「様々な金融商品を活用した資産運用にともなうリスクとリターン」が金融の働きに関わる具体的なテーマとして挙げられており，同テーマの学習に資する教材の一例と言える。

「保険」を読み解く情報リテラシー教材

　「保険」におけるリスクを読み解く情報リテラシー教材としては，酒井・塩田（2018）による「生命保険を題材としたチラシ型教材」が挙げられる。

　本教材を活用した授業では，掛け捨てや積み立てなどの各種保険プランが書かれたチラシ（**図3**）を見ながら，今の自分や将来の自分にとってどのようなリスクがあり，どのプランが適していそうかを考え議論する，といった流れで学習活動が展開される。

　本教材のポイントは，各チラシ型教材を見ながら，掛け捨てと積立，解約時の返金，保険適用の範囲，その他特約・特則などの諸条件を具体的に読み解くことにある。「保険」に関する学習は，「公共」や「家庭科」の消費生活分野など限定的であるため，チラシ型教材に加えて，実在する民間保険の各プランを読み解く学習も有効な手立てとなろう。

（a）掛け捨て型保険

（b）積立型保険

図3：「保険」を読み解く教材例
出典：酒井・塩田（2018）の教材より抜粋　酒井郷平・塩田真吾（2018）「生命保険を題材とした大学生のメディア・リテラシー教育に関する実践的研究」，『生命保険論集』，第205号，公益財団法人生命保険文化センター，pp.147-176.

学習指導要領では，日常生活における諸々のリスクに対し，「貯蓄や民間保険」などが金融の働きに関わる具体的なテーマとして挙げられており，同テーマの学習に資する教材の一例と言える。

「著作権」を読み解く情報リテラシー教材

「著作権」におけるリスクを読み解く情報リテラシー教材としては，小林ほか（2022）による教材「『著作権法』と文化の発展：写真の著作権と著作者人格権」が挙げられる。

本教材を活用した授業では，実際に起きた事案である「リツイート事件」のストーリー（**図4**（a）など）を読んだ上で，他人の著作物を無断で転載し投稿した者だけでなく，その投稿をリツイートして拡散した者まで著作権法違反となるかどうかを考え（**図4**（b）など）て議論する，といった流れで学習活動が展開される。

本教材のポイントは，「リツイート事件」を題材に，著作権法に照らして自由利用と著作物保護とのどちらをとるべきかを読み解くことにある。この「判断に迷わせる」手法は，ベネフィットとリスクとの両側面

（a）シナリオ　　　　　（b）論点の整理

図4：「著作権」を読み解く教材例

出典：小林・髙瀬・髙野（2022）の教材より抜粋　小林渓太・髙瀬和也・髙野慧太（2022）『リツイート事件』を題材とした著作者人格権教材の開発：判断に迷わせる手法の効果分析」，『日本知財学会第20回年次学術研究発表会予稿集』，pp.215-218.

を考えられるようになることが期待されている（小林ほか 2021, 2022）。

　学習指導要領では,「情報モラルを含む情報の妥当性や信頼性を踏まえた公正な判断力を身に付ける」ことが目指されており, 同テーマの学習に資する教材の一例と言える。

「防災」を読み解く情報リテラシー教材

　「防災」におけるリスクを読み解く情報リテラシー教材としては, 一般財団法人 LINE みらい財団による教材「情報防災教育●防災情報収集編」が挙げられる。

　本教材を活用した授業では, 各カードに描かれた SNS の投稿について（**図5**）,「信頼できるものかどうか」,「（自分だったら）災害発生時に拡散するかどうか」などをグループワークで議論しながら, 情報の真偽を見きわめるためのポイントを考える, といった流れで学習活動が展開される。ワークシートもあり, 教授用資料も提供されている。

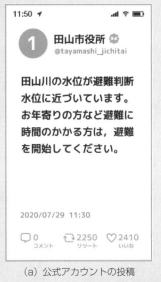
（a）公式アカウントの投稿

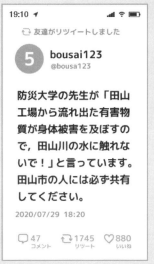
（b）一般アカウントの投稿

図5：「防災」を読み解く教材例
出典：LINE みらい財団の教材情報防災訓練（情報収集編）より抜粋　一般財団法人 LINE みらい財団 HP「情報防災教育の取り組み」https://line-mirai.org/ja/activities/activities-prevention（最終閲覧 2023.01.31）

　本教材のポイントは，スマートフォンの画面を模したカード型の教材を見ながら，各カードを「災害時に発信・受信される情報」として読み解くことにある。同教材は，いわば情報の信頼性を見極める教材であるが，「災害発生時」という特定のシチュエーションを定めていることにより，「一般ユーザである私たちにも直接関わってくるリスク」を想起させ，どのように行動するべきかを考えさせることが期待できる。

　学習指導要領では，「公共」での情報モラル的な内容を指導する際には，「防災情報の受信，発信などにも触れること」と明記されているため，同テーマの学習に資する教材の一例と言える。

「リスクを読み解く力」を養う
情報リテラシー教育の可能性

　本稿では，「ネット」「金融」「保険」「著作権」「防災」という５つの現代的なテーマに基づき，「公共」における情報リテラシー教育の指導方略を検討してきた。社会における多様な「情報」や，情報と私たちとの媒介となる多様な「メディア」に対しては，ここまで論じてきたように，単にその真偽を考えるだけでなく，情報を自由利用するという「ベネフィット」の側面と，社会や個人へ損害をもたらし得るという「リスク」の側面との双方から，情報そのものを捉え直し読み解いていくことが重要であると考えられる。

　そこでは，「ネット」をテーマとした事例のようにリスクをグラデーションで読み解かせてもよいし（①），「金融」「著作権」をテーマとした事例のようにリスクとベネフィットの両側面から読み解かせてもよいし（②），「保険」「災害」をテーマとした事例のように限定的・局所的なリスクを読み解かせてもよい（③）。

　言い換えれば，「公共」における情報リテラシー教育の指導方略，特に題材設定のポイントには，上記①から③の，大きく３つの方略があると考えられる。このような観点から，本稿で紹介した数々の教材は，学習指導要領において「公共」の目標への手立てとして掲げられている「人間と社会の在り方についての見方・考え方を働かせ，現代の諸課題を追究したり解決したりする活動」（p.29）を行うに資するものであると考えられる。

とはいえ，こうした学習活動を展開し教育目標を達成できるかどうか
は，学校現場で「公共」の授業を担う教員の情報収集の力などに大きく
依拠している。さまざまな教材や指導事例を参照しながら，多様な「リ
スクを読み解く力」を養う情報リテラシー教育を「公共」において実践
していくことが望まれよう。

＜参考文献＞
小林渓太・高瀬和也・塩田真吾「著作権に関する判断に迷う社会的事例を扱った読み物教材の
　開発」，『日本産業技術教育学会誌』，2021 年　第 63 巻，第 2 号，pp.259-267.
小林渓太・高瀬和也・高野慧太「『リツイート事件』を題材とした著作者人格権教材の開発：判
　断に迷わせる手法の効果分析」，『日本知財学会第 20 回年次学術研究発表会予稿集』，2022
　年 pp.215-218.
文部科学省『高等学校学習指導要領（平成 30 年告示）解説 公民編』，2018 年 p.27，29，54，
　70，71，73.
中橋雄『メディア・リテラシーの教育論：知の継承と探究への誘い』，北大路書房，2021 年 p.1.
最判令和 2 年 7 月 21 日　民集 74 巻 4 号 1407 頁［リツイート上告審］
塩田真吾・高瀬和也・酒井郷平・小林渓太・藪内祥司「当事者意識を促す中学生向け情報セキュ
　リティ教材の開発と評価：『あやしさ』を判断させるカード教材の開発」，『コンピュータ＆エ
　デュケーション』，コンピュータ利用教育学会（CIEC），2018 年 Vol.44，pp.85-90.
杉田克生［監修］・池田黎太郎［著］『ラテン語派生語表 A to Z』，千葉大学子どものこころの発
　達教育研究センター，2020 年 p.26.

模擬裁判員裁判で司法参加を考える
―証拠に基づく議論で有罪・無罪を判断しよう―

荒木　秀彦
<small>あらき　ひでひこ</small>

千葉県立津田沼高等学校教諭・教員歴 16 年
担当科目：公共　政治・経済

実践授業の概要

教科：**公民**　　　科目：**政治・経済**　対象学年：**高校 3 年**
実施クラス：**8 クラス**　1 クラスの人数：**平均 40 名**

◆ 本実践のメッセージ

　「公共」の学習指導要領（2018 年告示）で示された「司法参加の意義」には、「裁判員制度についても扱うこと」と明記されている。そこで、本実践では裁判員裁判を生徒が疑似体験できるように、大阪弁護士会が作成した教材『初めてでも大丈夫！　法教育出張授業マニュアル』を活用する。

　この教材は、刑事事件のシナリオを基礎に一通りの裁判員裁判手続きを体験できる。また、法廷での裁判員裁判シーンを演じた DVD 教材が付属しており、授業で裁判劇などを行わなくても 40 分程度の視聴で、逮捕・起訴、冒頭手続き、証拠調べ手続き、弁論手続き、評議や被告人が最後まで否認する様子を見通すことができる。被告人が事件について否認し、黙秘権を行使することも教材として重要な点であると考える。本実践では、この DVD 教材の視聴後に評議・評決を行うことで、多面的に物事を見る力、根拠をもって論理的に思考する力や説得する力を育成する。また、有罪・無罪のどちらの結論が正しいかの判断だけを生徒に求めず、その結論を導くに至った根拠について、論理的に説明できるかどうかが重要だと考えている。

　法の背景にある価値、法やルールの役割・意義を考えさせることで、生徒に司法参加の意義を深めさせたい。

■ 単元の指導計画と評価

ア 単元の学習指導計画

第1時 「裁判員裁判のDVDを視聴し有罪・無罪を判断しよう」
視聴中に法定手続きの保障や推定無罪の原則を確認し，視聴後には本裁判の争点を確認する。次回の授業前日までに有罪・無罪とその根拠を明記したレポートを提出させる。

第2時 「証拠に基づく議論で有罪・無罪を判断しよう」 **本時**
授業後に本時のふり返りレポートの作成を課題とする。

第3時 「なぜ刑事と民事で黙秘権の取扱いが違うのか」
黙秘権が刑事裁判で必要とされる意義を，国家権力（警察・検察官）と個人（被疑者・被告人）の関係から考察する。

第4時 「記述テスト」 **参考**
学習の定着度を，裁判員裁判の記述テストで確認する。

イ 単元観

　この単元では，大項目A「公共の扉」のうち，「法の支配」として学習した内容を活用して，本時の授業を展開する。「法の支配」の中でも，刑事裁判における裁判員裁判の疑似体験から「司法参加の意義」を深めるのが本単元の目的である。

　第1時で生徒はDVD教材を視聴しているが，有罪・無罪の判断は生徒個々で分かれている状況から【本時（第2時）】が始まる。本時は，生徒が示した有罪・無罪の根拠などを，刑事裁判の原則に照らし合わせて議論する。第3時では，黙秘権の取扱いが民事と刑事では違うことを確認し，なぜ黙秘権を保障することが必要なのかを考察していく。具体的には「当事者が口頭弁論において相手方の主張した事実を争うことを明らかにしない場合には，その事実を自白したものとみなす」（民事訴訟法第159条第1項）という規定が，刑事裁判で適用されないのはなぜかについて考えさせる[1]。

知識及び技能 知	思考力・判断力・表現力 思	主体的に学習に取り組む態度 主
• 裁判員裁判の制度や，刑事裁判の特徴を理解している。 • 証拠裁判主義，検察官の立証責任（無罪推定の原則）など，刑事裁判の原則を理解している。 • 黙秘権の取扱いを，刑事・民事事件の両面から理解している。 • 裁判員裁判の DVD などから，証拠などを適切に読み取り評価している。	• 先入観や感情に流されず，刑事裁判の原理原則から有罪・無罪を思考・判断・表現している。 • 間接証拠・直接証拠の違いに配慮した意見を主張している。 • 黙秘権の取扱いが刑事と民事事件で異なることを理解しながら判断できる。	• 先入観や感情に流されず，模擬裁判員裁判に主体的に参加している。 • 評議に積極的に参加している。 • 粘り強く論理的に思考し，さらに司法参加の意義について考察している。

◆ 本実践の「問い」（主題）

「証拠に基づく議論で有罪・無罪を判断しよう」

　前時（第 1 時）の裁判員裁判の DVD 視聴後に，有罪・無罪とその根拠を書いたレポートを提出させている。本時は，どのような思考過程により有罪・無罪を判断したのか，証拠に基づいて 7 人程度の班で評決まで行い，最後にクラス全体に向けて代表者が発表する。刑事被告人の権利や証拠裁判主義に基づいた議論を促し，法的なものの見方・考え方を身に付けさせたい。法的なものの見方・考え方とは，「法律の条文や法制の内容について記憶させることではなく，法の背景にある価値，法やルールの役割・意義を考えさせること」である（『未来を切り開く法教育』法務省，2019 年より）。

◆ 本実践で活用する見方・考え方

「無罪推定の原則」「検察官の立証責任」「証拠裁判主義」

　学習指導要領解説の「司法参加の意義」の中には，「模擬裁判など，司法の手続きを模擬的に体験することにより，裁判や法律家が果たす役割，適正な手続き，証拠や論拠に基づき公平・公正に判断することにつ

いて多面的・多角的に考察，構想し，表現できるようにすることが考えられる」とある。これらを生徒に考えさせるために，本実践で活用する見方・考え方は，大きく3つある。

　第1に，「無罪推定の原則」を前提として，証拠から認定できる事実を適切に評価し，班内での討論ではその評価に基づいて論理的・説得的に有罪，無罪の結論を導くことである。第2に，「検察官の立証責任」がある。刑事裁判では，被告人を有罪とするための事実は検察官がすべて立証責任を負い，被告人は立証責任を負わない。つまり，間違いなく有罪であることを示す証拠がなければ，いかに疑わしくても，被告人は無罪だと考えなければならない原則がある。これが，「疑わしきは罰せず」という言葉に表される「無罪推定の原則」である。第3に，「証拠裁判主義」がある。被告人が犯罪を行ったかどうかを判断する際には，裁判に提出された証拠のみを根拠としなければならない。裁判に提出されていないニュース報道などをもとに，勝手な推測・憶測で判断してはならない。また，「冒頭陳述」，「論告」，「弁論」は証拠ではないので，これらを根拠に事実認定を行うことはできない。これらの活用すべき見方・考え方が，大阪弁護士会の教材にはすべて入っており，生徒はDVDを視聴してから付属のワークシートを利用して評議することで，視覚情報をもとに法的な判断や表現ができる。

◆ 本実践の目標（観点別評価規準）

知識及び技能 知	思考力・判断力・表現力 思	主体的に学習に取り組む態度 主
• 裁判員裁判制度や刑事裁判の特長，証拠裁判主義，検察官の立証責任（無罪推定の原則や疑わしきは罰せず），被告人の黙秘権などを理解している。 • 証拠裁判主義に基づいて，提出された証拠から有罪・無罪の根拠を読み取ることができる。	• 先入観や感情に流されず裁判資料をもとに法的な思考・判断している。 • 法的なものの見方・考え方を用いて，自分の意見を論理的に表現している。 • 理解が深まった点や新たな疑問点を，レポートに記入し振り返ることができる。	• 自分と異なる意見も傾聴し，積極的に評議に参加している。 • 有罪・無罪の評決だけではなく，なぜそうなるのかを考え抜く態度がみられる。 • 司法参加の意義を深めようとしている。

◆ 授業実践

1. 教材など

（1）刑事模擬裁判～被告人は「犯人」なのか～

『未来を切り開く法教育～自由で公正な社会のために～』

高校生向け法教育教材・法教育推進協議会（法務省）発行

https://www.moj.go.jp/housei/shihouseido/housei10_00038.html

（2）『初めてでも大丈夫！ 法教育出張授業マニュアル』 第4版

大阪弁護士会　法教育委員会編集　大阪弁護士協同組合発行

（1）の法務省が作成した教材を一読して授業実践が可能であれば，（2）
は購入する必要はないかもしれない。ただし，（2）には，逮捕から
被告人が裁判員裁判で証言するドラマティックなシーンまで見通せる
40分程度のDVDや，授業実践に必要なワークシートもデータとして
付属しているので非常に使いやすい。

2. 本時の展開（第2時）

段階	学習内容・学習活動	指導上の留意点
導入 5分	・本時の流れと，「問い」を確認する。 **証拠に基づく議論で有罪・無罪を判断しよう。** ・各班は裁判長を選出する。 ・模擬裁判員裁判の流れと，班での評議・評決を最後に発表することを理解する。 ・生徒は自分の机上にある有罪・無罪の紙を立てて他の班員に見えるように示す。 ・有罪・無罪いずれの結論もありうることを理解し，その証拠や導くための論拠を議論することを理解する。 ・各班で最初に有罪と無罪の数を数えメモをする。	・有罪と無罪の生徒が，ほぼ均等になるよう班分けし，レポートを返却して授業を開始する。 （7人程度の6班） ・裁判長の選出は各班にまかせる。 ・裁判長が司会役となり，有罪・無罪の多数決を取った後に，順番にその論拠を発表させるように促す。 ・授業の最後にも多数決をとることを伝える。
展開1 15分	・大阪弁護士会の評議ワークシートを活用した議論を行う。 　＜裁判資料の受取り＞	・評議の過程で，自らの「有罪・無罪」の主張が変わってもよいことを伝える。

	・本件の争点は，被告人が有罪であるかどうかで，被告人は黙秘も含めて否認し続けてきたことを確認する。 ・本時の評議用（ワークシートNo.2）に，裁判での争点となる証拠がまとめられていることを理解する。	・前時に配布した視聴メモ[2]は犯行から裁判までが時系列になっている。ここから，間接証拠と直接証拠の違いに気付かせる。
展開2 15分	・直接証拠と間接証拠を適切に読み解き，有罪・無罪を判断する。 ・間接証拠の不十分さだけで無罪にしようとする班は，直接証拠の目撃証言などを再考する。	・目撃証言だけで有罪とする班には，本当に目撃できていたか再考を促す。この時，裁判資料の番号[3]で具体的に示す。
まとめ 15分	・クラスで班の代表者が討議の結果を発表する。 ・振り返りワークシートに記入する。	・ワークシートへの記入と提出は後日でもよい。

【参考】 第4時 記述テスト（模擬裁判）

記述テストを予告した際に配布する資料（証拠はテスト当日に示す）

次の 事件概要 ，検察の主張 ，弁護人の主張 ，証拠 を読み，以下の 問1 ，問2 に答えなさい。

事件概要

　　令和X年6月15日午後7時ころ，千葉県習志野市秋津5丁目の街灯のない道路上で，被告人はAさん（当時78歳）の背中を後ろから突き飛ばして道路に転倒させ，現金5万5千円入りの封筒を奪い取った。この時に頭を強く打ったAさんは退院の見込みがなく，会話はできるが寝たきりの状態にある。

　　警察が犯人を捜していたところ，事件の約30分後，事件現場から直線距離で2kmのJR津田沼駅付近で，濃紺の長そでTシャツに半ズボン姿の被告人（当時25歳）を見つけた。被告人は，半ズボンの左ポケットに自分の財布，右ポケットの手帳型のスマホケースに1万円札4枚・5千円札3枚を挟んで持っていた。

検察官の主張

1. 被告人には前科があり，それによって大学を中退したが定職に就かず，おじいさんの所有するマンションで一人暮らしをしていた。
2. Aさんは事件被害当日にコンビニXでおろした現金で家賃を払うため，歩いて5分の距離にある大家さんの家に向かう途中で被害にあった。
3. 後ろから走ってきた黒っぽい長袖シャツを着た若い男が，Aさんの手から封筒を奪い取り走って逃げた。

弁護人の主張

1. 被告人には犯行の動機がなく，事件当日，知人宅を訪ねるために事件現場の

近くまで行っただけである。

2. 被告人が右ポケットに持っていた現金5万5千円は，2日前知人に貸した7万円を返された残りだった。

3. 財布とは別に現金を持っていた理由は，カードなどにチャージしようと手帳型スマホケースに入れていたからである。

問題

問1 あなたが裁判員だったとして，この被告人に質問ができるとしたら，有罪・無罪を考えるためにどのような質問をしますか。**裁判員として適切な質問**を具体的に書きなさい。

問2 上の事件概要，検察官の主張，弁護人の主張，配布された**証拠①～⑧**に書かれている内容を読み，あなたが裁判員だった場合，どのような判決（有罪・無罪）を言い渡すか，解答欄の【有罪　無罪】のどちらかに○をつけ，理由を書きなさい。その際，以下の点に注意して下さい。

1. 授業などで学んだ「証拠に基づく事実認定」に沿って説明せよ。

2. **証拠の番号**を具体的にあげて説明すること。1つの説明で複数の証拠を引用してもよい。

<採点基準>

問1 質問は，裁判員の立場で被告人への質問として整合性があり，意図が明確で有罪・無罪の判断に関係すること。ただし，裁判員の立場は（検察のような尋問は不可）「中立」で，「予断」がないこと。「予断」とは，あらかじめ被告人が不利または有利になるような判断のこと。刑事訴訟法の目的（第1条）のように，「真実の発見」と「基本的人権の保障」を両立する立場であること。

問2 200字以上400字以内。証拠（テスト当日に発表）を示した箇条書きでもよい。

満点（20点）：多数の証拠を適切に組合せて採用し，証拠と主張（証拠の読み取り）が区別し述べられている。ここでの「主張」とは，証拠から有罪・無罪へと導かれる論拠のことである。

15点：証拠の組合せや，採用する数が少ないが，有罪・無罪の論拠として適切である。

10点：取り上げた証拠が有罪・無罪にどのようにつながるか書かれていない。

5点：証拠の読取り間違い。被告人にとって不利な証拠を有利な証拠として扱っているなど。

0点：証拠の組み合わせ間違い，2つ以上の性質の異なる証拠をまとめて1つの結論を導いているなど。200字以下，かつ，証拠を組合せて使っていない。証拠を使わずに，検察や弁護人の主張だけを判決理由として自分の意見を書いている。黙秘権行使を理由に，被告人に不利な判決を導いている。

記述内容を点数化するにあたり，客観的な証拠を使った立証が必要である。テスト当日に示す以下の証拠は，出題するクラスによって内容を少し変えて，実施時間での有利・不利がないようにしている。

＜テスト当日配布する証拠＞

証拠① ［捜査報告書］：事件の約10分前に，事件現場付近のコンビニXの防犯カメラに被告人と，その知人らしき人物とが談笑する姿が鮮明に写っているが，会話の音声はない。

証拠② ［Aさんの証言］：白っぽいズボンを着用した若い男（犯人）が，JR津田沼駅方面へ逃げて行くのが見えた。その犯人が走り去る時に，サンダルのようなペタペタという音が聞こえた気がする。

証拠③ ［鑑定書］：事件現場付近で見つかったAさんの封筒には，被告人の指紋は一切ついていなかった。

証拠④ ［被告人の供述］：起訴内容を否認している。事件当日は，知人に会うため防犯カメラに写っている知人宅まで行ったと証言しているが，その知人については逮捕の時から黙秘を貫いている。

証拠⑤ ［捜査報告書］：Aさんは現金（お札）が落ちないように，封筒の口をホッチキスで留めていたと証言している。

証拠⑥ ［捜査報告書］：被告人が持っていた1万円札の1枚には，福沢諭吉の絵の左肩あたりにいったんホッチキス留めした後に，それをはずした時にできるような穴が2つあった。

証拠⑦ ［捜査報告書］：警察官は，事件の約30分後（19時半頃）事件現場から直線距離で約2kmのJR津田沼駅付近で，黒色長袖Tシャツ，白色半ズボンにサンダル姿の被告人を発見し，任意で事情聴取した。

証拠⑧ ［捜査報告書］：警察官は，Aさんに「犯人はこの中にいますか？」と，7枚の写真を1枚ずつ順番に見せると，5枚目で「この男に間違いありません」と言い切った。

採点例1 （問2について適切な証拠を組み合わせた証拠を点数化）

・証拠①と証拠④で事件現場付近のコンビニXにいたこと。（間接証拠）

・証拠②［Aさんの証言］：白っぽいズボンを着用した若い男（犯人）が，JR津田沼駅方面へ逃げて行くのが見えた。その犯人が走り去る時に，サンダルのようなペタペタという音が聞こえた気がする。（直接証拠）
　⇒ただし，後ろから突き飛ばされた78歳の人が，街灯のない19時半にはっきり見えたか？

・証拠⑦［捜査報告書］：警察官は，事件の約30分後，事件現場から直線距離で2kmのJR津田沼駅付近で，黒色長袖Tシャツを着た被告人を発見した。

・証拠⑤［捜査報告書］：封筒は，現金が落ちないように，口はホッチキスで留められていた。（間接証拠）

・証拠⑥[捜査報告書]：被告人が持っていた1万円札の1枚は，福沢諭吉の絵の左肩あたりにいったんホッチキス留めをした後に，それをはずしたような穴が二つあいていた。（間接証拠）
・証拠③[鑑定書]：封筒には，被告人の指紋は一切ついていなかった。
　　　　　⇒ただし，これだけでは無実とはいえない。
・証拠④[被告人の供述]：その知人については，黙秘をしている。
　　　　　⇒黙秘権の行使を被告人の不利に扱えない。

<今回の証拠をふまえた採点基準>
　20点：6つ以上の証拠を組み合わせと⑧の説明。（①④，②⑦，⑤⑥の組み合わせ含む）と主張（自分の意見）を区別した上で，内容を具体的に述べられているか。
　　　＊今回の直接証拠は②⑧だけなので，有罪での20点は難しい。
　15点：組み合わせて論じているが，5つ以下の証拠から判断している。
　10点：例1）無罪を主張しながら，目撃証言の証拠②⑧に反論できていない。
　　　例2）有罪を主張しながら，その証拠を4つ以上挙げていないなど。
　5点：部分点で計算する場合に証拠を組合せて使用し，その証拠から有罪・無罪への説明に整合性がある場合。
　　　＊10点に満たない場合は，1か所2点程度の部分点を与えてもよい。
　　　　ただし，その加点理由を明記する。

採点例2　（ルーブリックにする場合）

　　上記のような採点が難しい場合は，下記のルーブリックを最初に生徒に示し，採点時に以下のように○をつけて返却する。

	知	思	主
S	出題者の期待以上の記述で，Aを超えたプラスαがある	出題者の期待以上の記述で，Aを超えたプラスαがある	出題者の期待以上の記述で，Aを超えたプラスαがある
A	Bに加えて，刑事被告人の権利，検察官の立証責任や，より正確な事実認定などが記述されている。	多数の証拠を組み合わせて適切に採用し，証拠と主張（証拠の読み取り）が区別し述べられている。	Bに加えて，多面的・多角的な視点から問題に向き合えている。
B	刑事手続きの流れ，裁判官・検察官・弁護人・裁判員の役割，証拠裁判主義，推定無罪の原則，黙秘権の意義などを適切に記述している。	証拠の組み合わせや，採用する数がAの基準より少ないが，有罪・無罪の論拠として適切な思考・判断・表現をしている。	既習の模擬裁判員裁判の知識や思考・判断・表現力を利用して，適切に問題に向き合っている。

C	200字以下で証拠の数も少なく，事実認定ができていない。	法的な見方・考え方を活用できていない。	先入観や感情に流されて，事実認定ができていない。

◆ 本実践の評価方法や評価の場面

知識及び技能 知	具体的な場面
• 裁判員裁判制度や刑事裁判の特長，証拠裁判主義，検察官の立証責任（無罪推定の原則や疑わしきは罰せずなど），被告人の黙秘権などを理解している。 • 証拠裁判主義に基づいて，提出された証拠から有罪・無罪の根拠を読み取ることができる。	・ワークシート 　基本事項を理解している。（大阪弁護士会作成のワークシート） ・提示された資料などを読み取り，まとめている。（同ワークシート） ・単元の記述テスト

思考力・判断力・表現力 思	具体的な場面
• 先入観や感情に流されず，刑事裁判の原理原則から証拠を基に考察し，自分の意見をまとめ，表現している。 • 評議では法的なものの見方・考え方を用いて，自分の意見を論理的に表現できる。 • 事実認定の難しさに気付きながらも，多角的な見方・考え方で思考・判断している。	・模擬裁判員裁判での評議で，適切な意見を述べている。 ・評議内容についてのワークシートに書かれた内容（大阪弁護士会の各ワークシートや，ワークシート No.2，No.3） ・単元の記述テスト

主体的に学習に取り組む態度 主	具体的な場面
• 模擬裁判員裁判に主体的に取り組み，自分と異なる相手の意見も傾聴している。 • 評議などの場面で，多面的に物事を見る力，根拠をもって論理的に思考する力，他者に対して分かりやすく自分の意見を伝える力を発揮しようとしている。 • 自分の班や他の班の意見などを参考に，自分が考えてきたことを修正や補強するなど，さらに深めようとしている。	・模擬裁判員裁判での評議の様子（ワークシート No.2，No.3） ・単元の記述テスト

◆ 本実践の成果と課題

1．成果

（1）授業内容

　生徒が裁判員として司法参加の可能性がある裁判員裁判を具体的に取り扱うことができた。司法参加の意義を学ぶためには，生徒が模擬裁判員裁判の評議で発言する機会が必要である。生徒が裁判員裁判を疑似体験しやすいように DVD 教材が非常に役立った。

（2）授業方法

　大阪弁護士会作成の優れた法教育教材や，千葉県弁護士会の法教育委員会による出前授業を活用できた。評価については，本単元終了後に 30 分程度で，刑事事件について事実認定を含めた有罪・無罪の判断を記述テストで行った。テスト前に問題文や採点基準を示すことで，生徒は刑事裁判のポイントを再度確認できる。また，授業内でテストをするので，問題が同じだとあとで実施したクラスには問題が伝わって有利となる。それを防ぐために，問題に入れる証拠はクラスによって少し変更することで対処した。

2．課題

（1）授業内容

　大阪弁護士会作成の優れた教材により，授業者の力量でどこまでも実践内容を深められる。逆に，生徒が証拠を精査せずに，「証拠不十分」として，安易な無罪判決が出る場合もある。これに対しては，無罪推定の原則を踏まえた上で，検察官の主張する事実は，被告人を犯人と考えるには合理的な疑いが残っているという指摘を十分に行っているかがポイントとなる。単純に「証拠不十分」の一言では表せないことを指摘したい。この事実認定については，『初めてでも大丈夫！法教育出張マニュアル』第 4 版（2022 年 5 月・発行）に詳しい。DVD 教材（事実認定模擬裁判）も付属されていおり，こちらの内容も高校で実践する法教育教材として秀逸である。

(2) 授業方法

　時間配分も含めて，一人の指導者が6班のグループワークに適切な
アドバイスすることは難しい。もし可能であれば，弁護士会に依頼し，
各班に1人の弁護士が入って，法的な議論が活発になるよう促す方法
もある。もし弁護士や他の教員とのTTができる場合は，議論が活発に
なるので，1コマ50分で終わらせるのは司法参加の疑似体験が不完全
でもったいない。できれば，授業変更などにより2コマ連続（100分）
で実施できれば生徒の議論もさらに充実するだろう。

参考文献
大阪弁護士会著『初めてでも大丈夫！ 法教育出張授業マニュアル』（第
　4版）大阪弁護士協同組合，2022年
高校生を対象とした教材『未来を切り開く法教育～自由で公正な社会の
　ために～』法教育推進協議会（法務省），2019年
伊藤真『伊藤真の刑事訴訟法入門』日本評論社，2016年
大村敦志・土井真一編『法教育のめざすもの』商事法務，2009年
江口勇二監訳『テキストブックわたしたちと法』現代人文社，2007年

注

1) この実践については，以前に千葉県弁護士会の法教育委員会より反
　町義昭弁護士が来校し本校で講義した。千葉県以外の弁護士会も同
　様の出前授業等の制度があるので活用できる。
2) 視聴メモなどは，大阪弁護士会の『初めてでも大丈夫！法教育出張
　授業マニュアル』第4版に，評議をすすめるためのデータとして付
　属している。
3) 『初めてでも大丈夫！法教育出張授業マニュアル』には，裁判資料が
　番号ごとに整理・分類されている。

ワークシート

有罪

無罪

第2時の評議で、半分に折り、自分の意見（有罪・無罪）を表にして、班員に見えるように置いて下さい。もし、評議の中で自分の（有罪・無罪）変わった場合は、裏返して下線を引き（分かりやすい色で）その下に、その理由を書いて下さい。

ワークシート No.1

（1）事前・事後レポート

　　　　年　　組　　番氏名　　　　　

1時間目：事前レポート

	有罪　・　無罪
○をつけて下さい。	・
DVDの視聴内容から、有罪・無罪を選んだ理由を書いて下さい。（箇条書き）	・ ・ ・

2時間目（メモ）

★裁判長は、自分の判断（有罪・無罪）を言わず、双方の意見が出やすいように評議を進めよう。その際に、刑事裁判のルールを忘れずに

班の番号と人数 （裁判長を含む）を書いて下さい。	班 （　　人・裁判長を含む）
評議を始める前に 有罪・無罪の数を記入	有罪（　　人）：無罪（　　人）
気になった少数意見	
最後の評決 有罪・無罪	有罪（　　人）：無罪（　　人）

ワークシート No.2

1 花子さんの証言について

(1) 花子さんの証言内容

> ①犯人は、年齢40代半ばだった。
> ②犯人は、日焼けした感じの黒っぽい顔をしていた。
> ③犯人は、短めの髪型だった。
> ④犯人は、身長1m70cmくらいだった。
> ⑤犯人は、黒縁の眼鏡をかけていた。
> ⑥犯人は、胸に一黄色の星のような形をした模様がはいった赤色半袖Tシャツを着ていた。

(2) (1)のような花子さんの証言は、信用できるでしょうか。
①～⑥のそれぞれについて、
「信用できる」（見間違えや、記憶違いや、思い込みなどはない）
「信用できない」（見間違えや、記憶違いや、思い込みをしているようだ）
のどちらかを選んで○をしてください。

① 犯人は、年齢40代半ばだった
　［信用できる・信用できない］
② 犯人は、日焼けした感じの黒っぽい顔をしていた
　［信用できる・信用できない］
③ 犯人は、短めの髪型だった
　［信用できる・信用できない］
④ 犯人は、身長1m70cmくらいだった
　［信用できる・信用できない］
⑤ 犯人は、黒縁の眼鏡をかけていた
　［信用できる・信用できない］
⑥ 犯人は、胸に黄色の星のような形をした模様が入った赤色半袖Tシャツを着ていた
　［信用できる・信用できない］

(3) (2)で信用できると判断したもの、信用できないと判断したものについて、なぜそのように考えたのか、理由を答えてください。

（信用できると判断したものの理由）

（信用できないと判断したものの理由）

(4) (2)の①～⑥のうち、「信用できる」を選んだものの下線部を、下の口の中に書き込んでください。(例：(2)で、①と(3)について「信用できる」だけを選んだ場合、[犯人は、年齢40代半ばで、短めの髪型]ということになります)

犯人は、

(5) (4)に書き込まれた犯人の特徴だけで、被告人が犯人であるといえるでしょうか。下の①～③から1つ選んで、その理由を答えてください。

① (4)に書き込まれた犯人の特徴だけで、被告人が犯人だといえる。
② あやしいが、(4)に書き込まれた犯人の特徴だけでは、被告人が犯人だとはいえない。
③ (4)に書き込まれた犯人の特徴だけでは、被告人は犯人とはいえず、あやしくもない。

答え　［　　　　］

（理由）

ワークシート

2 事件直後、キーの付いたままの被告人の車が淀川書店前に停まっていたことについて

どれかに○
- a このことから、被告人＝犯人といえる
- b このことだけでは、被告人＝犯人とは言えないが、このことにより、被告人＝犯人ではないかと思う
- c このことは、被告人が犯人かどうかとは関係ない
- d その他（　　　　　　）

理由

3 被告人が、事件の約1時間後に6万円（1万円札5枚と千円札10枚）を持っていたことについて

どれかに○
- a このことから、被告人＝犯人といえる
- b このことだけでは、被告人＝犯人とは言えないが、このことにより、被告人＝犯人ではないかと思う
- c このことは、被告人が犯人かどうかとは関係ない
- d その他（　　　　　　）

理由

4 「自分は犯人ではない」という被告人の言い分は、

どれかに○
- a すべて信用できる
- b 一部は信用できる
- c 信用できない

理由（bを選んだ場合、どの部分が信用できるのかも記入）

5 結論　被告人は
- a 犯人である（有罪）
- b 犯人かどうかわからない（無罪）

理由

ワークシート No.3

＜まとめ＞２時間目終了後に記入して提出

１．第２時（本時）の授業で，少しでも理解が深まったキーワードがあれば
　　○をつけてください。<u>その他</u>は，自由に書いて下さい（複数○をつけて
　　も可）。

無罪推定の原則	証拠裁判主義	黙秘権	司法参加の意義
検察官の立証責任	不利益推認の禁止	間接証拠	直接証拠
その他：			）

２．１に○をつけたキーワードについて，どのような理解が深まったのか書
　　いてください。

３．１にあげたキーワードも含めて，模擬裁判員裁判をとおして，分かりに
　　くいものがあればそれを明記してください。

４．本時の授業について，意見や感想を自由に書いてください。

選挙公約の実現性を会議録から読み解こう
―会議録検索システムの活用―

荒木　秀彦
あらき　ひでひこ

千葉県立津田沼高等学校教諭・教員歴 16 年
担当科目：公共，政治・経済

実践授業の概要

教科：**公民**　　科目：**政治・経済**　対象学年：**高校 3 年**
実施クラス：**2 クラス**　1 クラスの人数：**平均 40 名**

◆ 本実践のメッセージ

　本実践の主題に関しては，公共の学習指導要領（2018 年告示）の大項目 B，政治に関わる「内容の取り扱い」に「『政治参加と公正な世論の形成，地方自治』については関連させて取り扱い，地方自治や我が国の民主政治の発展に寄与しようとする自覚や住民としての自治意識の涵養に向けて，民主政治の推進における選挙の意義について指導すること」とある。そこで，本実践で活用する見方・考え方を「地方自治の本旨」とし，地方選挙や地方自治に焦点をあてて授業実践に取り組んでいきたい。つまり，「住民が身近な公共問題について考え，その解決に参加することにより主権者としての自覚を高めることになる」と考えての取り組みである。テーマについては，選挙公報などから習志野市(学校所在地，以下「本市」) の課題を知り，行政を監視する機能をもつ市議会での発言を会議録から検索して，選挙公約の実現性を分析していくこととした。

　本実践は大きく 3 部構成になっている。第 1 部は，2019 年 4 月に実施した模擬投票で，習志野市議会議員選挙の直前に選挙公報を利用して実施した[1]。第 2 部が本実践である。市議の立候補時の選挙公約を選び，それについて誰（議員）が発言・行動して行政（市長や市の部局）を動かし，選挙公約が実現されるかを調べるものである。実際の選挙公報を利用した模擬選挙よりも，選挙公約の実現性に限定することで，生

徒にとって現実的で多面的・多角的な考察ができると考えた。第3部は，今回の実践で政策や本市の現状について学んだ生徒が，実際に市議とその政策について議論する授業である。さらに第3部から発展させて，本市に政策を提言できるまでの学習ができれば，大項目Cの「持続可能な社会づくりの主体となる私たち」の範囲となろう。

　地域を限定して学習するには，その地域の課題を知ることが前提である。しかし，2単位の授業でフィールドワークまで行うにはさまざまな制約がある。そこで本実践では，市議会議員選挙の選挙公報と会議録検索システムを利用し，地方自治について住民による行政監視などの側面から調べていく。活用する会議録検索システムは，本市に限らず市区町村では公開されているところが多い[2]。遡って市議の発言を検索できれば，歴史的な面からも本市の課題について生徒が分析できる。このような経緯をたどることで，投票だけの政治参加ではなく，政策実現を多面的・多角的に考察した公正な世論形成につながると考えた。

■ 単元の指導計画と評価

ア　単元の学習指導計画

第1時　選挙公報と当選後の市議会だより（市議の所信表明の掲載）から自分が調べる選挙公約（2つ）を選ばせる。

第2時　選挙公約の実現性を会議録から読み解こう。　**本時**
コンピューター室を利用し，会議録検索システムで選挙公約をキーワードとして検索，議会での発言（質問・議案など）を調べ，それに対する市長や行政担当者の対応を読取り，政策の実現可能性を読み解く。

第3時　前時に調べた政策（選挙公約）の内容別に，グループに分かれて議論し，市議に質問できるように意見をまとめさせる。

イ　単元観

学習指導要領解説の大項目B，主として政治に関わる事項では，「自らが居住している地域社会の課題に関して必要な情報を適切か

つ効果的に収集し，読み取って考察，構想し，(中略)，政策や制度として何が必要で，財源はどうするのか，費用対効果はどうか，それを実現させるにはどのような方法が考えられるかなどを話し合い，さらに，関連する世論調査の結果の分析などを行い，表現できるようにすることなどが考えられる」とある。ここでは，生徒には「自立した主体として活動するために必要な情報を適切かつ効果的に収集し，読み取り，まとめる技能を身に付けること」が求められている。この目的を達成するために本実践では，会議録検索システムを活用する。

ウ　単元の観点別評価規準

知識及び技能 知	思考力・判断力・表現力 思	主体的に学習に取り組む態度 主
• 議会を通して意思決定を行う必要性と公正な世論がどのように形成され得るかを理解している。 • 会議録検索から，市長・議長・市議や地方行政の役割を理解し，自らの政治参加の意義も理解している。 • 会議録システムから，必要な情報を効果的に収集している。	• 選挙公報を使った模擬投票の結果や実際の選挙結果から，本市の課題を読み解こうとしている。 • 会議録の検索結果から，選挙公約の実現性を適切に判断しようとしている。 • グループで話し合い，政策の実現について，市議に質問できる内容にまとめようとしている。	• 選挙公報，市議会だより，会議録の検索結果を主体的に活用しようとしている。 • 会議録検索で，選挙公約2つを意欲的に調べようとしている。 • 市議に質問や提案できる程度まで，自ら調べた内容をグループで話し合おうとしている。

◆ 本実践の「問い」（主題）
「選挙公約の実現性を会議録から読み解こう」

　学習指導要領に示された具体的な主題の例では，「議会制民主主義を通して私たちの意思を反映させるにはどうしたらいいか，なぜ議会を通して意思決定を行う必要があるのか，(中略)公正な世論はどのように形成され得るか」とあるものに近い。これらの問い（主題）を生徒の学校所在地の地方議会にあてはめる。生徒は会議録検索の結果から選挙公約の実現性を読み解くことで，本市の課題を追究することができる。

　学習指導要領で示された目標には，「主題を追究したり解決したりする活動を通して」身に付ける技術がある。そこで重要な点が，「自立し

た主体として活動するために必要な情報を適切かつ効果的に収集し，読み取り，まとめる技能を身に付けること」である。この目的が達成できるように，選挙公約を読み解く目標をルーブリックで示し，指導と評価を一体化させる。

◆ 本実践で活用する見方・考え方
「民主主義」「法の支配」「幸福，正義，公正」「功利主義」「義務論」

　大項目A「公共の扉」で身に付けた，本実践で活用する見方・考え方として上記の項目があげられる。これらを，生徒が選んだ選挙公約や，その背景となる本市の課題に照らし合わせて活用する。例えば「民主主義」については，市議からの質問に対して行政の長（市長）が答弁（方針を決定）することで市政が運営されるという前提から，地方議会の意義を考えさせたい。

　大項目Bに関連して，主題を追究したり解決したりする方法として，「政策や制度として何が必要で，財源はどうするのか，費用対効果はどうか，それを実現させるにはどのような方法が考えられるかなどを話し合い，さらに，関連する世論調査の結果の分析などを行い，表現できるようにすることなどが考えられる」と，学習指導要領に示されている。本実践でも，生徒が選挙公約の実現性について必要な情報を適切かつ効果的に収集し，読み取って，考察・構想し，その成果をレポートとして表現できるようになることを目指す。

◆ 本実践の目標（観点別評価規準）

知識及び技能 知	思考力・判断力・表現力 思	主体的に学習に取り組む態度 主
• 政策決定の手続きである会議録が公開されることは，行政を監視する機能にもなることを理解している。 • 市議の質問や提案が市政に影響を与えていることや，市長や市の部局長などの職務を理解している。	• 本市の課題と選挙公約を関連させて思考・判断している。 • 会議録の検索結果から，選挙公約の実現性を読み取	• 選挙公報や市議会だよりから本市の課題を意欲的に見つけようとしている。 • 選挙公約の実現性に対して，主体的に向き合おうとしている。 • 選挙公約の実現を阻害する要

• 会議録検索システムで，必要な情報を適切かつ効果的に収集している。	り，適切にまとめようとしている。	因などを，粘り強く分析しようとしている。	

◆ 授業実践

1．教材など

(1) 習志野市議会会議録検索システム。(右図)

(2)「ワークシート」選挙公約の実現性を会議録から読み解こう
(p.143 参照)

・生徒は授業前に，調べる選挙公約2つを決める。また，授業前に1つの選挙公約を会議録検索で調べ，検索方法を学習するとよい。

2．本時の展開

段階	学習内容・学習活動	指導上の留意点
導入 5分	・本時の「問い」を確認する。 選挙公約（政策）の実現性を会議録から読み解こう ・本時の目標を，前時に配布したルーブリックで確認する。	・授業前に選挙公約2つを選んでおき，それを検索することを促す。 ・別紙のルーブリックによる自己評価を提出させることと，ルーブリックは授業者からの評価基準表であることを伝える。
展開1 20分	1．検索方法の手順を確認する。 ①市議の氏名をプルダウンリストから選ぶ。 ②調べる「キーワード」を正確に入れる。 ③当選後の期間を検索する。 　ただし，当選後で検索できない場合もあるので，前期から連続当選している市議については，その期間も検索する。	・前時に検索方法を伝え，事前学習してから授業に臨ませるほうがよい。 ・以下の点を説明する。 ・検索ワードの正確さが分析の要となる。同じ主旨の政策でも，複数の検索ワードが必要である。 ・連続当選していて議題として質問・提案している場合もある。 ・政策名だけで検索すれば，他の市議が質問している場合も調べられる。

	2.検索結果を分析する。 ①誰が答弁しているか記入する。 ②賛成・反対・緊急性がない・保留など，どのように答弁しているかを読み解く。部局名，誰の発言か，期限，予算，実現に向けて動いているかなどを丁寧に読み解く。 ③議長はどのように対応（議事を進行）しているか確認する。 ④もし議案として市議が提出しているものがあれば，「可決」か「否決」か，その割合も確認する。 ⑤検索結果が0件となる場合，そもそも選んだ市議が，議会で発言しているか確認する。	・以下の説明をし留意させる。 ①②について，市長や各部門の長が回答していることから，議会には行政を監視する機能があることを理解させる。ただし，意見として聞いただけなのか，変化に向けて動きがあるのかを読み解かせる。 ③議長は与党側の多数派の派閥から選ばれることが多く，議長の対応から可決・否決が決まる場合もある。 ④現実的には，唐突に議案になることは少ない。 ⑤最終検索手段は，キーワードを入れず，期間と市議名で調べて検索できなければ，その市議は発言していないことになる。
展開2 20分	・展開1と同様に活動し，2つ目の選挙公約を検索し答弁内容を分析する。 ①2つ目を選べない生徒は，例として「議員定数削減」などを調べる。	①議員定数削減の案は，よく提出されて否決される。ここで，誰が議員定数削減に賛成しているか（所属する会派や他の市議についても，選挙公約と一致しているか）を確認できる。
まとめ 5分	ワークシート2の<まとめ>に以下の①～③を記入する。 ①公約を検索して分かったこと ②検索結果からでは分からなかったことやその要因 ③市議にしたい質問や提案内容	・次回（第3時）のグループワークで使えるように記入を促す。 ・提出は，次の授業の前日までとし，似た政策を選んだ生徒同士のグループをつくっておく。 ・②は，授業中に確認できれば，その場で教員が回答することで，生徒が宿題として調べることができる。

◆ 本実践の評価方法や評価の場面

知識及び技能 知	具体的な場面
● 政策から適切なキーワードを見つけ出し，市議を選んで会議録を検索できる。 ● 市議の質問に対する行政側の答弁を丸写しではなく，実現可能性に焦点をあてて要約している。	（ワークシート） ・1点目は事前学習としてもよいが，2点目は授業中にコンピューター室などのPCで検索し記述した内容とする（ワークシート）

思考力・判断力・表現力 思	具体的な場面
• 政策について，多面的・多角的に考え判断している。 • 大項目Ａ「公共の扉」で身に付けた概念を活用している。 • 政策の実現可能性について，会議録を根拠としてまとめている。	（ワークシート③） ・会議録の検索結果を的確にまとめている （ワークシート＜まとめ１～３＞）

主体的に学習に取り組む態度 主	具体的な場面
• 選挙公報や市議会だよりから，本市の課題解決につながる政策を，自分なりに選ぼうとしている。 • 政策実現の課題に対して，主体的に向き合うとしている。 • 検索を特定の市議に絞らず，政策に着目して進捗状況を調べようとしている。	すべてワークシートへの記入 ・前時のあとの宿題や，ワークシートへの要旨の記入。 ・政策の実現に着目すれば，着目した市議が実現していなくても，他の市議が同様の活動をしていることに気付いて書くことができている。

選挙公約の実現性を考えるルーブリック

評価 S～C	知識・技能	思考・判断・表現	主体的に学習に 取り組む態度
S Aに加えてプラスαがある	・Aに加えて，授業者の想定や期待を超えた深い知識・技能がある。	・Aに加えて，授業者の想定や期待を超えた所見がある。	・Aに加えて，授業者の想定や期待を超えた態度が見られる。
A 十分満足	・Bに加えて二元代表制の意義を理解している。 ・公共の扉で身に付けた概念を複数活用できている。	・Bに加えて，公共の扉にある複数の概念を活用し，多面的・多角的に分析・判断・表現している。	・Bに加えて，選挙公約に関連する複数の用語を会議録検索し，多面的かつ多角的に取り組んでいる。
B おおむね満足	・議会制民主主義と，公正な世論形成の意義を理解できている。 ・市長・部局の長・市議の関係や，その職務を理解している。	・選挙公約を２つ選び，会議録検索からその実現性を判断している。 ・公共の扉で身に付けた概念を活用している。	・多面的，または多角的な視点から，意欲的に政策実現の課題を調べようとしている。
C 努力を要する	・検索結果の羅列だけで，まとまりがない。	・思考・判断の根拠が足りない。	・客観性のない基準で取り組んでいる。

◆ 本実践の成果と課題

1．成果

（1）授業内容

下記の授業後アンケートのコメントから，民主政治の在り方について会議録検索を通して，地方自治の観点から生徒に関心をもたせることができたと考えられる。

- 選挙の時以外に，政策や政治家について考えないので，調べる方法を学べた。
- もうすぐ18歳で選挙もあるので，選挙公約や政策の進捗状況について調べるきっかけになった。
- 選挙の時だけではなく，当選後にも政治家の活動を追いかける方法の一例を学べた。
- 私は習志野市在住ではないが，自分の市でも選挙があるときに，会議録検索で個人名（市議）と政策を調べられるかやってみようと思った。
- 政策は簡単には実現せず，担当者の答弁内容から面倒だと思っていることが多そうに感じた。

（2）授業方法

第一に，生徒の関心や意欲をどのように引き出すかが重要である。そもそも関心がなければ調べたい政策2つを選ぶこともできない。また，積極的に調べる意欲がなければ，会議録検索システムで表示された膨大な答弁内容から，要旨を読み解くことはできない。

第二に，職業やキャリア教育との関連の課題である。生徒にとっては高校生活そのものが政治的判断の基礎にあるようで，体育館へのエアコン設置や学校を中心とする防災など，身近な課題以外に目を向けにくい現実もあった。一方で，保育士希望の生徒などは，待機児童問題や学童保育の充実など，職業と関連して深く調べることができていた。

2．今後の課題

第一に，授業後のワークシートを見る限り，すべての生徒が政策を多面的・多角的に分析できているとはいい難い。その生徒の能力に応じた

思考・判断により，受け取れた部分だけが生徒個人の学習成果となっているように感じた。そのため，この実践で多面的・多角的な思考を促すリテラシーを身に付けさせることの必要性を再認識した。また，第3時のグループワークが充実するほど，生徒間でより多面的・多角的な知識・技能を共有できると感じた。

　第二に，会議録検索システムは，入力された「キーワード」だけを正確に検索するものであるということである。検索システムがあるので，必要な情報を瞬時に検索できそうだが，用語の設定違いで検索結果の過多や，関連する専門用語が分からずに全く検索できない場合もあった。また，検索結果の表示は，会議中の話し言葉のままで膨大な量があり，それを読み取りまとめる技能は，多くの生徒にとって容易ではなかった。この点は，生徒に国語的な読解力が試されているようでもあった。検索結果を表示する画面を前にして，このリテラシー不足で読み込めないと，その先の分析に進めなくなってしまう。検索結果の読み解きで悩んでいる生徒には，機会を見て適切な助言が必要だと感じた。

参考文献
高校生向け副教材「私たちが拓く日本の未来」（教師用指導資料）【全体版】総務省・文部科学省作成
https://www.soumu.go.jp/main_content/000815484.pdf
（特に「実践編」と「指導上の政治的中立の確保等に関する留意点」を参照）

注
1）市区町村の選挙管理委員会との連携で行った。このように選挙期間中に行った模擬投票の結果（候補者名・得票数）は，実際の選挙結果が確定するまで生徒に示すことはできない。
2）ただし，2019年4月の任期から授業時の2020年10月までの1年半では，選挙公約が議論されておらず会議録に載らない可能性もあることも配慮する。

ワークシート

授業資料

ワークシート
「選挙公約の実現性を会議録から読み解こう」
「会議録検索システム」からの考察　　　年　　組　　番氏名_____

①政策２つ：選挙公報や議会だよりから、調べたい「政策」を２つ書こう

政策１（市議名）	
政策２（市議名）	

②選択理由と事前予測：市議はその政策を実現しようとしているか？
・選択理由（あなたがなぜ選んだか）
・政策の実現可能性（事前予測）

政策名	
政策１（　）	・ ・
政策２（　）	・ ・

③質問や提案、担当部署による答弁の内容（第２時）
・議員による質問や、回答者（局長や市長等）答弁の要旨
<展開１・展開２>
選挙公約に関連する質問について、答弁内容を以下の人物の主語を明確にして記述する。
質問者（市議）、回答者１・回答者２（市長や部局の長など）

<まとめ>
特に調べた政策名_____
　　　　　　　　　　　　　　　　←どちらか1つ
２点めの政策_____

1. 公約を検索して分かったことを書いて下さい。

2. 検索結果から、知りたいのに読み取れなかった部分と、その要因が分かればそれを書いて下さい。

3. 市議にこの質問をしたい、または提案をしたいという内容を箇条書きで書いて下さい。

模擬裁判授業の「目的」と「構成」

仙台弁護士会　法教育検討特別委員会委員

ひろむ法律事務所　弁護士　煙山正大
（けむやままさひろ）

なぜ模擬裁判なのか？

「模擬裁判」という語は，公共の学習指導要領（2018年告示）解説の中に次のように登場する。

> 司法参加の意義…に関わる具体的な主題については，例えば，何のために刑罰が科されるのか，なぜ予め犯罪と刑罰を法律で定めておく必要があるのか，なぜ検察審査会制度があるのか，裁判に国民が参加することにどのような意義があるのか，といった，具体的な問いを設け主題を追究したり解決したりするための題材となるものである。
>
> その際，例えば，模擬裁判など，司法の手続きを模擬的に体験することにより，裁判や法律家が果たす役割，適正な手続き，証拠や論拠に基づき公平・公正に判断することについて多面的・多角的に考察，構想し，表現できるようにすることが考えられる。

このように，模擬裁判は，「司法参加の意義」に関する学習活動の一例として学習指導要領解説に明示されるに至った。これを受け，学校現場（主に高校）においては，特別活動としてではなく，公共の通常授業の中で模擬裁判（民事もありうるが，本稿では刑事に絞る）の実施を検討する機会が従前よりも多くなるのではないかと思われる。

模擬裁判はやりづらい？

しかし，指導要領解説に明記されたにもかかわらず，公共（公民科）の授業として模擬裁判を行うことはまだスタンダードになっていないようである。仮に模擬裁判が学校現場であまり実施されていないとすれば，その原因は，模擬裁判について一般的に共有されている次のような2つの印象——マイナスイメージ——にあると思われる。

模擬裁判のイメージ① ── 「目的が設定しづらい」

　模擬裁判を授業で実施するとして，その目的（習得するべき学習目標）をどのように設定するのかという問題がある。例えば，何のために刑事裁判手続の実演を行うのか，何のために有罪無罪などの議論を行うのか，である。

　特に後者について，議論により表現力や論理構成力を身に付けるという目標が一応想定できるが，これでは抽象的すぎ，なぜ模擬裁判を公共で行うべきなのか不明確である。模擬裁判を行うことによって，具体的にどのような視点や発想を生徒に身に付けさせたいのか，それらが「公共」の学習事項とどのように関係するのかが明確に提示されなければ，授業者が授業で模擬裁判を行うモチベーションは生まれない。

模擬裁判のイメージ② ── 「時間がかかりすぎる」

　模擬裁判を実施するとなると，裁判書類や模擬裁判シナリオなど多数の資料を基に模擬裁判を行い，有罪無罪などについて議論を行うことになるので，少なくとも２コマ（１コマ50分として100分）以上必要とされることが珍しくない。

　しかし，公共に割り当てられる授業時間は年間で70コマ（標準単位数２）しかないのだから，模擬裁判に２コマ以上割く時間的余裕はない。先述のとおり，模擬裁判授業の目的が設定しづらいものであることを踏まえると，模擬裁判の実施は「コストパフォーマンスが悪い」（時間がかかる割には学習成果が少ない）と評価されるのもやむを得ない。

模擬裁判は役に立つ？

　そもそも模擬裁判の実施は公共の学習方法として有用なのか。この問いは，「模擬裁判の目的をどのように設定できるか」（上記イメージ①）に関わる問題である。ここで簡単に整理しよう。

中核的な内容 ── 裁判を学ぶ

　学習指導要領解説に明記されている模擬裁判の目的は，①裁判や法律家の役割，②適正手続，③公平公正な判断の学習である。

　さらに，学習指導要領では，「『司法参加の意義』については，裁判員制度についても扱うこと」とされているから，特に③公平公正な判断というのは，生徒が将来裁判員として現実に裁判に関わりうることを想定したものと解するのが自然である。この意味で，模擬裁判には④裁判員裁判の予行演習という目的を設定することも可能である（成人年齢引下

げもあいまって，実際にはこの点に最も需要があるかもしれない）。

周辺的な内容 —— 裁判を使って学ぶ

　他方，模擬裁判を一種の「プラットフォーム」として捉え，模擬裁判と親和的な事項を取り扱うことも考えられる。模擬裁判の特質を「具体的な紛争事案の解決を志向すること」「立場的な対立の存在を前提とすること」に求めるとすると，例えば，⑤裁判や法に関する抽象概念や⑥善悪に関する倫理的な価値観が現実社会にどのように作用するのかをリアルに確認する（実践する）方法として模擬裁判が最適であろう。前者の例としては違憲審査権と人権保障（処罰根拠規定が違憲であるか否か），後者の例としては義務論と功利主義の対比（刑罰法規の解釈をどちらの立場から行うべきか）などが考えられる。

模擬裁判には裁判劇や議論が必須？

　次に，模擬裁判授業では裁判劇や議論を行うことが必須か。この問いは，「模擬裁判授業をどのように構成すればコンパクトに（できれば１コマ以内で）実施できるか」（上記イメージ②）に関わる問題である。

　この点は，授業の目的を明確に設定することができれば自ずと解決されると思われる。すなわち，仮に授業の目的を裁判員裁判の予行演習や適正手続の理解に設定するのであれば，裁判劇を実演して刑事裁判手続を実際に見てみる必要性が，授業の目的を公正公平な判断（裁判員裁判の予行演習）や裁判や法の抽象概念、倫理的な価値観に設定するのであれば，議論を行って意見を戦わせる（多面的理解を深める機会を設ける）必要性が類型的に高い。逆に，上記の場合にあたらないのであれば，裁判劇や議論を行う必要性は類型的に低いということになろう。

　このように，模擬裁判だからといって裁判劇や議論を行うことは必須ではなく，目的に応じて適宜授業を構成することが可能である。

模擬裁判授業の目的例と裁判劇・議論を行う必要性

目的例	裁判劇の必要性	議論の必要性
① 裁判や法曹の役割	△	×
② 適正手続	○	×
③ 公正公平な判断	△	○
④ 裁判員裁判	○	○
⑤ 裁判や法の抽象概念	×	○
⑥ 倫理的な価値観	×	○

（○：高い，×：低い，△：どちらともいえない）

模擬裁判をどう実施する？

　以上のような問題意識から，模擬裁判を公共などの通常授業で実施しやすくするため，筆者を含む弁護士有志で10つの模擬裁判教材を開発し，その成果を『1コマでもできる「公民科」「社会科」のための模擬裁判教材集』（2022年，清水書院：右写真）として出版した。ここでは，授業の目的を裁判や法曹の役割と適正手続として作成した模擬裁判授業の構成例（模擬裁判教材集「STANDARD2」p.90）の概要を紹介する。

● 導入　知識事項の整理（10分）

　　まず，裁判の種類（民事裁判，刑事裁判，行政裁判）と本授業で取り上げる刑事裁判の登場人物（被告人，裁判官，検察官，弁護人）及びそれらの立ち位置を簡単に確認（復習）する。

● 展開①　裁判劇の実演（15分）

　　次に，裁判劇を行う。ここでは，その後に続く発問への準備として事前に憲法31条の条文を参照し，同条が定める適正手続を具現化したものが今から見る刑事裁判手続であり，その手続の中で法曹がどのような役割を果たしているのかに注目するように促す。

● 展開②　裁判劇を踏まえた考察（20分）

　　裁判劇の実施後に，そこで行われたいくつかの具体的な手続（例えば人定質問や反対尋問）の意味を考え，それらが公正公平な判断ひいては基本的人権の擁護（不当な処罰の回避）を目的とするものであることを学習する。また，法曹はそれぞれの立場からその目的に資するための活動を行っていること，裁判手続を行うことにより有罪無罪及び量刑の判断がなされることの意義を模擬裁判の具体事例をもとに検討する。

● まとめ　学習事項の整理（5分）

　　最後に，本授業のテーマである適正手続と裁判や法曹の役割の意義をまとめる。

Column
模擬裁判授業の「目的」と「構成」

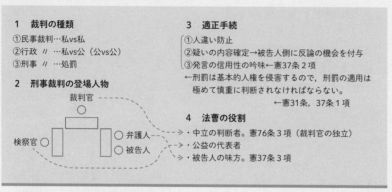

1　裁判の種類
①民事裁判…私vs私
②行政　〃　…私vs公（公vs公）
③刑事　〃　…処罰

2　刑事裁判の登場人物

裁判官
検察官　　弁護人
　　　　　被告人

3　適正手続
①人違い防止
②疑いの内容確定→被告人側に反論の機会を付与
③発言の信用性の吟味←憲37条2項
←刑罰は基本的人権を侵害するので，刑罰の適用は極めて慎重に判断されなければならない。
　　　　　　←憲31条，37条1項

4　法曹の役割
・中立の判断者。憲76条3項（裁判官の独立）
・公益の代表者
・被告人の味方。憲37条3項

板書例（模擬裁判教材集 p.91）

ワークシート（p.94）

事例（p.96）

教材のポイント

　ここで紹介した教材は，模擬裁判を使って刑事裁判手続の流れを確認し，適正手続や裁判と法曹の役割（特に，それらの背景にある憲法の規定）について理解を深めることを目的とし，いわゆる知識教育との親和性を高めている点に特色がある。もちろん，模擬裁判は，アクティブラーニングの場としても有用であるが，「模擬裁判だから有罪無罪や量刑を議論しなければいけない」わけではなく，授業の目的（授業者の意図）に応じて柔軟に普段の授業に取り込むことができるものである。

模擬裁判を誰と行う？

　各地の弁護士会や裁判所，検察庁などでは，出前授業又は出張講義として，模擬裁判その他法教育授業の講師派遣を行っているところが多いので，詳細は各団体の WEB サイトなどで確認されたい。専門家との協働，専門家の支援を希望する場合には，気軽に問い合わせるとよい（少なくとも著者が知る限りではこのような活動に消極的な人はいない！）。

模擬裁判の教材は？

　模擬裁判の教材は、市販されている法教育の教材集に収められているもののほかにも世に多数公表されているが，参考までに、ここでは WEB 上において無料で参照できるものをいくつか紹介する。

① 　法務省 WEB サイト

https://www.moj.go.jp/keiji1/saibanin_info_saibanin_kyozai.html
（裁判員裁判についての解説ページ「よろしく裁判員」）

https://www.moj.go.jp/housei/shihouseido/housei10_00038.html
（法教育教材の紹介ページ「高校生を対象とした教材」）

https://www.moj.go.jp/housei/shihouseido/houkyouiku_mogisaiban.html
（法教育教材の紹介ページ「「もぎさい」法教育教材」）

② 　東京地方検察庁

https://www.kensatsu.go.jp/kakuchou/tokyo/page1000053.html
（法教育プログラムの紹介ページ「法教育補助教材」）

③ 　岐阜県弁護士会（法教育委員会）

https://ten.tokyo-shoseki.co.jp/ten_download/dlf65/jsd94698.htm
（東京書籍教材紹介ページ「中学校社会科『模擬裁判をやってみよう』をもとにした模擬裁判教材」）

なぜ主権者教育が必要なのか？
～主権者教育アドバイザーの視点から～

明治大学特任教授　藤井　剛（ふじい　つよし）

主権者教育アドバイザーと「公共」

　2015 年 6 月に公職選挙法が改正され，いわゆる「18 歳選挙権」が実現しました。選挙権年齢などの満 18 歳への引下げに対応し，学校現場における政治や選挙などに関する学習内容の一層の充実を図るため，総務省と文部科学省が連携して生徒用副教材『私たちが拓く日本の未来』（以下「副教材」）を作成し，全国の高校生に配布しました。また，同教材の活用に関して教師用指導資料も作成して全国の高等学校に配布しました。私は「副教材」と教師用指導資料の作成協力者であったため，都道府県教育委員会主催の教員対象の講習会講師や，高等学校に招かれて生徒対象の授業などを行いました。コロナ前の出張は年間 50 ～ 60 回を数えました。

　そのような教員向けの講師や生徒への授業への要望が多かったためでしょうか，総務省は「主権者教育の推進に関する有識者会議とりまとめ（2017 年）」の提言を受け，主権者教育に関する有識者をリストアップし，講演・出前授業・長期計画の策定などのアドバイザーとして派遣する取り組みをはじめています。その制度で私は「主権者教育アドバイザー」に任命され，全国各地で講演などを行っています。主権者教育アドバイザーを招聘する手続きですが，各選挙管理委員会に問い合わせると，詳細を教えてくれます。この派遣について招聘元には金銭的な負担が一切ありません。なんと旅費等は全て総務省が負担しますので是非積極的に活用して下さい。

　総務省 web サイト
　主権者教育アドバイザー制度
　https://www.soumu.go.jp/senkyo/senkyo_s/
　news/senkyo/education_adviser/index.html

今次の学習指導要領（2018年告示）では，主権者教育の中核的機能を担う新しい必履修科目として「公共」が設定されました。新科目「公共」では特別活動などと連携し，経済，法，情報発信などの主体として社会に参画する力を育むこととなっています。「公共」を学ぶことによって，主権者として広い意味での「社会参画」の意識が高まることを願っています。

なぜ主権者教育が必要か？

なぜ主権者教育が必要なのでしょうか？

グラフ1

	非常に関心がある	どちらかといえば関心がある	どちらかといえば関心がない	関心がない	わからない	関心がある（計）	関心がない（計）
日本(n=1134)	12.2	31.3	26.8	20.2	9.5	43.5	47.0
韓国(n=1064)	15.2	38.6	25.3	12.3	8.6	53.9	37.6
アメリカ(n=1063)	32.8	32.1	16.8	12.6	5.6	64.9	29.4
イギリス(n=1051)	21.7	37.2	20.4	16.0	4.8	58.9	36.3
ドイツ(n=1049)	25.7	44.9	19.2	8.3	1.9	70.6	27.5
フランス(n=1060)	21.4	36.1	22.7	15.8	4.0	57.5	38.5
スウェーデン(n=1051)	21.9	35.2	25.9	14.3	2.8	57.1	40.2

（%）

　グラフ1は，内閣府「平成30年度 我が国と諸外国の若者の意識に関する調査」（5年に一度実施されています）中の「あなたは政治に関心がありますか？」という問いの回答です。さて「非常に関心がある」と「どちらかといえば関心がある」の合計について日本と他国とを比較するとどのような感想を持たれますか？　たしかに日本は43.5％で最下位ですが，日本の若者の「政治的」関心度が「43.5％」というのは，思った以上に高いと感じませんか？

　またフランスやイギリスより割合こそ低いですが，その差は10ポイント強です。その意味で，日本の若者の政治的関心度は決して低くないと言えると思います。

　では次の資料です。**グラフ2**（次ページ）は衆院選の世代別投票率の推移を表しています。一番投票率が低いのは20歳代で，次が10歳代です（他の世代も軒並み落としています。ある意味，民主主義の危機だと思います）。

　さて**グラフ1**から若者の政治的関心は決して低くないことが読み取れるのに，若者はなぜ投票行動に移せないのでしょうか？

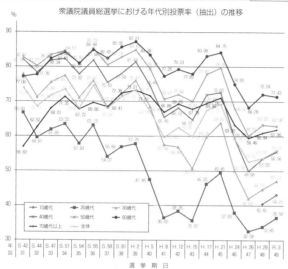

グラフ2

衆議院議員総選挙における年代別投票率（抽出）の推移

　その答えの一つが右の**表**です。この**表**は，2015年に宮崎県選挙管理委員会が，県内の全高校生を対象に実施した，政治や選挙に関するアンケートの回答の一つで，「あなたは18歳選挙権に賛成ですか？」と

	選択肢	回答人数	Q1で「反対」の生徒に占める割合 ※1	全生徒に占める割合 ※2
1	政治や選挙に関する知識がないから	4,440	62.9%	14.5%
2	18歳は、まだ十分な判断力がないから	4,189	59.4%	13.7%
3	どうせ投票に行かない人が多いから	3,001	42.5%	9.8%
5	年齢を下げても政治は変わらないから	2,454	34.8%	8.0%
6	まだ社会に出ていないから	1,814	25.7%	5.9%
4	忙しくて投票に行けないから	571	8.1%	1.9%
7	その他	543	7.7%	1.8%
	有効回答計	17,012		

表

※1　Q1で「反対」と回答した生徒（7,055人）に占める割合
※2　アンケートに回答した全生徒（30,632人）に占める割合

の質問に「反対」と答えた高校生にその理由を尋ねたものです。第1位が「政治や選挙に関する知識がないから」，第2位が「18歳は，まだ十分な判断力がないから」でした。さてこの1位2位からどのようなことを読み取りますか？　そうです，現代の若者（高校生）は真面目なので，各党のマニフェストを読み込み比較してからでないと選挙に行ってはいけないと思っているのです。ではその意識を受けて，どのような主権者教育が求められているのでしょうか？　一番のポイントは，現実の政治を取り上げて解説したり，質問に答える授業を行なうことです。先生方に配布した教師用指導資料にくどいほど「教材として現実の政治を取り上げて下さい」と書いてあるのはそのような理由からなのです。

少し脱線ですが，コロナ前の 2019 年 9 月にドイツのギムナジウム
に 1 週間滞在し，ドイツの「政治教育」の授業を受けてきました（詳
しくは『ライブ！　主権者教育から公共へ』藤井剛・大畑方人著，山川
出版社を参照）。いよいよ学校を去るとき，その州が作成した「政治教
育の教科書」を先生からいただきました。目次の一部を和訳すると

- そもそもなぜ政党があるのか
- なぜドイツでは連邦制がとられているのか
- 民主主義にはどのような型があるのか
- 民主主義においてメディアはどのような役割を担っているのか
- なぜ欧州連合（EU）が存在するのか
- トルコは EU 加盟国であるべきか
- ロシアはクリミア半島を違法に併合したのか
- ウクライナ問題に関して欧州の外交・安全保障政策はどのよう
　に捉えているのか

　まさしく中学生や高校生が「知りたい」項目が並んでいます。また，
このようなことを学んだあと各党のマニフェストをザッと読めば，どこ
に投票したらよいか簡単に判断できると思いました。日本でもこのよう
な授業が望まれているのです。

どのような主権者教育が必要か？

　主権者教育は，「狭義」の主権者教育と「広義」の主権者教育に分か
れると考えています。「狭義」の主権者教育とは，「選挙に行ってもらう」
「投票率をあげる」教育です。それに対して「広義」の主権者教育とは，
憲法にある「主権者」になってもらいたいという教育です。具体的には，
社会の課題を自ら見つけ，その解決法を資料をもとに考え，仲間と議論
しブラッシュアップして，社会参画する国民です。ちなみに「副教材」
には，ディベート，地域課題の見つけ方，模擬請願など，直接投票行動
に結びつくのか疑問に思える教材が過半数を占めています。それは「広
義」の主権者教育教材としてあげていると考えて下さい。

○狭義の主権者教育の実践

　さて前者の「狭義」の主権者教育はどのようなものでしょうか？　「投
票率をあげる」教育ですから，「『棄権理由をなくす』教育」です。では，
若者の「棄権理由」はどのようなものでしょうか？　選挙のたびに「棄

権理由」の調査がなされていますが，その上位5位までは不動です。
順位そのものは選挙によって変わりますが，

・関心がない
・面倒くさい
・どこに投票したらよいかわからない
・自分の一票で政治が変わるとは思えない
・住民票を移していない

です。「関心がない」は「政治的無関心層」なのでここでは議論しない
こととして，それぞれについて，どのような授業をすべきでしょうか。

「副教材」では，「どこに投票したらよいか分からない」対策として，「候
補者の評価表作り」や「政党比較表作り」を，「面倒くさい」対策とし
て「模擬投票」を，「自分の一票で政治が変わるとは思えない」対策と
して「シルバー民主主義による影響」を，「住民票を移していない」対
策として（これは副教材ではありませんが），総務省が高校を卒業する
際に「住民票を移す啓発パンフレットの配布」を行っています。

また脱線ですが，2016年の第1回目の「18歳選挙権」のあと，
総務省が全国の18歳〜20歳の3000人に「18歳選挙権に関する
意識調査」を行っています。その中で「子どもの頃に親が行く投票につ
いて行ったことが『ある』人の方が，投票した割合が20ポイント以上
高い」という結果が出ました。その理由は，高校生に「投票にどのくら
い時間がかかると思う？」と質問すると「1時間」と答える生徒が相当
数います。その感覚が「面倒くさい」に繋がるからです。子どもの頃，
保護者と一緒に投票所に行き，保護者が投票している時間に公園で遊ん
でいたら，保護者は5分もしないうちに帰ってきた経験がある人は，
投票を「面倒くさい」とは感じないのです。では，このような狭義の主
権者教育を行うと，投票率は上がるでしょうか？　先ほどあげた衆院選
の投票率の推移を見ると，あまり効果がないようにも見えます。しかし
例えば，参院選は7月実施です。7月の18歳は「高校生が3分の1」
で，残りのほとんどは学生か社会人です。つまり主権者教育を推進する
立場の人間としては「主権者教育を受けた高校生の投票率」はどのくら
いか，を知りたいわけです。2016年の初の「18歳選挙」から山形
県選挙管理委員会が「18歳＆高校生」の投票率調査を続けています（次
ページ資料）。

いかがでしょうか？　投票率は「少し」下がっていますが，直近の2022年参院選は75.4%です。驚異的な投票率と言ってよいと思います。つまり，いまの高校生は「真面目」ですから，先生方に「投票に行きなさい」と背中を押されると，このような投票率になるのです。ここまでで，

①2016年参院選18歳の投票率：51.17%（全体：54.70%）
　☆18歳＆高校生　　山形県：83.2%
②2017年衆院選18歳の投票率：47.87%（全体：53.68%）
　☆18歳＆高校生　　山形県：77.0%
③2019年参院選18歳の投票率：35.6%（全体：48.80%）
　☆18歳＆高校生　　山形県：71.5%
④2021年衆院選18歳の投票率：50.36%（全体：55.93%）
　☆18歳＆高校生　　山形県：78.9%
⑤2022年参院選18歳の投票率：40.06%（全体：52.05%）
　☆18歳＆高校生　　山形県：75.4%

年齢	16参院選	17衆院選	19参院選	21衆院選	22参院選
18歳	51.17%	50.74%	35.62%	50.36%	40.06%
19歳	39.66%	32.34%	28.83%	35.93%	30.66%
20歳	34.75%	29.49%	26.34%	33.03%	29.01%
21歳	32.68%	29.19%	27.66%	31.92%	29.39%
全体	54.70%	53.68%	48.80%	55.93%	52.05%

主権者教育の必要性を確認していただけたと思います。

　しかし課題もあります。上の表から，例えば2016年に51.17%投票に行った18歳が，翌年19歳の衆院選では32.34%しか投票しなくなるのはなぜか，さらに2年後の20歳の参院選では27.66%になるのはなぜか，という問題です（ここでは，「18歳＆高校生」ではなく，年齢の投票率を使いました）。一つの仮説は，「狭義」の主権者教育では，主権者としての行動意識は長続きしないのではないかというものです。その対策として「広義」の主権者教育を行う必要性が議論されているわけです。

○広義の主権者教育の実践

　では「広義」の主権者教育とはどのようなものなのでしょうか？
　　①生徒会選挙や模擬選挙，生徒会活動の活発化　　②模擬議会
　　③参政権確立の歴史を学ぶ　　④多数決を考える
　　⑥議員と語る　　⑦政策提案の思想的根拠を知る
　　⑧租税を考える　　⑨模擬請願　　⑩政党を作り政策論争
　　⑪メディアリテラシーの育成
などが各地で実践されています（『授業LIVE　18歳からの政治参加』橋本康弘・藤井剛編著，清水書院を参照）。

　いくつか具体例を挙げます。
　「④多数決を考える」の授業は，私がいろいろな高校で行っています。いまの高校生は幼稚園の頃から「単純多数決」しか経験していませんので，いろいろな「決め方」を経験させて，例えば「衆院の小選挙区制はこのままでよいのか？」などを考えさせたいと思っています。

A. 多数決
a. 単純多数決
b. 過半数付多数決

架空の投票1		
A候補	B候補	C候補
7票	5票	3票

B. 決選投票型多数決
a. 決選投票付多数決
b. 繰り返し最下位消去ルール付多数決
☆B候補者とC候補者の政策が似ていた場合

架空の投票2			
	8人（票）	5人（票）	4人（票）
1位	A候補	B候補	C候補
2位	C候補	C候補	B候補

まず左の投票結果から「誰が当選するか」を問いかけます。当然「A候補」との声が上がりますが，「過半数付多数決」の説明をすると，戸惑いながら「その場合は当選者はいない」と答えてくれます。

次の表で「過半数付多数決」だと当選者はいないが，他に当選者を決める方法はないかと問いかけます。しばらく話し合いの時間をとると「決選投票付多数決」らしい答えが出てきますので，「決選投票付多数決（フランス大統領選挙が典型例です）」と「繰り返し最下位消去ルール付多数決（「優先順位付連記投票」ともいいます。オーストラリア下院議員選挙が典型例です）」の説明をすると，生徒たちは，多数決にはいろいろな方法があると考え始めます。

C. ボルダールール

架空の投票3			
	8人（票）	5人（票）	2人（票）
1位	A候補	B候補	C候補
2位	C候補	C候補	B候補
3位	B候補	A候補	A候補

A候補:3点×8人＋1点×5人＋1点×2人＝31点
B候補:1点×8人＋3点×5人＋2点×2人＝27点
C候補:2点×8人＋2点×5人＋3点×2人＝32点

次にボルダールールで誰が当選するか計算させます（時間があれば，アメリカ大統領選挙のウィナー・テーク・オールなども紹介します）。

最後にどの決め方がよいかを回りの生徒と話し合わせ，それぞれの「決め方」のメリットとデメリットに気付かせて，「例えば文化祭のクラスの出し物を決めるとき，これからは『決め方から決めないといけないね』」とまとめます（出来れば，生徒からこの発言が出てくれると嬉しいです）。

いかがでしょうか？　このような授業が「広義」の主権者教育の一例だと考えています。この他にも，地元A市の現状や課題解決策を考察してきた生徒が，その課題や解決策について議員と実際に議論する実践もあります。議員を学校に招くときは，議会事務局を通して各会派から1名来校してもらうことがポイントです。議員を招くことは「副教材」でも積極的に勧めています。

詳しくは，「Voters66号」（明るい選挙推進協会）を参照して下さい。

また県会議員等に提案する活動もあります。同じく「Voters45号」をご覧下さい。

明るい選挙推進協会web　情報誌「Voters」・「私たちの広場」
http://www.akaruisenkyo.or.jp/061mag/

どのような外部人材（組織）と連携するか？

　新学習指導要領では，外部資源（人材）の活用が求められています。新科目「公共」の授業も例外ではありません。ましてや「社会の出来事を自ら考え判断し，主体的に行動する主権者を育てる」ことが主権者教育の目標ならば，高校生にもいろいろな方たちと意見交換をしたり活動を共にしてもらいたいと思います。

　以上の視点から，主権者教育を実践する際，どのような外部人材（組織）と連携できるかを提案したいと思います。

　まず最初は，選挙管理委員会です。選挙のプロとして，選挙の意義や投票方法，選挙活動でのNG事項の説明などを行っていただけます。ただし学校としては選管に「丸投げ」するのではなく，「本時の目標（生徒に身に付けて欲しいこと）」「授業で使って欲しいメソッド」など，選管と十分打ち合わせして下さい。かつて岩手県選管が「打ち合わせフォーマット」を作成していましたので，入手されるとよいと思います。

　このほかに，選挙啓発の学生団体があります。「ivote」や「DAKKO」などが典型例です。それぞれ歴史をもち，中学生や高校生向けの教材や実践例を有しています。連携を取ろうとすると「学校側の要望」などを確認されますので，連携しやすいと思います。

　他にも直接主権者教育とは関係なさそうな組織も考えられます。例えば，税務署が実施している「租税教室」です。「租税教室」は本来，次代を担う児童・生徒に税の意義や役割を正しく理解してもらい，税に対する理解が国民各層に広がっていくことを目的に開催していますが，その税の「使い道を決めるのは議会であり，議員を選ぶのは主権者である」との講演をお願いすることも出来ます。ただし選管同様，事前に十分な打ち合わせをして下さい。

　これからもさまざまな主権者教育が行われていくことを願っています。関係者との連携をお願いいたします。

<参考サイト>
ivote：https://www.i-vote.jp/
DAKKO：https://dakko-kosodate.com/

領土問題に対する平和的かつ現実的な解決方法は何か
—竹島問題から考える領土問題の在り方—

萩原　拓也
（はぎはら　たくや）
元千葉県立泉高等学校教諭・教員歴 13 年
担当科目：政治・経済，倫理

実践授業の概要

教科：**公民**　　　科目：**政治・経済**　対象学年：**高校 3 年**
実施クラス：**4 クラス**　1 クラスの人数：**平均 30 名**

◆ 本実践のメッセージ

　本単元は，「公共」の学習指導要領及びその解説の中でも，特に記述が多くかつ細かい記載のある項目である。またその扱いには繊細さを要するため，授業者の頭を悩ませることの多い単元でもあると考えられる。

　授業は，領土問題について利害国双方の主張を資料から読み取り，4象限マトリクスで整理して，それをもとに議論する，という比較的単純な構成となっている。したがって資料さえあれば，本時で題材とした竹島問題以外の領土問題でも実践することができる。さらに，領土問題以外のさまざまな社会的課題を扱う際にも，活用する余地のある構成であると考える。

　4象限マトリクスを使用した意図は，複雑な資料を単純かつ具体的基準で考察することにある。反面，軸の設定によって捨象される要素があることに留意したい。本実践では入手しやすい公的な資料に基づいて，「平和」で「現実的」な解決のための軸設定を工夫した。

　どのような資料を用いて，どのような軸を設定し，如何に生徒の考察を刺激し，揺さぶるのかは，本実践に捉われず各授業者の創意工夫に任せたい。

■ 単元の指導計画と評価

ア　単元の学習指導計画

第1時　国家の三要素，領域の定義，国境の種類，領土問題

第2時　竹島問題　**本時**

第3時　国際司法裁判所と合意原則

イ　単元観

　　学習指導要領（2018年告示）によると，本単元は「国家主権，領土（領海，領空を含む。）」について「我が国が，固有の領土である竹島や北方領土問題に関し残されている問題の平和的な手段による解決に向けて努力していることや，尖閣諸島をめぐり解決すべき領有権の問題は存在していないことなど取り上げること」（内容の取り扱い）と示されている。

　　また学習指導要領解説によると，国内政治と国際政治の差異や国際法の役割に関する理解，国際法や国際司法裁判所（International Court of Justice 以下，ICJ）の限界，領域の定義などの中学校までに学習する事項に加え，「領土問題の発生から現在に至る経緯，及び渡航や漁業，海洋資源開発などが制限されたり，（中略）するなど不法占拠のために発生している問題」をもとに学習を進めることが指摘されている。

ウ　単元の観点別評価規準

知識および技能 知	思考力・判断力・表現力 思	主体的に学習に取り組む態度 主
• 国家の三要素，領域，国境の種類及び領土問題，国際司法裁判所の役割について理解している。 • 国家主権，領土及び国際司法裁判所に関する資料から必要な情報を読み取っている。	• 領土問題及び国際司法裁判所の役割などについて自分なりの考えを資料などから考えようとしている。 • 領土問題に関する考えを，マトリクスや文書に表現することができる。	• 主体的に授業活動に取り組み，他者の意見を粘り強く傾聴し，取り入れながら，自分なりに結論を出そうとしている。

◆ 本実践の問い
「領土問題に対する平和的かつ現実的な解決方法は何か」
　竹島問題を題材に，日本及び大韓民国（以下「韓国」）双方の政府の主張を，それぞれが公式に発表している資料に基づいて読み取り，対立軸や論点を整理する作業を通じて，領土問題におけるより平和的かつ現実的な解決方法の在り方について考察する。

◆ 本実践で活用する見方・考え方
「平和」「公正」「公平」「平等」「正義」
　領土問題は当事者国間の利害や主張の対立が鮮明になりやすく，場合によっては生徒の議論の中で，自国優先的かつ一方的な解決方法が主張されかねない。そこで，「平和」と同時に解決に向けた現実的な観点で議論させることで，相手の立場を考えない一方的な解決方法や，単に譲歩をする，または情緒的な解決方法に議論が終始しないよう促す。また，どのような解決方法が「平和」的なのか，または「現実的」なのかを考える上では，「公正」「公平」「平等」「正義」などの見方・考え方をメタ的に活用し，考察させたい。

◆ 授業実践
1. 本時の教材など
（1）ワークシート（p.164〜p.165参照）
（2）日本外務省動画「竹島について（1分26秒）」
　　　https://www.youtube.com/watch?v=TXg-NGVKuWI
（3）大韓民国外交部動画「大韓民国の美しい領土,独島（4分21秒）」（日本語版）
　　　https://www.youtube.com/watch?v=7Ido7y1V0dA
（4）日本外務省作成パンフレット「竹島問題10のポイント」
　　　https://www.mofa.go.jp/mofaj/area/takeshima/pdfs/takeshima_point.pdf
（5）大韓民国外交部作成リーフレット「韓国の美しい島,独島」（日

本語版）

https://dokdo.mofa.go.kr/jp/pds/pdf.jsp

＊（2）～（5）については，授業の構成や必要に応じて編集して使用することも考えられる。

(6) Teams

　　デジタル上のソーシャルプラットフォームである。意見などをフォームに記入させると，クラス全体で共有しながら授業を進めることができる。

2. 本時の展開

場面	学習内容・学習活動	指導上の留意点
導入 3分	本時の「問い」を確認する。 領土問題に対する平和的かつ現実的な解決方法は何か	
展開1 7分	日本及び韓国それぞれの政府が作成した，竹島問題に関する動画をメモをとりながら視聴する。	・竹島問題の基本的な知識をおさえさせると同時に，日本，韓国それぞれの立場を概観させる。
展開2 15分	日本及び韓国それぞれの政府が作成した，竹島問題に関するパンフレットやリーフレット資料を読み，両国の主張を4象限マトリクスで整理する。	・資料はPDFなどで配信する。また，議論させたい題材に合わせて，あらかじめ資料に記号を振っておく（日本の資料について「J1」「J2」，韓国の資料について「K1」「K2」など）。 ・この時点での自分の意見を，例えば青色のペンで標記させるなどで，以降の授業活動によって自分の意見がどう変容したか，推移が記録として残るように指導する。
展開3 15分	割り振られていた班ごとに集り，自分なりのマトリクス整理について各自説明するとともに，他者の意見を聞く。 班内で意見の一致が見られた点，意見が分かれた点など論点整理を行う。 班での協議の中で，自分の意見に変容	・意見が分かれた資料を1つに絞るよう指示をする。 ・意見をまとめたり優劣をつけたりするのではなく，対立軸を明確にした上で，論点を明確にするよう指示をする。 意見に変容があった場合，例えばマトリ

	があった場合，マトリクスに書き込む。	クス上に赤で記述させるなどして，意見の推移がわかるようにする。
展開4 5分	各班の議論の成果をフォームに入力し，他の班と議論の結果を共有する。	・オンラインツールに，ワークシート「4 議論する」に対応する入力フォームを準備しておく。 ・入力されたものについて具体的な説明をさせたり，平和的観点，現実的観点に基づいた講評を生徒に述べさせたりする。
まとめ 5分	本時の主題となる問いに対する結論をワークシートに記入する。	

◆ 本実践の評価や評価の場面

知識及び技能 知	具体的な場面
• 日本及び韓国それぞれの竹島問題についての主張を理解している。 • 日本及び韓国がそれぞれ作成した竹島問題の動画やリーフレットなどから，必要な情報を適切に読み取り，まとめている。	・主権，領域，国境などのキーワードが適切に使用されている（マトリクスの作業や班での討論）。 ・動画や資料から読み取れたメモ（展開1と2の動画や資料の読み取り）。

思考力・判断力・表現力 思	具体的な場面
• 動画や資料から日本及び韓国の主張を整理し，マトリクスに分類している。 • 自分の考えと他者の意見の違いを理解し，論点を整理して議論している。 • 領土問題の平和的かつ現実的な解決方法を考察し，表現しようとしている。	・両国の主張をマトリクスに分類している（ワークシートのマトリクス）。 ・班内での討論（ワークシートの「議論する」） ・班で作成したマトリクスと班内での議論から，竹島問題の平和的解決策を考察したり表現しようとしている（ワークシートの「まとめる」）

主体的に学習に取り組む態度 主	具体的な場面
• 主体的に授業に取り組み，他者の意見を傾聴し取り入れながら粘り強く考察を続け，領土問題の平和的解決策を提言しようとしている。	・班内での討論（ワークシートの「議論する」）。 ・班内での討論を通して，現実的かつ平和的な解決方法を提案しようとしている（ワークシートの「まとめる」中の（3）の提言）。

◆ 本実践の成果と課題

（1）成果

　日本及び韓国の両政府が，公式に発表している資料を用いることによって，竹島問題を多面的・多角的に扱うことができた。

　生徒の議論に，ICJの役割の在り方に関する考察（例えば「ICJへの付託に委ねるべきではないのか」「ICJが強制的に領土問題に介入するべき」など）が散見された。このような意見を紹介することで，第3時の「国際司法裁判所と合意原則」に繋げ，国際法による国家間の問題解決に向けて，学習意欲を持たせることができた。

　授業全体の構成や活動内容，提示資料などを細かく設定することで，領土問題という複雑な内容について，生徒の既習事項と絡めながら，比較的明確かつコンパクトにまとめることができた。また，オンラインツールを使用することで，進度の早い班は展開を先取りしたり，遅い班は事後に振り返ったりと，それぞれの進捗に応じた弾力的な授業展開が可能となった。

（2）課題

　本時では，政府からの資料を中心に扱っている反面，学習指導要領解説に示されている「渡航や漁業，海洋資源開発などが制限されたり（中略）するなどの不法占拠のために発生している問題」という，現実の利害関係については十分扱っていない。これらの事例について，当事者視点の資料などがあれば，より多面的・多角的な展開となる余地があると考えられる。

　議論の中で，相手の立場を考慮しない一方的な解決方法や，単に譲歩するまたは情緒的な解決方法を示唆するような意見が散見された。扱っている主題が複雑なので，資料読解や議論が苦手な生徒は，ついそういった結論に走りがちになるかもしれない。そのような意見が出たときに，単に趣旨に反した意見として議論からはずすのではなく，そのような考え方がどのような点で「平和的」あるいは「現実的」ではないのかについて，生徒自身に吟味させたり，考えさせる必要がある。

ワークシート

竹島問題から考える領土問題の在り方

本時の問い
「領土問題に対する平和的かつ現実的な解決方法は何か」

本時の展開

1	動画を見る	竹島問題の基本的な知識を学ぶ
2	資料を読む	日本、韓国それぞれの政府が公式に発表している資料を読む
3	整理する	日本、韓国の主張を自分なりに整理する 【思考ツール】4象限マトリクス
4	議論する	班で平和的解決方法について議論する 【根拠、傾聴、論点整理、意見再考】
5	まとめる	他の班の意見を参考に、より平和的かつ現実的な解決方法について考察する

1　動画を見る
（1）視聴動画①　日本政府が作成した動画
（2）視聴動画②　韓国政府が作成した動画

2　資料を読む
（1）日本外務省_竹島問題がわかる10のポイント（Q&A抜粋）
（2）大韓民国外交部_韓国の美しい島、独島

3　整理する

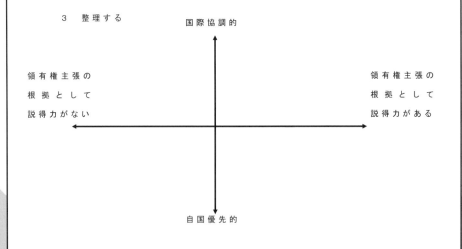

国際協調的

領有権主張の根拠として説得力がない

領有権主張の根拠として説得力がある

自国優先的

ワークシート

4 議論する

（1）班内で意見が一致した点

① どの資料

② 意見の一致ポイント

（2）班内で意見が分かれた点

① どの資料

② 意見の分岐ポイント

（日本）	vs	（韓国）

→対立の論点：

③ ②と同じ対立が日韓間にあるとしたら、どうすればその平和的解決に向かうと考えられるか。

5 まとめる

（1）竹島問題とは、（① 日本 ）と（②大韓民国）の間の領土問題。

（2）（①）は、このことについて（③ A 未解決／B 解決済／C 問題は存在しない）としているのに対して、（②）は（④ D 未解決／E 解決済／F 問題は存在しない）としている。

（3）本時提案された平和的解決方法の中で、最も望ましく、かつ現実的なものは

であると考える。

竹島の領有権に関する我が国の立場と韓国による不法占拠の概要

我が国は法と対話による平和的な解決を望んでいます。

日本は17世紀半ばに、竹島の領有権を確立

サンフランシスコ平和条約により、竹島が我が国の領土であることが確認された

日本は1905年、閣議決定により竹島を領有する意思を再確認

サンフランシスコ平和条約発効直前に、韓国は国際法に反して竹島を不法占拠

日本は過去3回、国際司法裁判所（ICJ）による解決を韓国側に提案するが拒否される

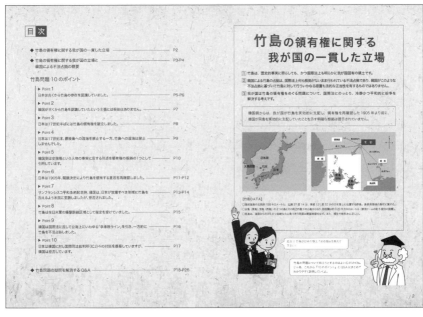

Point 8　竹島は在日米軍の爆撃訓練区域として指定を受けていました。

我が国がいまだ占領下にあった1951（昭和26）年7月、連合国総司令部は、連合国総司令部覚書（SCAPIN）第2160号をもって、竹島を米軍の爆撃訓練区域として指定しました。

サンフランシスコ平和条約発効直前の1952（昭和27）年7月、米軍の訓練区域として使用することを希望したことを受け、日米行政協定（注：旧日米安保条約に基づく取極。現在の「日米地位協定」に引き継がれる。）に基づき、同協定の実施に関する日米間の協議機関として設立された、合同委員会は、在日米軍の使用する爆撃訓練区域の1つとして竹島を指定するとともに、外務省はその旨を告示しました。

しかし、竹島周辺海域におけるあしかの捕獲、あわびやわかめの採取を望む地元からの要請があること、また、米軍も同年から竹島の爆撃訓練区域としての使用を中止していたことから、1953（昭和28）年3月の合同委員会において、同島を爆撃訓練区域から削除することが決定されました。

日本行政協定によれば、合同委員会「日本国」内の施設又は区域を決定する協議機関として任務を行うとされています。したがって、日本が共同委員会で協議され、かつ、在日米軍の使用する区域として決定したことは、とりも直さず竹島が日本の領土であることを示しています。

米軍爆撃訓練への指定を伝える記事（1952年7月）

Point 9　韓国は国際法に反して公海上にいわゆる「李承晩ライン」を引き、一方的に竹島を不法占拠しました。

国際法を無視して一方的に設定される「李承晩ライン」

1952（昭和27）年1月、李承晩韓国大統領は「海洋主権宣言」を行って、いわゆる「李承晩ライン」を国際法に反して一方的に設定し、ラインの内側の広大な水域への漁業管轄権を一方的に主張するとともに、そのライン内に竹島を取り込みました。

1953（昭和28）年3月、日米合同委員会で竹島の在日米軍の爆撃訓練区域からの解除が決定されました。これにより、竹島での漁業が再び行われることとなりましたが、韓国人もその周辺で漁業に従事するようになったことが確認されました。同年7月には、不法漁業に従事していた韓国漁船に対して竹島から退去するよう要求した海上保安庁の巡視船が、韓国漁民を保護していた韓国官憲によって射撃されるという事件も発生しました。

竹島に韓国の警備隊が常駐し不法占拠が続く

翌1954（昭和29）年6月、韓国内務部は韓国沿岸警備隊の駐留部隊を竹島に派遣したことを発表しました。同年8月には、竹島周辺を航行中の海上保安庁の巡視船が竹島から射撃されるという事態があり、これにより韓国の警備隊が竹島に駐留していることが確認されました。

韓国側は、現在もなお継続警備隊を常駐させるとともに、宿舎や監視所、灯台、接岸施設等を構築しています。

「李承晩ライン」の設定は、公海上における違法な線引きであるとともに、韓国による竹島の占拠は国際法上何ら根拠がないまま行われている不法占拠です。韓国がこのような不法占拠に基づいて竹島に対して行ういかなる措置も法的な正当性を有するものではありません。このような行為は、竹島の領有権をめぐる我が国の立場に照らして決して容認できるものではなく、竹島をめぐり韓国側が何らかの措置を行うたびに厳重な抗議を重ねるとともに、その撤回を求めてきています。

巡視船「へくら」。日本海の竹島近くで警戒する／
鳥取・境港市　1953年（写真提供：読売新聞社）

Q2　韓国側の古文献・古地図には竹島のことは記載されているのですか？

A

いいえ、韓国側は、韓国の古文献・古地図に記載されている「于山島」を、現在の竹島であると主張していますが、この主張は根拠に欠けるものです。
（→Point2参照）

【韓国側が「根拠」とする古文献について】

韓国側は、朝鮮の古文献の記述をもとに、「鬱陵島」と「于山島」という2つの島を古くから認知していたのであり、その「于山島」こそ、現在の竹島であると主張しています。

しかし、朝鮮の古文献で、于山島が現在の竹島であるとする根拠はまったく見つかっていません。

例えば、韓国側が「世宗実録地理志」（1454年）や「新増東国輿地勝覧」（1531年）に、于山・鬱陵の2島が（朝）鮮の海にあると記載されており、この于山島や竹島だと主張しています。しかし、「世宗実録地理志」は、「新羅の時代には于山国」と称した、鬱陵島から見ろ、その地は百済里、「新羅時代于山国」一言鬱陵島 地方百里』、「新増東国輿地勝覧」は「一説に于山・鬱陵は本来1つの島である、その地方百里」、一括于山鬱陵本一島 地方百里」としており、これらの古文献には、「于山島」に関して日何ら具体的に記述されておらず、鬱陵島のことしか書かれていません。于山島が現在の竹島でないことを明確に示す朝鮮の古文献もあります。例えば「太宗実録」巻33の太宗17年2月条（1417年）には、「按撫使金麟雨が于山島から還り、産物である大竹・水牛皮・生苧・綿花等を献上した。また、住民3名を連れてきた。その島の人口はおよそ15戸で男女あわせて86人」

（按撫使金麟雨還于山島 献土産大竹水牛皮生苧綿子検樸等物 且率居人三名以来 其為戸凡十五口男女并八十六 口所杆牛竿十六）と記載されています。しかし、竹島には生えず86人も居住できません。

韓国側は、「東国文献備考」（1770年）などに「鬱陵と于山皆全て于山国の領土であり、于山は日本でいう松島である」と記述しています。また、18世紀、19世紀の書物の編者が「于山島は日本のいう松島である」と記しているもの。そのことから「世宗実録地理志」（15世紀）、「新増東国輿地勝覧」（16世紀）の于山が竹島であることにはなりません。

【韓国側が（注）とする古地図について】

韓国側は、16世紀以来の朝鮮の地図に于山島が于山島として描かれているとの議論もありますが、これまでの朝鮮地図に見られる于山島は、いずれも竹島ではありません。

例えば、「新増東国輿地勝覧」（1531年）に添付されている「八道総図」には「于山島」の2島が描かれています。なお、韓国が主張するように「于山島」を竹島を示すのであれば、この島は、鬱陵島の東方に、鬱陵島よりはるかに小さな島として描かれているはずです。しかし、この地図に

「新増東国輿地勝覧」八道総図、（写し）

おける「于山島」は、朝鮮半島と鬱陵島の間に位置し、また、鬱陵島とほぼ同じ大きさで描かれています（拡大図）。したがって、この「八道総図」の于山島は、鬱陵島を2島に描いたものか、または架空の島であって、鬱陵島のはるか東方に位置する竹島ではありません。

（拡大図）

18世紀以降の朝鮮地図には鬱陵島の東側に于山島を描くものも現れます。しかし、この于山島も現在の竹島ではありません。

例えば、1711年に行われた朴錫昌（パク・ソクチャン）による鬱陵島巡視に関連する「鬱陵島図形」には鬱陵島の東方に「于山」が描かれていますが、そこには「所謂于山島　海長竹田」と記されていま

海軍水路部による鬱陵島全図実測図
（注）「于山島」鬱陵島の東約2kmに位置する小島。

す。この「海長竹」とは女竹（一種の一種）のことですが、岩礁島である竹島には一切そのような植物が生えないことから、この于山島は竹島ではありません。なお、鬱陵島の東約2kmに位置する竹嶼（※）にはなだけが群生しています。このことから、「鬱陵島図形」における「于山島」は竹嶼のことだと考えられます。

于山嶼

竹嶼

資　料

Point 10 日本は韓国に対し国際司法裁判所（ICJ）への付託を提案していますが、韓国は拒否しています。

竹島問題の疑問を解消する

Q&A

Q1 国際法上、ある島が自国の領土に距離的に近いことは、その島の領有権に関係があるのですか？
Q2 韓国側の古文献・古地図には竹島のことは記載されているのですか？
Q3 「安龍福」とは、どのような人物だったのですか？
Q4 1905年の日本編入前から日本が竹島を領有していた証拠はあるのですか？
Q5 竹島は、カイロ宣言という「暴力と貪欲により奪取した」地域に該当するのですか？
Q6 第二次世界大戦後、竹島は、連合国総司令部によって日本の領域から除外されたのですか？

国際法に則った平和的解決を目指して

我が国は、韓国による「李承晩ライン」の設定以降、韓国側が行う竹島の領有権の主張、漁業従事、近接地に対する射撃、構築物の設置等について、その都度厳しく抗議してきました。

そうした中、我が国は、竹島問題の平和的手段による解決を図るため、1954（昭和29）年9月、口上書をもって竹島の領有権に関する紛争を国際司法裁判所（ICJ）に付託することを韓国に提案しましたが、翌年10月、韓国はこの提案を拒否しました（注1）。1962（昭和37）年3月の日韓外相会談の際にも、小坂善太郎外務大臣（当時）が与後徳鉀韓国外務部長官（当時）に対し、本件をICJに付託することを提案しました。しかし、韓国はこれを受け入れませんでした。

さらに、2012（平成24）年8月、我が国は、李明博韓国大統領（当時）が、歴代大統領として初めて竹島に上陸したことを受け、改めて、口上書をもって竹島の領有権に関する紛争をICJに付託することを韓国に提案するとともに、国際司法裁判所（ICJ）への単独付託にも付議しましたが、韓国はこの提案を拒否しました（注2）。

（注1）ICJへの付託は、1954年9月、米国も関与して動きました。1954年に韓国を訪れたヴァン・フリート大使の帰国報告には、「米国は、竹島は本来、日本領であると考えているが、本件をICJに付託するのが適当であるとの立場であり、この提案を韓国に非公式に行った」との記述がされています。

ヴァン・フリート大使帰国報告書（抜粋）

Q1
国際法上、ある島が自国の領土に距離的に近いことは、その島の領有権に関係があるのですか？

A
国際法上、自国の領土から近いことのみで領有権が認められることはありません。

韓国側は、鬱陵島と竹島が地理的に近いことを理由に「竹島は地理的に鬱陵島の一部」であると主張しています。また、国際法上、地理的に距離が近いことのみを理由に領有権が認められることはありません。このことは、国際判例においても示されています。

例えば古くは1920年代に米国とオランダが争ったパルマス島事件では、「領域主権の根拠とされる近接性に基づく権原は、国際法上、根拠がない（no foundation）」と判示されました。また最近では、2007年のホンジュラスとニカラグアが争ったカリブ海における領土・海洋紛争事件の判決において、国際司法裁判所（ICJ）は、紛争当事国が主張した地理的近接性を領有権の根拠として認めませんでした。加えて、2002年のインドネシアとマレーシアが争ったリギタン島・シパダン島事件では、帰属の決まっている島から40カイリ離れている島を付属島嶼だとする主張をしました。

韓国の著名な地図作成者である金正浩（キム・ジョンホ）によるとされる「青邱図」（1834年）中の「鬱陵島図」にも、鬱陵島の東に「于山」と記した鬱陵島の属島が描かれています。

この地図には図の上下左右に目盛（一目盛10朝里、約4km）が付いていることから、距離が分かりますが、鬱陵島と于山が2〜3kmの距離で描かれていることを示しています。于山が描かれている位置は、明らかに鬱陵島の東約2kmの所です。この子山は、現在の竹島（鬱陵島から約90km離れています）ではありません。

つまり、18世紀以降の朝鮮の地図に描かれる于山は、「竹嶼」のことと考えられます。

「青邱図」（1834年）の「鬱陵島図」（天理大学附属天理図書館蔵）／「青邱図」（1834年）の「于山」もわかる／現在の竹島

鬱陵島の東約2kmにある竹嶼を于山とする地図は、近代になっても作成されています。大韓帝国の学部編輯局が1899年に出した「大韓全図」は、経度緯度の線が入った近代的な地図ですが、鬱陵島の真近の位置に「于山」を描いています。この于山も竹嶼であって、現在の竹島ではありません。

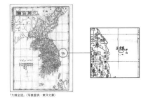
「大韓全図」（写真提供　東洋文庫）

Q3
「安龍福」とは、どのような人物だったのですか？

A
17世紀末、2度日本に来た朝鮮人で、韓国は彼の供述を竹島の領有権の根拠としています。しかし、彼は朝鮮を代表した人物ではなく、またその供述は事実に反し信憑性に欠けています。
（→Point2、5参照）

安龍福は、1693年に鬱陵島（当時の日本名「竹島」）へ出漁し大谷家の漁夫によって日本に連れ帰られ、1696年に鳥取藩に訴えたとあるとして今度は自らの意思で日本に来た人物です。しかし、その後、安龍福は、みだりに国外に渡航したとして朝鮮で取調べを受けています。取調べの際、安龍福は、鬱陵島で日本人の越境を咎めた、日本人が松島に住んでいると言うので、松島は「子山島」であって、これもまた我が国の地だと言ったなどと供述しました。その後の朝鮮の文献で子山島と今日の竹島を結びつけた記述があります。

韓国側はこの安龍福の取調べの際の供述を竹島の領有権の根拠の1つとして引用しています。

この安龍福の供述は、「粛宗実録」の粛宗22年（1696年）9月の供述条に記載されています。しかし、同文献（粛宗23年丁丑2月に未条）からは、当時の朝鮮が安龍福の行動を開始しておらず、彼の行動は朝鮮を代表するものではないと認識していたことが確認できます（補足その1参照）。また、安龍福の供述そのものについても、事実に合致しない箇所が多くあり、信憑性に欠けます（補足の2参照）。

補足その1：安龍福は朝鮮を代表していない。

以下の点から、安龍福が朝鮮を代表していなかったことが明らかです。

「粛宗実録」には安龍福の項目について、次のように記されます。

「安東府使李世載三にて言うには、対馬の倭者がわが『印本貞税人が訴を訴ふとしてと称され求めるのは（去秋貞税人が容事事出処勢が）と問うて、それに対し、李世載が『もしかがへることがあれば調査が（若有可言者一部記江戸蘭湖訴論事由がいに送江戸蘭湖訴論）と憚に、一齢は決し悉に遣不若何らいでも錯動り知るところとちては（一一覧世欄極慶荒荒有他所被処約知所）と述べ、そのように対馬の使者に言うことが語られれてまたれを含した（諸以憤忘其憤悉死它）（粛宗23年丁丑二月未条）。

※対馬藩は、江戸時代、対朝鮮外交・貿易の窓口でした。

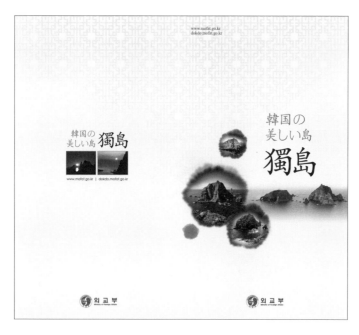

資料

韓日間の鬱陵島争界と韓国の獨島領有権の確認

❶ 17世紀、韓日の政府間交渉（「鬱陵島争界」）を通じ、鬱陵島とそれに属する島嶼が韓国の領土であることが確認されました。

— 17世紀、日本鳥取藩の大谷・村川両家は朝鮮領土である鬱陵島まで不法漁業をし、1693年鬱陵島で安龍福をはじめとする朝鮮の人々と遭遇します。

— 衝突は、日本政府（江戸幕府）に朝鮮人々の鬱陵島への渡海を禁止するよう求め、幕府と対馬藩に朝鮮政府と交渉するよう指示し、両国間で交渉が始まります。これが「鬱陵島争界」です。

— 江戸幕府は1695年12月25日、鳥取藩への照会を通じて「鬱陵島（竹島）と磯島（松島）はいずれも鳥取藩に属さない」ことを確認し、「鳥取藩答弁書」、1696年1月28日、日本人の鬱陵島方面への渡航を禁じる指示をします。

— これで、韓日間の紛争は決着し、鬱陵島争界により鬱陵島と磯島は韓国の領土であることが確認されました。

❓ 1905年、島根県告示による島嶼編入の試みがあるまで、日本政府は鬱陵島が自国の領土ではないと認識していました。これは、1877年の『太政官指令』など日本政府の公式文書でも確認できます。

— 韓日間の「鬱陵島争界」を通じ諸島が韓国領土であることが確認されてから、明治政府に至るまで、日本政府は諸島が自国の領土ではないという認識を維持していました。

— これは、1905年に日本が島根県告示により諸島編入を試みる前まで、鬱陵島が自国の領土と認識した日本政府の文書がないこと、むしろ、日本政府の公式文書で諸島が自国の領土ではないと判断・主張していることからもよく分かります。

— 代表的な例として1877年、明治時代初めの日本の最高行政機関であった政府は、江戸幕府と朝鮮政府との交渉（鬱陵島争界）の結果、鬱陵島と磯島が日本に属するものではないということが確認されたと判断、内務省に対して「竹島鬱陵島外一嶋一嶋、磯島は日本と関係がないことを心得よ」と指示しています『太政官指令』。

— 日本内務省が太政官に提出した際に添付した地図『磯竹島略図』磯島は日本における鬱陵島の旧名乱）に竹島（鬱陵島）と共に松島（磯島）が描かれている点も合わさる。上記の『竹島外一嶋』の一嶋が磯島であることに由来する。

太政官指令　　　磯竹島図

大韓帝国の獨島統治と獨島領有権の回復

❶ 大韓帝国は、1900年の「勅令第41号」において獨島を鬱陵郡（鬱陵島の）管轄区域として明示し、鬱陵郡守が獨島を管轄しました。

— 1900年10月27日、大韓帝国は皇帝の威可を得て鬱陵島を鬱島に改称し、島監を郡守（島の長）へ格上げするという内容の「勅令第41号」を発しました。勅令第2条で、鬱陵郡の管轄区域を「鬱陵全島及び竹島、石島（獨島）」と規定しています。

勅令第40号

— 1906年3月28日、鬱島郡獨島守の沈興澤は、鬱陵島を視察した際、鬱陵島を含む領土の宣言で鬱島を郡守「郡守第3号」として報告し、論題は13月2日、「告令第3号」をもって鬱島が日本の領土になったという主張を否認する告示を発しました。

— このことから、鬱陵郡守が1900年に「勅令41号」の規定に基づいて、引き続き獨島を情報しながら領土主権を行使していた事実は明白です。

報告書号外及び和令第3号

❓ 1905年の島根県告示による日本の諸島編入の試みは、韓国の主権を侵害する過程での領土編入であり、韓国の獨島領有権を侵害した不法行為であるため、国際法的にも無効です。

— 日本は1905年「島根県告示第40号」を通じて、韓国の領土である諸島を自国の領土に編入しようと試みました。

— 当時、日本は満州や韓半島の利権をめぐりロシアと戦争中でした。1904年2月、日本は大韓帝国に対して「韓日議定書」を締結するよう強要し、軍事的争も行うための日本が必要とする韓国領土を自由に使用しようとしたのです。日本が諸島を自国の領土に編入しようとしたのも、東海におけるロシアの艦隊を前にした状況で、軍事的に諸島に価値があると判断したためです。

— 日本は1906年「第3次韓日協約」を通じて韓国政府に対し日本人などが外人顧問を任命するよう強要するなど、1910年に韓国を強制併合する以前から韓国に対する侵害を段階的に進めていました。

— 諸島は、こうした日本による韓国の主権侵奪過程の最初の場所でありました。1905年日本による諸島編入の試みは長きに正って堅く確立された韓国の領土主権を侵害した不法行為であるため、国際法上も全く効力がありません。

❓ 第2次世界大戦の終結後、諸島は韓国の領土にて戻り、大韓民国政府は諸島に領土主権を行使しています。

— 1943年12月に発表されたカイロ宣言には、「日本は暴力と貪欲によって略取した全ての地域から追い出されるべきだ」と明記されており、1945年7月に発表されたポツダム宣言もカイロ宣言の履行を確認します。

— また、連合国最高司令官総司令部は、1946年1月の連合国最高司令官覚書SCAPIN第677号及び1946年6月の連合国最高司令官覚書SCAPIN第1033号を通じて、諸島を日本の統治・行政範囲から除外しました。

— こうした措置から、諸島は日本帝国主義の戦争犠牲であり大韓民国の不可分の領土となっており、これは1951年のサンフランシスコ講和条約でも再確認されました。

— 大韓民国政府は、諸島に対する韓国の領土主権を行使しています。大韓民国政府は、我が国の主権に対するいかなる挑発にも制圧の態勢に対応していき、引き続き諸島に対する我が国の主権を守っています。

安全保障のジレンマ
―非協力ゲームとコミュニケーション―

萩原　拓也
<ruby>萩原<rt>はぎはら</rt></ruby>　<ruby>拓也<rt>たくや</rt></ruby>

元千葉県立泉高等学校教諭・教員歴13年
担当科目：政治・経済，倫理

実践授業の概要

教科：**公民**　　科目：**政治・経済**　対象学年：**高校3年**
実施クラス：**4クラス**　1クラスの人数：**平均30名**

◆ 本実践のメッセージ

　本実践ではリアリズム（現実主義）の国際政治観をベースにして，安全保障を国家間の力の関係で考えることとし，ゲーム理論の多くのバリエーションのうち，非協力ゲームを取り上げる。国際政治の主なアクターとして，主権国家の国家行動（国益重視）から，現実の出来事に即して考える立場からの授業である。

　一方，ゲーム理論は，「鹿狩りゲーム」「チキンゲーム」「男女の争いゲーム」など多様なバリエーションを持ち，ある条件下における国家間の「協力／非協力」だけでなく，日常的な人間関係にも応用が可能な理論である。詳細は参考文献[1]を参照されたい。

　また，今次の学習指導要領（2018年告示）では「我が国の安全保障と防衛」の主題は「国際法と関連させて」取り扱うことと示されている通り，国家間の秩序を保つ条約や法制度について学んだ後に，この実践に取り組むこととした。

■ 単元の指導計画と評価

ア　単元の学習指導計画

　　第1時　日本国憲法9条，国連憲章51条52条，日米安全保障
　　　　　　条約

第2時　自衛権，集団安全保障，安全保障関連法案

第3時　安全保障のジレンマ　**本時**

第4時　様々な安全保障

イ　単元観

　　学習指導要領によると，「我が国の安全保障と防衛」については，「国際法と関連させて取り扱うこと」とある。

　　また学習指導要領解説によると，日本国憲法の平和主義と「我が国の防衛に関する基本的な事柄」に触れ，「我が国の安全が世界の平和の維持といかに不可分」であるかを理解させることが指摘されている。その際，「様々なレベルでの国際協力」「食料の安定確保」「日米安全保障条約」「我が国の防衛」や「国際社会の平和と安全の維持のために自衛隊が果たしている役割」「国家を中心とする安全保障では対処しきれない紛争，病気や貧困，環境破壊など」などの観点から扱うべきこと，また「軍縮」における国際的な機構・組織や非政府組織（NGO）の取組，「国家間の相互理解」と「協調の精神」に基づいた「不断の努力」の必要性と，「国家間のみならず民間の交流を通して信頼関係を深めること」の重要性を理解できるようにする，と示されている。

ウ　単元の観点別評価規準

知識および技能 知	思考力・判断力・表現力 思	主体的に学習に取り組む態度 主
• 我が国の安全保障，安全保障に関する国際的規程，国家間の安全保障，経済安全保障など，様々な観点の安全保障について理解している。 • 安全保障に関する資料や条文を読み取り，その趣旨を読み取ることができる。	• 安全保障政策や規程の意義・役割について考えようとしている。 • 安全保障のジレンマが国際社会に及ぼす影響について考え，表現している。	• 主体的に授業に取り組み，他者の意見を粘り強く傾聴し，取り入れながら，自分なりに結論を出そうとしている。

◆ 本実践の問い

「安全保障のジレンマを乗り越えるにはどうすればよいか」

　　この単元ではリアリズムの国際政治観に則り，国際社会を強制力を行

使できる中央政府が不在の無政府状態と捉える。そのような国際社会は，利己的な国家が自己利益追求のための行動を志向する「万人の万人に対する戦争」（ホッブズ）状態である。そこで各国家は，自分で自分の身を守るための諸策を講じる。しかしそういった諸策は他国からの対抗的な行動を招き，結局は自国も含めた国際社会が危険な状態に陥ってしまう。これが安全保障のジレンマである。

　この安全保障のジレンマを学習するために，ゲーム理論の非協力ゲームを体験的に学習する「グーパージャンケンゲーム」を行う。「グーパージャンケンゲーム」から，非協力ゲームの一例である囚人のジレンマの応用例である「安全保障のジレンマ」について体験的に学習する。

◆ 本実践で活用する見方・考え方
「幸福，正義，公正」「合成の誤謬」

　非協力ゲームの構造を体験的に理解させるために，グーパージャンケンゲームを行う。ルールは以下の通りである。

　①グーとパーしか出せないジャンケンを，異なる相手 X 名と行う。

　②勝敗の決まり手によって，各個人に**表 1** のように得点を与える。

　③最後に，各個人の得点を集計し，クラス合計点を算出する。

　すべての決まり手が「互いにグー」となるとき，クラスの合計得点は 10 点× X ×クラス人数となるため，クラスの合計得点は最大となり，個人得点は一律 10 × X 点となる。一方，クラスの誰かがパーを出すと，クラス合計値は最大値を獲得することは出来ないが，パーを出した者には個人得点で抜き出るチャンスがある。

　このように，グーパージャンケンゲームでは，全体と個人それぞれの利益が両立しないため，非協力ゲームである「囚人のジレンマ」を体験することができる。なお必要に応じて，クラスの合計得点が想定される最大値となった場合と，個人得点の最大得点者とに，それぞれ何らかのインセンティブ（景品など）を提示することで，パーを出す動機を与え生徒を揺さぶる方法も考えられる。

　囚人のジレンマにおける個人と全体の利害の不一致を，国際社会に適

応させたものが「安全保障のジレンマ」である。**表2**がその適用例である。国家間の安全保障において，利害対立のある国家間でも十分な外交的交渉が行われない場合には，相手を上回る軍事力を保有しようとする軍拡によって，相手よりも優位に立とうとすることにインセンティブが働く。しかし，一方の軍拡は他方にとっては脅威となり，軍拡競争に発展する。軍拡は双方にとって，軍事的安全保障を獲得するという点では合理的である反面，国家間の不信感の助長，軍事費拡大とそれに伴う政権批判などに繋がる恐れもある。

		相手	
		グー	パー
自分	グー	自分＋5 相手＋5	自分　0 相手＋10
	パー	自分＋10 相手　0	自分　＋1 相手　＋1

表1　グーパージャンケンゲーム　得点表

		国家B	
		軍縮	軍拡
国家A	軍縮	A＋5 B＋5	A　0 B＋10
	軍拡	A＋10 B　0	A＋1 B＋1

表2　安全保障のジレンマ

　一方で軍拡は，それに伴うデメリットを甘んじて受けるべきものでもあるが，他方では軍事的安全保障の確保という点では一定の合理性が認められる。しかし，結局は双方が対話による軍縮を行うことで，軍拡によるデメリットが回避できる可能性があることに注目する。すると，軍事費に余計な予算を配分する必要がなくなり，近隣国との関係が改善すれば外交的成果として政権が安定する可能性もある。このように，軍拡は，各国家単体にとっては一定の合理性がある反面，国際社会にとっては損失となり，さらに結局は各国家単体にとっても最善の選択となり難い選択といえる。

　このような「安全保障のジレンマ」の複雑さと，その根底にあるディスコミュニケーション性に基づき，「安全保障のジレンマを乗り越えて，国際的な秩序を維持するためには，国家間のコミュニケーションが必要なのではないか」という思考に生徒を導くことが，本授業の目指すところである。

◆ 授業実践

1. 本時の教材など

(1) ワークシート（p.180 〜 p.181 参照）

(2) NHK オンデマンド世界史「冷戦体制の形成と展開」（7 分 30 秒）

https://www.nhk.or.jp/kokokoza/tv/sekaishi/archive/chapter035.html

※ NHK オンデマンド政治経済でも冷戦について扱っているものがある。

(3) NHK NEWS WEB「『終末時計』人類最後の日までの残り時間 1 分 30 秒　過去最も短く（2023 年 1 月 25 日）」（1 分 30 秒）

https://www3.nhk.or.jp/news/html/20230125/k10013959571000.html

2．本時の展開

場面	学習内容・学習活動	指導上の留意点
導入 10分	本時の「問い」を確認する。 **安全保障のジレンマを乗り越えるにはどうすればよいか** ワークシートの「1 ゲームに参加する」のジャンケンゲームのルールに従って，グーパージャンケンゲームを行う。	・クラスの合計得点が最大になった場合や，個人の最多得点者に何らかのインセンティブを提示して，生徒のパーを出す動機を調整する。 ・ジャンケンの回数は学級の人数によって3～7回程度で調整する（ワークシートは3回と表記している）。 ・4～5人のグループ毎に得点を集計し，授業者に報告するよう指示する。
	クラスの想定最大得点と実際の合計得点を比較し，合計得点が想定最大得点を下回っていることを確認する。誰かがパーを出した（＝自己利益を追求した）ことによって全体の利益が損なわれたことを確認する。	・パーを出すこと自体に，個人としてのインセンティブがあったことを強調することで，パーを出すことにも一定の合理性があることを理解させる。
展開1 10分	グーパージャンケンゲームで体験したことを自分の言葉で表現する。 非協力ゲームの代表的な例としての「囚人のジレンマ」「安全保障のジレンマ」について学習する。	・生徒からゲームの感想を引き出す。特に次のような発言を取り上げる。 「相手を出し抜こうとパーを出したら，相手もパーで，結局お互いに得点をかせげなくなってからパーを出さなくなった。」 「自分はパーを出して高得点を得られたので，正しい選択をしたと思う。」
展開2 10分	NHKオンデマンド世界史「冷戦体制の形成と展開」を視聴して，ワークシート3（1）①～⑭を埋める。 軍拡競争と安全保障のジレンマについて考察し，ワークシート3（2）①～④を埋める。	
展開3 10分	グーパージャンケンゲームにおいて，自己利益を追求（＝パーを出す）ことで，全体の利益（クラスの合計点）が縮小したことに基づき，安全保障のジレンマが国際社会の安全をどのように脅かすのかについて，考察して，ワークシー	・必要に応じてNHK NEWS WEB「『終末時計』人類最後の日までの残り時間1分30秒　過去最も短く」を視聴させ，冷戦時代の軍拡が現代の国際社会においても脅威と影響が残っていることに気付かせる。

	トの3（3）に記入する。
まとめ 10分	自己利益を追求することで，結果的に国際的不利益や自国の不利益に帰結する「安全保障のジレンマ」の特徴に留意しつつ，安全保障のジレンマを回避する方法について考察して，ワークシートの4に記入する。

◆ 本実践の評価や評価の場面

知識及び技能 知	具体的な場面
• ジャンケンゲームの表から「囚人のジレンマ」を読み取ることができる。 • 安全保障のジレンマを理解し，説明することができる。 • 安全保障のジレンマの例として，東西冷戦の状況を理解している。	・ジャンケンゲームを体験し，ワークシートの**表1**を完成させることによって「囚人のジレンマ」を類推することができる（ワークシート1のジャンケンゲームの**表**）。 ・ジャンケンゲーム（囚人のジレンマ）を体験して数値化することにより，安全保障のジレンマを理解している（ワークシート1のジャンケンゲームと2の安全保障のジレンマの記述）。 ・ビデオを視聴し，東西冷戦の表を完成させる（ワークシート3（1）の**表**）。

思考力・判断力・表現力 思	具体的な場面
• 動画を視聴し，東西冷戦が安全保障のジレンマの具体例であることを理解している。 • 軍拡競争を，安全保障のジレンマにあてはめて考察している。 • 軍拡競争による影響や安全保障のジレンマの回避策について，自分の言葉で表現しようとしている。	・東西冷戦の状況を理解している（ワークシート 3）。 ・安全保障のジレンマとジャンケンゲーム（非協力ゲーム）を結びつけて考えている（ワークシート3（2）） ・軍拡競争のデメリットや安全保障の解決策の提言などを考察し，表現している（ワークシートの3（2）と4）

主体的に学習に取り組む態度 主	具体的な場面
• グーパージャンケンゲームに積極的に参加し，安全保障のジレンマの概念を理解し，その上で安全保障のジレンマを回避する方法について，粘り強く考えようとしている。	・軍拡競争を安全保障のジレンマにあてはめて考察し，現代社会における負の遺産に気付いたあとと，安全保障のジレンマの回避策について考察・提案する（ワークシート4）。

◆ 本実践の成果と課題

（1）成果

「安全保障のジレンマ」という複雑かつ高度な内容を，ジャンケンゲームという比較的取り組みやすい体験活動を通じて生徒に理解させることができた。また，知識に関る部分については，コンパクトにまとまった動画教材を活用することで，限られた授業時間を有効に活用できた。

安全保障のジレンマについて扱う場面では，特に「自国の利益を優先しようとする行動選択にも，一定の合理性が認められる」という点を丁寧に説明することで，まとめの考察に深みを持たせることができた。

（2）課題

グーパージャンケンゲームによって，安全保障のジレンマについて体験的に実感させることはできるが，その言語化の過程や知識として理解させる過程では，授業者による説明を要する部分がある。

1）防衛大学校安全保障学研究会『新訂第5版　安全保障学入門』亜紀書房，2018年

大項目B主題6　我が国の安全保障と防衛　ワークシート例
安全保障のジレンマ
～非協力ゲームとコミュニケーション～

本時の問い
「安全保障のジレンマを乗り越えるにはどうすればよいか」

本時の展開

1	ゲームに参加する	グーパージャンケンゲームに取り組む
2	理解する	安全保障のジレンマについて学習する
3	あてはめる	安全保障のジレンマを、実際の国際社会における出来事や影響にあてはめる。
4	考察する	安全保障のジレンマを乗り越える方法について考察する

1　ゲームに参加する～グーパージャンケンゲーム

（1）ルール

① グーとパーしか出せないジャンケンを、異なる相手3名と行う。

② 勝敗の決まり手によって、各個人に表1のように得点を与える。

③ 最後に、各個人の得点を集計し、クラス合計点を算出する。

表1

	相手	
	グー	パー
自分　グー	自分 +5 相手 +5	自分 0 相手 +10
自分　パー	自分 +10 相手 0	自分 +1 相手 +1

	1回目	2回目	3回目
自分	グー パー	グー パー	グー パー
相手	グー パー	グー パー	グー パー
得点			

自分の得点　　　　　（　　　　　　点）

クラスの合計点　　　（　　　　　　点）

個人最多得点　　　　（　　　　　　点）

クラス想定最多得点　（　　　　　　点）

2　理解する

安全保障のジレンマとは

ワークシート

3　あてはめる～安全保障のジレンマ、実例とその遺産

（1）東西冷戦とは

・（①　　　　　）中心の
　（②　　　　　）側陣営
・社会・経済における
　（③　　　　　）主義
・軍事同盟
　（④　　　　　）
　＝NATO結成

敵対

対立

・（⑤　　　　　）中心の
　（⑥　　　　　）側陣営
・社会・経済における
　（⑦　　　　）（共産）主義
・軍事同盟
　（⑧　　　　）結成

＜具体例＞

具体例	西側	東側
ドイツ （⑨　　　　　）の壁	東ドイツ内の首都ベルリンも分割 →東側が、西ベルリンを壁で封鎖し往来を制限	
朝鮮半島 （⑩　　　　）戦争 北緯38度線を挟んだ分断	大韓民国 アメリカを中心とした 国連軍の支援	朝鮮民主主義人民共和国 ソ連と中国の支援
ベトナム戦争 南ベトナムの反政府側の ゲリラ内戦にアメリカが 介入し、長期化	ベトナム共和国 国内に反西側ゲリラ 「南ベトナム解放民族戦線」展開 アメリカの反ゲリラ戦	ベトナム民主共和国 中国の支援 「南ベトナム解放民族戦線」支持
（⑪　　　　　） 開発競争	相手を上回る核兵器をもつことで優位に立とう とする軍拡競争	
（⑫　　　　）危機	（⑫　　　）を海上封鎖 （⑬　　　）大統領	（⑬　　　）に核ミサイル基地建設 （⑭　　　）第一書記

（2）**軍拡競争**を**安全保障のジレンマ**にあてはめて考察する

表2

	（②　　　　　　　　　）	
	（③　　　）	軍　拡
① ③	（①）　＋5 （②）　＋5	（①）　　0 （②）＋10
軍拡	（①）＋10 （②）　0	（①）　＋1 （②）　＋1

安全保障のジレンマのもととなっている非協力ゲームでは、プレイヤー同士の（④　　　　　　　　　）がとれない。

→キューバ危機以降の緊張緩和では…
・米ソ直通のホットライン開設
・軍縮に向けた協議開始
　　詳しくは次回の授業で扱う。

（3）軍拡の現代社会における影響は

[　　　　　　　　　　　　　　　　　　　　　　　]

4　まとめる　―どうすれば安全保障のジレンマを回避できるか？

[　　　　　　　　　　　　　　]　▶　国際社会の具体的な動きについては次回

大項目B　主題6　実践事例と評価例　181

発展途上国における児童労働問題について考えよう
─公正な社会の実現に向けて─

竹達　健顕
たけたつ　としあき
東京都立日野台高等学校主任教諭・教員歴12年
担当科目：公共，政治・経済

> **実践授業の概要**
>
> 教科：**公民科**　　科目：**公共**　対象学年：**高校1年**
> 実施クラス：**6クラス**　1クラスの人数：**平均40名**

◆ 本実践のメッセージ

　本単元で扱うSDGs（持続可能な開発目標）は，紛争・環境破壊・貧困などの課題に対して国際社会が2030年までに取り組むべき目標を示したものであり，2015年9月の国連持続可能な開発サミットにおいて全会一致で採択され，国際社会の平和と安全や世界経済の発展への期待が込められている。国際社会における課題は多岐にわたっているが，本授業実践では児童労働問題について考察させたい。

　発展途上国を中心に世界の約1.6億人の子どもたちが児童労働に従事し，そのうち約7,900万人が危険を伴う仕事に従事している（2020年，ILO）。児童労働問題は国際社会における課題であり，子どもたちの教育を受ける機会が奪われるとともに，健全な発達が阻害されることで貧困の連鎖につながっている。SDGsにおける目標8「働きがいも経済成長も」の中で，児童労働の撤廃が掲げられているが，達成に至るまでの道は険しい。発展途上国では，貧困ゆえに子どもを稼ぎ手としたい家庭や地域の思惑があり，それとともに，安価な労働力を求めるグローバル企業も存在している。さらに私たち自身も日々の暮らしの中で，安価な商品を選ぼうとしてしまうが，その商品がなぜ安価で提供されているかについて考える必要がある。

　本実践では，大項目Aで習得した「功利主義」と「公正としての正義」

に関する見方・考え方を応用して，発展途上国における児童労働問題について考察する。

　一つの解決方法として実施されているフェアトレードは，生産者の自立や周辺環境の整備のほか，発展途上国の経済支援にもつながるため，SDGsの観点からも注目されている取り組みである。一方で，私たちはコストパフォーマンスの良い商品を，合理的に選択して購入することが多く，経済的に個人の幸福を追求する傾向が強い。この事例を通じて，「個人の感じる幸福の量を増やし，最大多数の最大幸福を効率的に実現していくか」と「公正な社会を実現するために，個人の自由が追求された結果生じる格差を社会全体（世界全体）で改善していくか」について生徒に問いかけたい。

■ 単元の指導計画と評価

ア　単元の学習指導計画

　　第1時　今日の国際社会における課題
　　第2時　国際社会における日本の役割
　　第3時　国際的な課題解決に向けて私たちができること　本時
　　第4時　意見文（800字）の作成

イ　単元観

　　本単元は，学習指導要領（2018年告示）における「大項目Bア（イ）国際貢献を含む国際社会における我が国の役割」に対応している。学習指導要領解説では本単元における問いとして，「国際平和を推進し人類の福祉の向上を目指すためにはどのような国際貢献が考えられるか」，「持続可能な国際社会を形成するために私たちは何ができるか」などが挙げられている。また，中学校での既習事項である「効率と公正」に関する見方・考え方を発展させ，大項目A（2）ア（ア）における「行為の結果である個人や社会全体の幸福を重視する考え方」および「行為の動機となる公正などの義務を重視する考え方」を活用し，生徒が選択・判断する際の手掛かりとする。

　　本単元の第1時では今日の国際社会における課題，第2時では

国際社会における日本の役割についての知識を理解し，課題を把握する。第３時では第１時・第２時を踏まえ，国際的な課題である発展途上国における児童労働に着目して，「持続可能な国際社会を形成するために私たちは何ができるか」について，生徒自身が考察する授業を展開する。第４時では第３時のグループ活動における他者の意見を踏まえて，800字の意見文に取り組ませる。

ウ　単元の観点別評価規準

知識及び技能 知	思考力・判断力・表現力 思	主体的に学習に取り組む態度 主
• 国家主権，国際法，国際連合,安全保障について,基礎的な知識を理解している。 • 国際貢献を含む国際社会における日本の役割について理解している。 • 現在の国際社会における諸課題について必要な情報を適切かつ効果的に読み取り，まとめている。	• さまざまな資料から国際社会における課題（難民問題・児童労働問題など）の解決策を考察している。 • 公共の扉で習得した先哲の思想（功利主義や公正としての正義）をもとに，発展途上国における児童労働問題について，合意形成を意識しながら事実をもとに協働して考察し，自分の意見をまとめ表現している。	• 国際社会における課題（難民問題・児童労働問題など）について，公正な社会の実現を視野に，主体的に学習に取り組み，その解決策について考察しようとしている。

◆ 本実践の「問い」（主題）

「私たちはどちらのチョコレートを購入するべきか」

　発展途上国における児童労働問題の解決にもつながるフェアトレード（公正な取引）は，立場の弱い生産者や労働者の生活を支え経済的な自立を促すしくみである。生徒自身が日常生活において行うことができる国際貢献活動であり，現実社会の国際的な課題と結び付けて扱うことで，生徒の興味・関心を高めると同時に，公正な社会を実現するためには何が必要かを考察させたい。

◆ 本実践で活用する見方・考え方

「功利主義」 ベンサム（英 1742 ～ 1832）
「公正としての正義」 ロールズ（米 1921 ～ 2002）

　論点を焦点化し議論の根拠を明確にするために，大項目A「公共の扉」で身に付けたベンサムとロールズの思想を活用して，発展途上国における児童労働問題について考察する。ベンサムは，できるだけ多くの人が幸福にあずかることができれば，同時に社会全体の幸福も最大になると説いた。一方でロールズは，功利主義の説く「効率としての正義」を批判する立場をとっており，功利主義では切り捨てられかねない弱い立場の人を救う必要性を説いた（「公正としての正義」）。これらの先哲の思想を基に考察・議論させることによって，自らの思考のみにとらわれず，多面的・多角的な視点で発展途上国における児童労働問題の解決策について考えさせることができる。

◆ 本実践の目標（観点別評価規準）

知識及び技能 知	思考力・判断力・表現力 思	主体的に学習に取り組む態度 主
• ベンサムやロールズなどの先哲の思想を理解している。 • フェアトレード商品について様々なWebサイトから必要な情報をまとめ，班員と情報共有をしている。	• 先哲の思想を基に発展途上国における児童労働問題について，合意形成を意識しながら事実に基づいて協働して考察し，自分の意見をまとめ表現している。	• 児童労働問題について，公正な社会の実現を視野に，主体的に学習に取り組み，その解決策について考察しようとしている。

◆ 授業実践

1．教材など

（1）ワークシート・スライド資料（p.193～p.195参照）

　ワークシートは思考・判断の順番を構造化し，最終的に生徒自身の考えの変容や納得度を記載できるようにした。スライド資料は「日本チョコレート・ココア協会」と「世界の子どもを児童労働から守るNPO ACE」のホームページを参照し作成した。

http://www.chocolate-cocoa.com/ ←日本チョコレート・ココア協会

https://acejapan.org/about/outline ←特定非営利活動法人ACE

（2）Classi（学習クラウドサービス https://classi.jp/）

　スマートフォン，タブレット，ノートPCなどのデバイスで利用できる学習クラウドサービスである。クラスごとにグループが作成でき，アンケート機能で意見を集約することができる他，ワークシートやスライドを配布することができる。本授業においては，クラスのグループ内で生徒個人の意見（ワークシート①），班の意見（ワークシート④）を共有することができた（生徒の意見を投票させ，円グラフを作成して視覚的に提示したい）。このような機能はClassi以外の学習共有ソフトウェア（Teams，Slack，Meetなど）にもあり，同様の授業展開が可能である。

（3）タブレット，ノートPC，プロジェクター，スマートフォン

　授業におけるClassiでの情報共有は，生徒個人が所有するタブレット端末を通して行う。また，生徒所有のスマートフォンや学校で用意するノートPCでも代替可能である。教員PC画面は，プロジェクターを通して黒板に投影する。

２．本時の展開

段階	学習内容・学習活動	指導上の留意点
導入 5分	・本時の「問い」を確認する。 **私たちはどちらのチョコレートを購入するべきか？** ・【ワークシート①】 安価なチョコレートAと割高なチョコレートBを比較し，自分ならどちらの商品を購入するか，理由とともに書く（Classiにも入力する）。 ・クラスメイトがチョコレートAとチョコレートBのどちらを選んだか，黒板に投影されるClassiのアンケート結果で確認する。	 ・ワークシート① 安価なチョコレートAと割高なチョコレートBを教員が比較し生徒に伝える（味・見栄え・知名度などを話してもよいし，現物を見せるなどしてもよい）。また，なぜ価格差が生じているかについて考えるきっかけを与える。 ・ワークシートを書き終えたら，自分の考えをClassiに投票させる。 ・チョコレートAを選ぶ生徒が多数を占めていることを確認させる。

展開1 15分	・【ワークシート②】 チョコレートAの背景について，スライドに示された各種データから，日本とカカオ農園の関連や実態について適切に読み取る。また，解決策としてのフェアトレードのしくみについて理解する。	・それぞれのスライド資料に沿って説明し，安価で提供されているチョコレートAの背景をワークシート②に記入させる。
	スライド ①カカオ豆の主な生産地。 ②日本のカカオ豆輸入先。 ③児童労働の実態。 ④フェアトレードのしくみ。	・読み取らせる点 ①世界の生産量の7割が西アフリカの国々 ②日本はガーナからほとんどのカカオ豆を輸入している ③児童労働はガーナだけでも77万人以上
	それぞれ読み取れた事項を指名された生徒は答える。	④公正な価格で取り引きすることの必要性について理解させる。
展開2 25分	ここから班活動開始	・クラスを4名ずつの班に分ける。
	・【ワークシート③】 どのようなフェアトレード商品が販売されているかについてタブレット端末などを活用して調べ，その結果を班の中で共有する。	・実際に販売されているフェアトレード商品の価格やグラムについて調べさせ，割高な商品が多いことに気づかせる。
	・【ワークシート④】 先哲の思想である「功利主義」と「公正としての正義」の考え方を踏まえ，あらためてどちらのチョコレートを購入するべきか議論し，班ごとに意見をまとめ，ワークシートに記入する。チョコレートA・チョコレートB以外にその他も選択肢として用意する（Classiにも入力する）。	・先哲の考え方を理解していないグループがあれば，適宜ヒントを与える。 ・それぞれの立場の意見をメモしながら議論するように指示する。
	@「功利主義」の考え方 同じような味であれば，安価なチョコレートAを選ぶことは合理的な判断であり，個人の幸福につながる。	・高校生という立場では所持金が限られているため，チョコレートAを選ぶという意見がでる。
	@「公正としての正義」の考え方 公正な価格で取引することは，経済格差を是正することにつながる。そ	・児童労働問題の解消のために，限られた所持金ではあるがチョコレートBを選ぶという意見がでる。

	の結果，児童労働の解消につながる可能性がある。	
	「功利主義」と「公正としての正義」の考え方を踏まえた上で，班の中でどちらのチョコレートを買うべきか議論し，その結果をワークシートに記入する（Classi にも入力する）。	・その他の例として，所持金に余裕のある場合はチョコレート B を選び，余裕がない場合はチョコレート A を選ぶという意見がでる。その他という選択肢を選んでよいと説明する。
	・【ワークシート⑤・⑥】自分の班の意見と，Classi で投影された他の班の意見を読み，ワークシート④に対する自分の最終的な意見を書く。	・納得度を 5 段階でつけさせる。自分の意見（ワークシート①）の変容や，他者と納得する合意形成ができたかについて振り返らせる。
まとめ 5分	・教員による解説を聞き，フェアトレード商品が発展途上国の児童労働の解消や，経済発展に寄与していることを認識する。一方で商品のバリエーションの少なさや，購入可能な場所・商品自体の情報不足から，日本ではフェアトレード商品の市場規模が小さいことに気付く。	・実際に近くの店舗（コンビニエンスストアやスーパーマーケットなど）を訪れて，フェアトレード商品を探してみることを宿題として指示する。

【本実践後の展開】

　本実践（第3時）の後，意見文（800字程度）の作成を行う（第4時）。その際，以下の構想表を基にして論述させる。

第一段落 ↓	児童労働問題の背景とそのひとつの解決策としてのフェアトレードの試みについて，知識を基に記述する。
第二段落 ↓	フェアトレード商品の購入に対する自身の賛否とその理由について述べる。（積極的に購入する or 購入しない）
第三段落 ↓	班の中で話し合った際に出た，自分とは異なる他者の意見や，先哲の思想（班の中で反対意見が出なかった場合）を基に記述する。
第四段落	第二・三段落を踏まえて，自身の考えの変容やよりよい解決策について記述する。

◆ 本実践の評価方法や評価の場面

技能についてのルーブリック評価（知識は定期考査などで評価する）

評価規準	評価基準・評価の場面		
	A 高次に達成している	B 概ね達成している	C 努力を要する
フェアトレード商品について様々なWebサイトから必要な情報をまとめ班員に共有することができる。	調べたフェアトレード商品についてワークシート③に記載し，班員へわかりやすく説明し情報共有している。	調べたフェアトレード商品についてワークシート③に記載している。	Bに達していない。

思考力・判断力・表現力についてのルーブリック評価

評価規準	評価基準・評価の場面		
	A 高次に達成している	B 概ね達成している	C 努力を要する
先哲の思想を基に，児童労働問題とフェアトレードについて，合意形成を意識しながら事実を基に協働して考察し自分の意見をまとめ表現している。	先哲の思想を基に，自身の考えと他者の意見を踏まえ，班の中で合意形成した結果をワークシート④に記載している。	先哲の思想と自身の考えを基にした内容を，ワークシート④に記載している。	Bに達していない。

主体的に学習に取り組む態度についてのルーブリック評価

評価規準	評価基準・評価の場面		
	A 高次に達成している	B 概ね達成している	C 努力を要する
主体的に学習に取り組み，児童労働問題の解決策について話し合った結果を基に，よりよい解決策を導こうとしている。	班で合意形成したワークシート④で，ワークシート①の振返りをするとともに，よりよい解決策を導こうとしている。（ワークシート⑤⑥）	班で合意形成したワークシート④について，自身の振返りをしている。（ワークシート⑤⑥）	Bに達していない。

◆ 本実践の成果と課題

1. 成果

(1) 授業内容

　生徒が常日頃から利用しているコンビニエンスストアやスーパーマーケットで販売している商品を事例としたことで，国際社会における課題（児童労働問題）に対し，適正な価格で原材料を調達するフェアトレードのしくみを普及させていくことが，解決策の一つであることを生徒に気付かせることができた。また，論点を焦点化し議論の根拠を明確にするために活用した先哲の思想（ロールズ）が，功利主義では切り捨てられかねない弱い立場の人を救う必要性を説いていること，適正な価格で原材料を調達したフェアトレード商品を購入するという生徒自身の行動が，解決策の一端となり得ることを感じさせることができた。「公共」では，大項目 A で習得した社会的な見方・考え方を，大項目 B の現実社会の諸課題に応用することが求められている。生徒が日常生活で選択する身近な事例と既習事項である先哲の思想を利用することで，現実社会の諸課題に対し生徒が主体的に考察する実践事例となった。

(2) 授業方法

　従来のワークシートと Classi のアンケート機能を授業中に併用することで，生徒たちの意見をタイムリーに取り入れることができた。学習クラウドサービスを利用した意見の集約は効率的であるとともに，他の生徒の意見（自分と異なる意見）を把握することができるため，生徒の視野が広がり，授業に対する意欲も向上している。Classi 以外の学習共有ソフトウェア（Teams, Slack, Meet など）にも意見集約機能があり，同様の授業展開が可能である。またワークシートを構造化する（思考・判断する順を示す）ことや納得度を問う試みも有用であった。

　高等学校学習指導要領総則には，各学校においてコンピュータや情報通信ネットワークなどの ICT 環境を整備し，これらを適切に活用した学習活動の充実に配慮することが明記されている。このような ICT 機器の活用は，すべての学校種で広く求められている。

２．課題

（1）授業内容

　発展途上国における児童労働問題とフェアトレード商品を結び付けた授業展開を実践したが，フェアトレード自体は国際経済分野で取り扱う事項であるため，国際政治分野においてはNGO・NPOによる国際貢献活動の是非を扱い，第3時（本実践）を展開することも可能であった。しかしながら，生徒自身にもできる国際貢献行動に落とし込むためには，常日頃から利用しているコンビニエンスストアやスーパーマーケットにある商品に対する消費行動の是非や，募金などの寄付行動の是非に結び付ける展開の方が，生徒の実感を得やすいと感じる。

　実際の生徒の回答については，ワークシート①で安価なチョコレートAを選ぶ生徒が多いことは予想できたが，ワークシート④においてもチョコレートAを選ぶ生徒が多かった。理由としては「少ないお金で多く買いたい」といったコストパフォーマンスを重視する記述が多く，功利主義の思想にある個々人の利己的な利潤追求の姿勢が，教室の中で垣間見えた。このような結果となってしまったのは，実際のフェアトレード商品の価格／グラムの作用が大きい。「所持金に余裕のある時にはチョコレートBを購入しようと思うが，余裕がなければチョコレートAを購入する」という生徒の意見も散見され，授業者が意図していた「公正な社会を実現するために，個人の自由が追求された結果生じる格差を，社会全体（世界全体）で改善していくか」について考えた生徒は少数であった。日本では，チョコレート以外にもコーヒー豆・紅茶・バナナ・コットンなどのフェアトレード商品の継続的な購入がなされていないという課題がある。割高な価格設定・商品のバリエーションの少なさ・購入可能な場所と商品自体の情報不足などの理由で，欧米と比べ日本の市場規模は小さく，フェアトレード商品の普及が課題であり，その解決策について考えさせたい。単元を横断して国際経済分野と併せて考察することや，教科を横断して家庭科と連携し，エシカル消費という視点を取り入れることも，課題追究・課題解決の一端となり得る。

（2）授業方法

ICT 機器を活用するにあたって，生徒個人が所有するタブレット端末を利用しているが，タブレットを忘れる生徒や充電していない生徒が散見されるためワークシートを中心に運用している。本実践ではタブレット端末への入力とワークシートへの記述が平行してしまい作業が進まない生徒もいた。将来的にはタブレット端末のみの運用とする予定であるが，生徒の記述する力も育成していくためには，第 4 時の意見文の作成までを班の話し合い活動と組み合わせる必要がある。意見文は，思考力・判断力・表現力と主体的に学習に取り組む態度についての評価を行う際の評価材料とする。

参考文献・参考サイト
山田肖子編著『アフリカのいまを知ろう』岩波書店（岩波ジュニア新書），
　　2008 年
総務省統計局　https://www.stat.go.jp/
日本チョコレート・ココア協会　http://www.chocolate-cocoa.com/
特定非営利活動法人 ACE　https://acejapan.org/about/outline
学習クラウドサービス　https://classi.jp/

資料のスライド①②③
　https://acejapan.org/choco/childlabour
資料のスライド④
　https://www.komei.or.jp/km/toyose/files/2020/08/08C59696-F37E-
　422B-9F6E-4E771A649515.jpeg

公共　ワークシート

組　　番：氏名 _____

① チョコレートを買うならどちらを買う？（classi に入力してください）

自分の意見	○	理由
100 グラム　198 円 チョコレート A を買う		
100 グラム　258 円 チョコレート B を買う		

②

チョコレート A の背景	チョコレート B のしくみ
カカオ豆生産は西アフリカ地域が主となっている。 世界1位：コートジボワール　世界2位：ガーナ 日本の主な輸入先：ガーナ →ガーナでは、労働力不足や低賃金での労働力の確保のため、児童労働や人身取引によって、子どもたちが学校に行くこともなくカカオ豆の生産に従事している。	フェアトレードとは公正な取引を意味しており、生産者が適正で安定した収入を得られるように、適正な価格で売買し、生産者の経済的な自立を促すことで、児童労働や未就学児童の解消につながる可能性がある。

③ 実際に販売されているフェアトレード商品を調べて班のみんなと共有しよう。

商品名（価格／グラム）←自分の調べた内容を班員に教えよう

企業名

商品名（価格／グラム）←班員が調べた内容をメモしよう

企業名

④ 班で意見をまとめよう

班の意見	○	理由
チョコレート A を買う （非フェアトレード商品）		
チョコレート B を買う （フェアトレード商品）		
その他		

⑤ ④の班でまとめた意見に対してあなたの納得度に○をつけましょう。
　1 納得している　2 まあまあ納得している　3 どちらでもない　4 あまり納得していない　5 納得していない

⑥ ④の班でまとめた意見や他の班の意見を踏まえて、あなたの最終的な意見をまとめましょう。

資料

使用教材
スライド①

説明

　チョコレートの原料カカオは、赤道近くの高温多湿な地域で栽培され、世界のカカオ生産の約7割を占める西アフリカ地域では、農薬の使用や森の伐採などにより生態系や環境が破壊されたり、地域の子どもたちが学校に行けずに危険な労働を行っている。世界第1位と第2位のカカオ生産国であるコートジボワールとガーナだけでも、危険な労働を余儀なくされる18歳未満の児童労働者は、156万人に上ると言われ、このうちコートジボワールは79万人、ガーナは77万人とされている（2020年、シカゴ大学）。

スライド②

単位＝トン	2016年	2017年	2018年	2019年	2020年
ガーナ	48,669	40,412	43,595	39,338	38,564
エクアドル	4,185	5,804	5,816	5,128	3,702
ベネズエラ	5,653	4,130	3,813	4,277	2,357
コートジボワール	1,770	1,464	2,647	1,891	1,584
ドミニカ共和国	1,060	1,268	1,620	1,523	1,037
ブラジル	169	496	280	477	448
ペルー	332	271	415	192	447
その他	1,352	990	431	721	394
計	63,190	54,835	58,167	53,547	48,533

資料

スライド④

チョコレートの持続可能なサプライチェーンをめざして

カカオ栽培　一次加工　輸出入　チョコ生産　消費

小規模農家　①低収入
労働者（児童労働）　②児童労働　③未就学児童
④不公正取引
＊肥満
エシカル消費　＊フェアトレード

説明

世界中に広がるチョコレートの需要拡大のために、供給サイドでひずみが生じている。カカオ豆の栽培は、「低収入」、「児童労働」、「未就学児童」などの課題がある。これらの課題を私たちが見聞する機会は少ない。しかしながら、チョコレートのサプライチェーンは、私たちの生活と確実につながっている。カカオ豆生産者の生活を改善するために「エシカル消費（倫理的な消費）」の促進や適正で安定した収入を得られる「フェアトレード（公正な取引）」の推進が必要である。

説明

表は日本の主要カカオ豆国別輸入量推移。日本は年間約5万トンのカカオ豆を輸入しており、世界でも有数のチョコレート消費国である（2020年、日本チョコレート・ココア協会）。日本はカカオ豆の約7割をガーナから輸入している。

スライド③

説明

ガーナをはじめとする西アフリカのカカオ生産地域では、家族単位の小規模農家がほとんどであり、子どもが重要な労働力となっている。子どもも行う農作業は、刃渡りの大きなナイフを使った農園の開墾や下草刈り、収穫したカカオの実やカカオ豆の運搬などが主となる。特に子どもの力だけでは持ち上げることができないほどの荷物さの重さを頭に載せて運搬することが多く、危険労働のひとつともみなされ、健全な成長の妨げとなっているケースもある。ガーナでカカオを収穫できるのは南部一帯であり、ガーナ北部やブルキナファソ、トーゴなどの国々から移住してくる家族の子どもが学校に通わずに働くケースも多く、移住してきた家族だけが学校に通わずに働くケースも起きている。最悪の場合は、子どもが連れてこられて労働者として引き渡されることもあり、国際条約やガーナの国内法でも固く禁じられているが、実際には人身取引による、なくなっていないのが現状である。

「国際理解教育／開発教育教材」の活用による公共の授業

独立行政法人国際協力機構　広報部地球ひろば推進課

たけのぶひろみ
竹信裕美

なぜ国際協力を行うのか
～開発途上国の問題は世界の問題～

　独立行政法人国際協力機構（以下 JICA）は，日本の政府開発援助（ODA）を一元的に行う実施機関として，「信頼で世界をつなぐ」というビジョンの下，「人間の安全保障」と「質の高い成長」をミッションの両輪として，開発途上国への国際協力を行っている。開発途上国の多くは貧困や紛争といった問題を抱え，貧困による衛生事情の悪化が感染症の蔓延や環境汚染につながっていたり，貧困が教育や雇用の機会を奪い，社会不安を招くことで，紛争の原因にもなっていたりする。こうした問題は，地球規模での環境破壊や食料不足，感染症の蔓延，紛争問題の深刻化といった形で，世界全体を脅かしており，決して開発途上国だけの問題ではない。地球全体の問題は，世界各国が力を合わせて解決に向けて取り組まなければならない。

　私たちの生活や産業に欠かせないエネルギー，日本はその約80％を海外からの輸入に頼っている。日本の食料自給率は40％を切っており，穀物をはじめ，水産物，果実など，多くを輸入に頼っている。また，これらの輸入食料の生産には大量の水が必要なため，地球上の限られた淡水を間接的に日本が輸入していると言うこともできる。このように，日本は世界各国に資源や食料の多くを依存している。日本社会はさまざまな世界の国々とつながったうえで，成り立っているのである。

　日本だけではなく，世界の多くの国はお互いに共存しており，世界共通の課題を解決していかなくてはならない。

　こうした国際社会全体の平和と安定，発展のために，開発途上国・地域の人々を支援することが「国際協力」である。世界中のすべての人々がより良く生きられる未来を目指し，世界共通の課題に取り組むことが今，求められている。

世界のつながりを学ぶ！
国際理解教育／開発教育支援事業

　この国際協力が当たり前で身近に感じられるよう，JICAはJICA海外協力隊などのボランティア派遣事業をはじめ，地方自治体，大学などによる国際協力活動への参加を支援し，さまざまな形で連携している。そして，途上国での国際協力の経験を日本の教育現場で活用いただけるよう，「教師海外研修」「エッセイコンテスト」「地球ひろば訪問」「出前講座」「開発教育教材作成」など，国際理解教育／開発教育を支援している。この開発教育支援事業では，①世界の多様性，②私たちと世界のつながり，③世界の課題，④国際協力活動を軸として，より多くの人々に多様な世界を伝え，途上国をお互いに学びあうパートナーとして提示し，そして世界の出来事を「ジブンゴト」として考え行動するきっかけを提供することを目的としている。

「公共」と「国際協力」
「国際理解教育／開発教育」の関連

　2022年度より新しい公民科必修科目として「公共」が導入された。従来の「現代社会」の実践の上に，新しく提示された目標や視点を取り入れた新たな授業実践が求められている。

　なぜ「公共」を学ぶのか。世の中のすべての人々が希望をもって安心して暮らせる社会をつくるために，私たちに何ができるのか。「公共」では，現代社会の諸課題の解決に向け，自己と社会の関わりを踏まえて社会に参画する主体として自立することや，他者と協働してよりよい社会を形成することなどについて考えていくことが求められている。これは先に記した「なぜ国際協力を行うのか」という問いに通ずるのではないだろうか。どちらも学んでいく過程で，社会にある公正／不公正，格差，平和と対立などの問題を発見し，どのように問題を解決していくかを考えるうえで，実際に行動することで社会の一員として参画することを目標としている。そのためには，自分の周りの社会と世界のつながりを発見し，問題の解決を考え，遠い世界の出来事をジブンゴトとして考えたりする学習が必要だ。成年年齢が18歳に引き下げられた時代の転換点に，高校生の皆さんが社会を担う主体としてどう成長していくのか。その手段として，ぜひJICAの国際理解教育／開発教育支援事業を授業に取り入れていただきたい。

JICA の国際理解教育／開発教育の教材は，先生方が授業の中で部分的に活用いただいたり，アレンジしたりできるものなので，ぜひ授業実践の一助としていただければ幸いである。

「公共」のテーマに沿った教材①
世界につながる教室（授業で使える映像教材）

この映像教材は，途上国の人々の暮らしや国際協力に携わる人々の声を通して，多くの先生方が教室で生徒と共に向き合えるよう制作された。アフリカ／ルワンダの取材を中心に，「世界と水」「国際協力」を知るための 2 分程度の短い映像教材を 8 本用意している。私たちが生きていくのに欠かせない「水」は，国境を越え世界をめぐる大切な資源である。誰もが使う「水」を切り口に世界のつながりを学習できる教材である。また，「国際協力」を知るために，水分野の国際協力に携わる人々のインタビューも収録されている。「公共」の授業では，自分への理解を深め自らの人生観を形成するとともに，自らを他者と共に公的空間を形成しその中で生きる存在としている。「公共」を学ぶことにより，キャリア形成が，社会の公共空間の形成と結びついていることを理解できるだろう。映像を通して，「国際協力に携わる人々との出会い」を活用いただきたいと思う。

ルワンダ村落部の子どもの1日

水分野の専門家・黛さんの場合／ルワンダ水衛生公社・バヒゲさんの場合

関連の深い「公共」のテーマ

●国家主権，領土（領海，領空を含む。） ●我が国の安全保障と防衛
●職業選択 ●経済のグローバル化と相互依存関係の深まり
https://www.jica.go.jp/hiroba/teacher/material/active/index.html

---

「公共」のテーマに沿った教材② つながる世界と日本

　本教材は，途上国と日本のつながり，世界共通の目標「SDGs（持続可能な開発目標）」や国際協力について，クイズを交えながら紹介している。3部構成になっており，「PART.1　私たちと世界」では，ごはん，モノ，ヒト，エネルギーなどあらゆるものがグローバルな相互依存の中にあることがわかる。「PART.2　共に考える未来」では，気候変動，感染症，飢餓，ジェンダーなどについて取り上げており，SDGs が掲げる「誰一人取り残さない」の理念に共鳴する関係性を述べている。世界の諸課題と自分がつながっていることに必ず気がつくはずだ。例えば SDGs，とりわけ「環境問題」を取り上げる際に活用していただくと，掲載されている資料を読み解きながら，先進国，途上国のそれぞれの立場にたって考えたり，自分自身が日常生活でできることを考えたりすることができる。人間の経済活動が自然・社会の両方に多大な影響を及ぼしている現状や，環境

問題への取り組みが社会的課題の解決にどのようにつながるか，などについて学習することができる。

　「PART.3　日本の国際協力」では，掲載されているさまざまなデータから，日本の国際協力を学ぶことができる。公共の授業課題の一つである「経済格差の是正に向けて国際社会はどのように取り組んでいるか」などに活用いただけるのではないか。

特に関連の深い「公共」のテーマ

● 国際貢献を含む国際社会における我が国の役割

● 経済のグローバル化と相互依存関係の深まり

https://www.jica.go.jp/publication/pamph/others/find_the_link.html

---

「公共」のテーマに沿った教材③
国際協力実践資料集

　本教材は地球の現状や諸問題への理解を深めることを目的に作成している。学習指導要領や ESD（持続可能な開発のための教育）学習の分野との関連，学習のポイントや内容を分かりやすく解説する教員向けページと，コピーして配布できる生徒向けページで構成されている。さらに生徒が理解を深めることができるよう，参加体験型のワークを用意しており，生徒同士で意見を出し合ったり，考えを深めたりすることができる。データや図版など資料を多く掲載しており，そのまま授業に活用可能であるため，是非短時間での授業準備におすすめしたい。例えば，公共の授業の課題である人権問題について，本教材の第４節で，教育の問題として「学校に行けない子どもたち」を取り上げている。資料１～２で途上国の子どもたちが学校に行けない要因を理解し，資料３～５で学校に行けなかっ

た子どもたちにどのような問題が生じ，その問題によって，将来どんな影響を受けるのかを考え，教育の重要性を認識する。「子どもの権利条約」などにより，世界中のすべての子どもたちが教育を受ける権利を有しているにもかかわらず，その権利を行使するためには平和な世界と社会資本の充実の必要性を理解することができる。

> **特に関連の深い「公共」のテーマ**
> ●我が国の安全保障と防衛　●市場経済の機能と限界
> ●国際貢献を含む国際社会における我が国の役割
> ●経済のグローバル化と相互依存関係の深まり
> https://www.jica.go.jp/cooperation/learn/material/educational_practice.html

「公共」のテーマに沿ったプログラム「エッセイコンテスト」

　JICA では途上国の現状や国際協力の必要性について理解を深め，自分たち一人ひとりに何ができるのかを考えることを目的に，中学生・高校生を対象としたエッセイコンテスト（JICA 国際協力中学生・高校生エッセイコンテスト）を毎年実施している。最優秀賞・優秀賞受賞者には，途上国で国際協力の現場を視察し，現地での暮らしと文化を体験する約 1 週間の海外研修が贈られる。エッセイなので「書く」というアウトプットに注目しがちだが，そこまでの「課題を設定する」「調べる」「考える」プロセスにこそ，生徒の探究心を育むきっかけが詰まっている。科目「公共」のさまざまなテーマで課題設定が可能であろう。答えのない問題について，自分ならどう解決するか，「知識・技能」を評価できても，「主体的に取り組む態度（意欲や姿勢）」は評価することが難しい。そういった意味でも，「エッセイ」は自分自身の考えやその変化を自分自身が認識できるツールであると言え，質的評価の判断材料になるのではないか。

　多くの人が共に生きる公共空間の中で，それぞれがどのように考え，行動しているのか，その根底にある考え方は何なのかを理解するために，主に探究の活動で教材を活用いただければ，と紹介させていただいた。公共でも多文化共生というテーマが出てきているため，実践するためにはアクティブラーニングなどの体験の中で学ぶ機会を持つことが必要である。教室には外国につながる生徒もいる中，「多様性」のような難しいテーマもあるだろう。しかし高校生の皆さんには「多様性が大事」という結論の一歩先へも踏み出してほしい。分かり合えない多様性を前提にして，その解決のために法や憲法が機能しているなど，多様な価値観でどうしても相いれない衝突が起きた時に，どう解決するかを考え行動できるよう，たくさんの人に出会う機会を作ってほしい。そして自分とは異なる考えを持つ人と意見を交わし，多様な価値観に実際に触れ合うことで，共感力を培ってほしい。それが解決策を生み出す一歩となると考えている。

地球ひろば HP　プログラム紹介
https://www.jica.go.jp/domestic/
hiroba/program/index.html

ゲームから始める職業選択の授業
―望ましい職業選択とはどのようなものだろうか―

塙　枝里子
<ruby>塙<rt>はなわ</rt></ruby>　<ruby>枝里子<rt>えりこ</rt></ruby>

東京都立農業高等学校・教員歴 13 年
担当科目：公共，政治・経済，倫理

実践授業の概要

教科：**公民**　　科目：**公共**　対象学年：**高校 2 年**
実施クラス：**5 クラス**　1 クラスの人数：**平均 36 名**

◆ 本実践のメッセージ

　本実践で扱う「職業選択」は，「公共」において新たに経済に関わる事項に加わった項目である。学習指導要領（2018 年告示）解説では「現代社会の特質や社会生活の変化との関わりの中で職業生活を捉え，望ましい勤労感・職業観や勤労を尊ぶ精神を身に付けるとともに，今後新たな発想や構想に基づいて財やサービスを創造することの必要性が一層生じることが予想される中で，自己の個性を発揮しながら新たな価値を創造しようとする精神を大切にし，自らの幸福の実現と人生の充実という観点から，職業選択の意義について理解できるようにする」とある。

　筆者はキャリア教育を背景とする現行「現代社会」の「（2）現代社会と人間としての在り方生き方」における「自己実現と職業生活」とは一線を画し，労働経済学を背景とした授業実践が求められると考え，エコノミストの協力を得ながら授業開発を試みてきた。

　しかし，労働経済学の文脈を高等学校の公民科に落とし込むのは困難であり，むしろ現実の社会課題から労働市場を多面的・多角的に捉え，生徒も授業者も労働市場の「当事者」として考察することこそ重要であると考えるようになった。そのため，学術的な厳密さにはやや目を瞑り，まずはゲームで思考実験的に労働市場を捉えることで，理解を深めることに重きを置く実践を行っている。

本実践では発問が重要となっている。本時の展開では，授業者と生徒のやりとりや発問例をLIVE形式で紹介しており，ぜひ活用してほしい。学校や生徒の実態に合わせて発問やゲームのパターンを工夫し，主題9「雇用と労働市場」につなげたい。

■ 単元の指導計画と評価

ア　単元の学習指導計画

第1時　ゲームで捉える労働市場　**本時①**

第2時　産業構造の変化と職業選択　**本時②**

第3時　望ましい職業選択とは

　　　　（働く上で大切にしたい価値基準を考察する）

イ　単元観

　　本単元は，学習指導要領における「大項目B　ア（ウ）職業選択」に対応している。学習指導要領解説では本単元の具体的な主題として，「人工知能（AI）の進化によって，労働市場にはどのような影響があるか，（中略）働き手に求められる能力はどのように変わるか」を示しているが，本実践ではこの問いを第2時で扱うこととし，単元全体をつらぬく問いを「望ましい職業選択とはどのようなものだろうか？」とした。自身のキャリア形成の視点だけでなく，よりよい社会の構築に向けた視点を持ち，産業構造の変化や求職者と仕事とのミスマッチの問題なども扱うことで，公民科の見方・考え方を活用したい。

ウ　単元の観点別評価規準

知識及び技能 知	思考力・判断力・表現力 思	主体的に学習に取り組む態度 主
• 自らの幸福の実現と人生の充実という観点から，職業選択の意義を理解している。 • 産業構造の変化や起業と関連させながら，社会の急速な変化が職業選択に及ぼす影響を理解している。	• 技術革新や産業構造の変化によって，働き手に求められる能力が異なることを踏まえながら，望ましい職業選択とはどのようなものか多面的・多角的に考察している。 • 公共の扉で習得した「希少	• 現代社会における職業選択について，よりよい社会の実現を視野に，主体的にとらえ，追究しようとしている。 • 学習をとおして新

• 教科書，他の書籍，インターネット記事などを活用し，考察に必要な情報を収集して整理している。	性」や「キャリア形成」の見方・考え方を活用し，自分の意見をまとめ，表現している。	たな認識を得て理解を深め，自ら振り返ろうとしている。

◆ 本実践の「問い」（主題）

「望ましい職業選択とはどのようなものだろうか？」

　職業選択を教えることの難しさは「望ましい職業選択」が人によって異なる点にある。また，いわゆる「キャリア教育」において「自分のやりたいことを見つけなさい」と言われるわりに，やりたい仕事に就けるとは限らない現実も状況把握を複雑にしている。本実践では「望ましい職業選択」について，第１時で職業を３項目に単純化したゲームから考察し（自分の視点），第２時で社会構造を考察し（社会の視点），主題をつらぬく問いに答える構造とした。

◆ 本実践で活用する見方・考え方

「希少性」「キャリア形成」

　本実践では，大項目Ａ「公共の扉」で身に付けた「キャリア形成」と関連させ，「希少性」などの見方・考え方を活用しながら望ましい職業選択について考察する。とりわけ本時の第２時で「人工知能（AI）の進化によって，労働市場にどのような影響があるのか，また働き手に求められる能力はどのように変わるか」を考える際，活用したいのが「希少性」である。例えば，なぜＩＴ人材は処遇や待遇がよいのか，なぜ英語が話せると就職や転職に有利なのかなどを問うことも考えられる。具体的な事例を多く生徒に提示することで視野を広げさせたい。

◆ 本実践の目標（観点別評価規準）

知識及び技能 知	思考力・判断力・表現力 思	主体的に学習に取り組む態 主
• 自らの幸福の実現と人生の	• 技術革新や産業構造の変化によっ	• 現代社会におけ

充実という観点から，職業
選択の意義を理解している。
- 産業構造の変化や起業と関
連させながら，社会の急速
な変化が職業選択に及ぼす
影響を理解している。

て，働き手に求められる能力が異な
ることを踏まえることができてい
る。
- 公共の扉で習得した「希少性」の見
方・考え方を活用し，自分の意見を
まとめ，表現している。

る職業選択につ
いて，よりよい
社会の実現を視
野に，主体的に
とらえ，追究し
ようとしている。

◆ 授業実践

1．教材など

(1) 教科書，ワークシート（p.212 ～ p.213 参照）

　大学及び高校卒業者の新卒就職率（内閣府政策統括官「日本経済
2019－2020」2020 年，内閣府より）などの資料。

(2) ゲームで使用する 3 色の付箋

(3) パソコン，プロジェクター

2．本時（第 1 時）の展開

段階	学習内容・学習活動	指導上の留意点
導入 5 分	・本単元の「問い」を確認する。 望ましい職業選択とはどのような ものだろうか？ 発問 なぜ人は働くのでしょうか？ 【ワークシート（はじめに）】 ・選択肢の中から最も優先順位が高い ものを選び，挙手する。	【資料】内閣府「国民生活に関わる世論調 査」など
展開 1 10 分	・労働市場について理解する。	・労働市場を椅子取りゲームに例えて考 えさせていく。
	T：私たちの多くは労働者となり，さまざまな形態で働くことになります。働くこ と，すなわち労働サービスを取引する場を労働市場と言います。では，労働市 場において労働者は売り手，買い手のどちらでしょうか。 S：ええと…中学校で買い手は需要，売り手は供給って習ったから…？？ T：労働市場では何が取引されているかな？ S：労働サービス（労働力）です。ということは，この場合，労働力を提供する労 働者が売り手ですね。	

T: その通り！労働市場では，労働者側が売り手，企業などの求人する側が買い手となります。
　　仮に労働市場を椅子取りゲームに例えるとしたら，椅子は何を表していますか？

S: 売り手の労働者が求めているもの。仕事や職業です。

・バブルと就職氷河期時代の就職率，昨今の新卒採用に関わる新聞記事などを活用し，売り手市場，買い手市場について理解する。 ・ワークシートに労働市場のまとめを記入する。 【ワークシート（ワーク1）】	・バブルと就職氷河期時代の就職率，昨今の新卒採用に関わる新聞記事などを示す。 ・「起業」する場合には，自らが企業側となることにも触れておく。
展開2 30分　・「付箋獲得ゲーム」（王様じゃんけんのアレンジ）で，労働市場における職業を多面的・多角的に考察する。	・ゲームを主導する王様じゃんけんの王様役を生徒が担当してもよい。

T: ここに付箋があります。黄色は「賃金ポイント」，青色は休暇の取りやすさなどの「ワーク・ライフ・バランスポイント」，ピンク色は例えばやりたい仕事と職業選択が一致している「やりがいポイント」を表していることにしましょう。今から，じゃんけんをして皆さんの付箋を増やしましょう！何人か付箋を配布するボランティアを募集します。

S: よし！ やるぞー！

T: じゃんけーんっぽん！ はい，勝った人は黄色の付箋が3枚，あいこは2枚，負けは1枚です。付箋係さん，配布をお願いします。

T: 第2回戦，じゃんけーんっぽん！はい，今回勝った人は黄色と青色の付箋が3枚ずつ，あいこは2枚ずつ，負けは1枚ずつです。2回連続で勝っている人はいますか？その人はどんな人でしょう？

S: はーい！給料も高く，ワーク・ライフ・バランスも充実している人です。

　　ー 途中で発問を繰り返しながら，2〜3回続ける ー

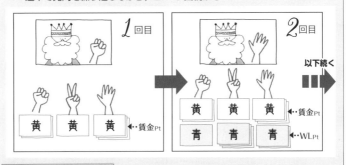

発問例とカッコ内は解答例

このゲームの勝敗には何が関係していますか？（ほぼ運）
実際の労働市場なら？（実力，事前調査，インターンシップへ行ったかどうか

など）

このゲームでじゃんけんを出している人（授業者）は何者ですか？（雇用主，経営者）

T：最後にじゃんけん勝ち残り戦で勝った人に，好きな色の付箋を 10 枚ボーナスします！（最後のじゃんけんを行う）

では皆さん，付箋をそれぞれ 1 点として，それぞれの色の付箋の合計と，全ての付箋の合計を出してみましょう。

・自分の点数の合計をワークシートに記入し，授業者に点数を報告する。 ・優勝者と自分の点数を比較し，実際の社会であれば，自分の獲得した付箋で自分はどのような職業に就けるかを予想し，予想した理由をワークシートに記入する。 ・自分の回答をグループで共有する。 　　　【ワークシート（ワーク2）】	・全ての付箋の合計が多い人を優勝者とする。また，最後のじゃんけん勝者には，なぜその色を選んだのかなどを問う。 ・職業を予想する際はタブレットなどを用いて調べさせてもよい。

まとめ 5分	**T**：冒頭では，労働市場を椅子取りゲームに例えました。もし，それぞれの椅子に今日獲得した付箋が貼られていたらどうでしょう？　皆さんならどの椅子に座りたいですか。次回は授業前に，今日獲得した付箋を椅子の裏に貼っておいてくださいね。
	・本時を振り返り，授業の感想をワークシートに記入する。 　　　【ワークシート（ワーク3）】

2．本時（第2時）の展開

段階	学習内容・学習活動	指導上の留意点
導入 5分	・前時の授業を振り返り，本単元の問いを確認する。 ・前時のゲームで獲得した付箋を，椅子の裏に貼る。 　　　【ワークシート（ワーク4）】	
展開1 15分	・授業者の合図と同時に，自分の座席以外の椅子に座り，付箋の色と枚数を確かめる。	
	T：今から新椅子取りゲームをします。皆さん，前回椅子を何に例えたか覚えていますか。 **S**：職業です。 **T**：そうです，優勝者も決めましたね。今日は合図と同時に好きな席に移動してく	

ださい。

― 移動を開始，結果をメモする ―

T：椅子の移動は，労働市場で何を表していますか？

S：転職です。

T：そうですね！　前回の優勝者の椅子を獲得した人は…，どうしてその椅子を選んだのですか？

S：給料が高いからです。

T：そのような椅子に座れる人はどんな人かな？

S：能力が高かったり，常に成果を出していたりする人です。

― 適宜発問を繰り返す ―

発問例とカッコ内は解答例

座り心地のいい椅子・悪い椅子は？（待遇の良い・悪い，正規・非正規）

みんなが座りたがらない椅子もある？（キツイ業界，人手不足の業界）

そもそも椅子に座れなかったり，座る前に差が生じていたりするケースはある？

（性別，学歴，資格，知識や技能，障がい者，機会の不平等など）

椅子がない場合もある？（座れない，失業・失職）

椅子を生み出す可能性は？（経営者側になる，起業する）など

展開2 25分	・「人工知能（AI）の進化によって，労働市場にどのような影響があるのか，また働き手に求められる能力はどのように変わるか」についてグループで考察し，発表をする。 【ワークシート（ワーク5）】	・働き手に求められる能力を考察する際は，「希少性」などの見方・考え方を活用するよう指示する。
展開2 5分	・本時を振り返り，授業の感想をワークシートに記入する。	・次回は単元のまとめとして，望ましい職業選択について，よりよい社会の実現を視野に自分の意見をまとめることを伝える。

◆ 本実践の評価方法や評価の場面

1．観点別評価と具体的な場面の対応

知識及び技能 知	具体的な場面
● 自らの幸福の実現と人生の充実という観点から，職業選択の意義を理解している。 ● 産業構造の変化や起業と関連させながら，社会の急速な変化が職業選択に及ぼす影響を理解している。	・既習事項のキャリア形成や希少性も含めて，労働市場における需給の関係などの基本的事項を理解している。（ワークシート，定期考査） ・産業構造の変化などについて，教科書，他の書籍，インターネットなどを活用し，考察に必要な情報を収集して整理している。（ワークシート，定期考査）

思考力・判断力・表現力 思	具体的な場面
・技術革新や産業構造の変化によって，働き手に求められる能力が異なることを踏まえようとしている。 ・公共の扉で習得した「希少性」の見方・考え方を活用し，自分の意見をまとめ，表現している。	・第2時の展開2において本時の問い「人工知能（AI）の進化によって，労働市場にどのような影響があるのか，また働き手に求められる能力はどのように変わるか」を考察しようとしている。（ワークシート，グループワーク観察，発表） ・働き手に求められる能力の変化については，希少性などの見方・考え方を活用しようとしている。（ワークシート，グループワーク観察，発表）

主体的に学習に取り組む態度 主	具体的な場面
・現代社会における職業選択について，よりよい社会の実現を視野に，主体的にとらえ，追究しようとしている。	・自身の職業選択と関連させ，よりよい社会の実現を視野に入れながら，第2時の展開2において本時の問い「人工知能（AI）の進化によって，労働市場にどのような影響があるのか，また働き手に求められる能力はどのように変わるか」について自分の意見を表現しようとしている。（ワークシート）

2．単元全体の評価について

　本単元では第1～2時の学習を踏まえ，第3時で働く上で大切にしたい価値基準（付箋の黄色，青色，ピンク色：賃金，ワーク・ライフ・バランス，やりがい）を考察することで，「望ましい職業選択とはどのようなものか」という問いに答えられるようになることを想定している。キャリア形成と関連させて，自身にとって望ましい職業選択を考えるだけでなく（自分の視点），よりよい社会の実現に向けてどのような社会のしくみであれば望ましい職業選択ができるのか，社会で求められている人材はどのような能力を持つ人かなどの観点（社会の視点）を持つ重要性に気付かせたい。

　第1～2時の評価方法と具体的な場面は上に示した表の通りだが，本単元の主な評価対象は，第3時で記述するアウトプット（ノート，レポートなど）を対象とする。

◆ 本実践の成果と課題

1. 成果

本実践の成果は２点ある。

第一に，ゲームによって労働市場における需給関係を理解できるようになることである。労働市場における需給関係は，説明だけで終えてしまうと労働供給側が労働者，労働需要側が企業などということを捉えられない場合が多いが，本実践ではゲームという「体験」があるので，例えば以下のような定期考査の問題で９割近く正答することができる。

> 問　労働市場を椅子取りゲームに見立てた場合，ゲーム参加者と椅子は何にあたるのか，授業中のゲームを思い出して簡潔に説明しなさい。
>
> 解答例）
> 労働市場は労働サービスが取引される場である。
> 仮に労働市場を椅子取りゲームに見立てた場合，ゲーム参加者は売り手である求職者，椅子は買い手である企業側であり，椅子は（求職者が座る）仕事や職業ということになる。

第二に，職業を客観的に捉えることができるようになることである。職業選択は「自分事」にしやすいテーマだからこそ，客観的に捉えることが難しい。そのため，本単元で「社会の視点」を持つことで，「将来の夢」と「現実に就職する職業」の境目を埋めることに貢献できると考える。例えば，以下は生徒の意見の一部である。

1　実際は○○になりたいと思っていたが，賃金が低いことがわかった。

2　起業すれば成功するわけではないことに気が付いた。

3　「得意×好き」と，市場で求められることが一致していると賃金が上がりやすいことがわかった。

4　これからは社会に求められる能力やスキルを伸ばしていくことが重要だと思った。

このうち，3，4は希少性の見方・考え方を活用できているケースで

あるが，①，②の意見では，これ以上の記述がない場合は「おおむね満足できる」レベルに到達していないと判断できる。第2時・展開2のワークシートなどを見取りながら，生徒の到達度や思考の度合いを確認していくことが重要である。

2．課題

　単元を貫く問いが大きいため，「自分の視点」，「社会の視点」の双方の視点から考えていく必要があることを示しておくことが大切である。また，本単元だけで労働市場を捉えるのは困難である。「公共」主題9への接続や，家庭科などをはじめとする他教科，特別活動との連携が今後の課題といえる。

　最後に，職業の話をする際，取り上げる職業に従事している生徒の保護者がいる場合もあることを忘れてはならない。客観的なデータの教材研究をしておくことで，偏った言い方や印象で話すことは回避したい。

　いつでも誰でもわかりやすい授業が映像配信される現代において，職業選択は教師という職業に従事する筆者にも「自分事」である。これからも生徒とともに職業選択について多面的・多角的に考えていきたい。

参考文献など
安藤至大「職業選択を『公共』で教える」先生のための夏休み経済教室，
　日本取引所グループ（JPX），経済教育ネットワーク主催，2022年
塙枝里子「職業選択を『公共』で教える」先生のための夏休み経済教室，
　日本取引所グループ（JPX），経済教育ネットワーク主催，2022年
（上記2点は経済教育ネットワークにて報告書として提供されている）
https://econ-edu.net/2022/09/28/4123/
阿部正浩・菅万理・勇上和史編著『職業の経済学』中央経済社，2017年

ワークシート

ワークシート

【はじめに】

なぜ、人は働くのでしょうか？以下から1つ選んでください。

・お金を得るため　　・社会の一員として、務めを果たすため

・自分の才能や能力を発揮するため　　・生きがいを見つけるため

【ワーク1】以下にメモしよう。

労働市場…労働サービスを取引する場
売り手：　労働者　　　＝　　労働供給
買い手：　企業などの求人　＝　労働需要
労働市場を椅子取りゲームに例えると…椅子は（　職業　）と言える。

【ワーク2】ゲームをしよう。最も重視したい付箋の色に〇をつけて下さい。

黄色	青色	ピンク色
賃金ポイント	ワーク・ライフ・バランスポイント	やりがいポイント
枚	枚	枚

合計（　　　　　　　　）枚

あなたが獲得した付箋から、どのような職業に就くか予想してみましょう。

（　　　　　　　　　　　　　）

メモ

Q：このゲームの勝敗には何が関係していますか？

　（運！実力、事前調査、インターンシップへ行ったかどうかなど）

Q：じゃんけんをしている人は誰？　　　　　　（経営者、雇用者）

Q：優勝者はどんな人？　　　　　　　　　　　（有能な人？）

【ワーク3】今日の授業で学んだことを記入しよう。

ワークシート

【ワーク４】新椅子取りゲームをしよう。

黄色	青色	ピンク色
賃金ポイント	ワーク・ライフ・バランスポイント	やりがいポイント
枚	枚	枚

合計（　　　　　　　）枚

あなたが獲得した付箋から、どのような職業に就くか予想してみましょう。

（　　　　　　　　　　　　　　　　　）

なぜ、この椅子に座ることにしましたか（なりましたか）？

（理由：　　　　　　　　　　　　　　　　　　　　　）

【ワーク５】以下の問いに答えよう。

① 人工知能（ＡＩ）の進化によって、労働市場にどのような影響があるのか	② 働き手に求められる能力はどのように変わるか
自分の考え	自分の考え
グループの考え	グループの考え

【最後に】

２回の授業を通して授業で学んだことや感想を自由に記入してみよう。

自らの幸福の実現と人生を充実させるために，働き方を考える

杉田　孝之
<ruby>杉<rt>すぎ</rt></ruby><ruby>田<rt>た</rt></ruby>　<ruby>孝<rt>たか</rt></ruby><ruby>之<rt>ゆき</rt></ruby>
千葉県立津田沼高等学校教諭・教員歴 32 年
担当科目：公共，政治・経済

実践授業の概要

教科：**公民**　　科目：**公共**　対象学年：**高校 2 年**
実施クラス：**6 クラス**　1 クラスの人数：**平均 40 名**

◆ 本実践のメッセージ

　本単元では，近年の雇用や労働問題の動向をふまえながら，経済社会の変化や望ましい勤労観に基づいた働き方の基盤づくりをめざしていく。終身雇用制や年功序列型賃金などの日本型雇用環境は変化しているのか。非正規労働者が増加した背景や感染症の世界的拡散により働き方の変化はどのように変化しているのか。これらを考えさせた上で「正規労働が正しい働き方」で「非正規労働は正しい働き方ではないのか」などの価値観に着目しつつ，「生徒一人ひとりが自分らしい働き方（以下「働き方感覚」と表記する）」を見出すための「見方・考え方」の獲得をめざしていきたい。

　人生 100 年時代を見すえれば，若年，現役世代，中高年など全ての世代に対して「働き方」を考えるキャリア教育の視点も大切だが，あくまでも「公共」の授業であることを授業者が自覚する必要がある。「公共」の授業であることを踏まえるならば，政府などが提供する統計の読み取り，雇用と労働問題に関する基礎的な知識の習得，さらに経済的な「見方・考え方」を活用する学習場面も求められる。生徒が自らの将来設計を構想，イメージしながら，仕事と生活の調和を考えさせる実践を目標とし，生徒一人ひとりに合った自分らしい働き方を考えさせる実践を行いたい。

■ 単元の指導計画と評価

ア 単元の学習指導計画

第1時 私たちが働く意義と働く際の課題を考え，克服する視点を構想する。

第2時 さまざまな働き方があることを踏まえ，正規雇用と非正規雇用の働き方には長所と短所があることを理解し，自らの働き方の将来像を明確にする。　**本時**

イ 単元観

　本単元は，「大項目Bア（ウ）雇用と労働問題」に対応している。学習指導要領（2018年告示）解説では，「近年の雇用や労働問題の動向を，経済社会の変化や国民の勤労権の確保の観点から理解できるようにすること」や，「使用者と労働者との間で結ばれる契約についても，誰と契約を結ぶか」などが挙げられている。このためには，まず生徒自らの将来設計と関連づけながら，働き方の基盤を獲得させたい。各学習段階で，将来の働き方について「何を学んで何を習得させるのか」，「将来の働き方に対し習得した知識や技能を，自分らしい仕事と生活の調和のためにどのように活用すればよいのか」を明確化して授業展開したい。

　生徒一人ひとりの働き方に関する「見方・考え方」の獲得を通じて「問い」を形成させ，その「問い」を解決する方向性を見出させたい。将来の働き手として社会貢献しようとする生徒の意欲を引き出し，本単元で仕事と生活の調和をめざした勤労観が得られれば，高等学校卒業後，進学先を卒業後，さらに就職後の働き方に関する「見方・考え方」も深化させられると考えている。日本では，仕事と生活の調和がとれるような働き方や，個人の事情に応じた多様な働き方を選択できる社会の実現が課題となって久しい。一人ひとりの仕事と生活の調和を図るためにも，自らの働き方を多面的・多角的に考察，構想し，表現できるようにしたい。

ウ　単元の観点別評価規準

知識及び技能 知	思考力・判断力・表現力 思	主体的に学習に取り組む態度 主
• 非正規社員が増えた理由を，資料から読みとれている。 • 正規社員の働き方を，メンバーシップ型雇用とジョブ型雇用の違いを明確にしながら理解している。 • 労働市場における情報の非対称性を乗り越えるためには，シグナルが有効なことを理解している。	• 経済環境が変化しているなかで，労働市場の現状を供給側と需要側に分けて分析している。 • 非正規雇用や正規雇用の長所・短所を多面的・多角的に分析し，自らの働き方を構想している。 • 非正規雇用の課題，選択した理由，入職時期を踏まえ，非正規雇用の短所の克服方法を考えている。 • 1人ひとりの働き方を，ライフステージで分け事例を挙げ多面的・多角的に，分析・表現している。 • 自らの働き方を構想するために課題を挙げ，問いを立てている。	• 自らが働く目的や意義について個人でまとめ，班内で他者とも意見交換を粘り強くしている。 • 自らの将来設計を明確にし，仕事と生活の調和を図るためにも，働き方を「自分事」として，多面的・多角的に考えようとしている。 • 本単元の学習内容をもとに，将来どのように働きたいか？働くための不安や課題は？働き方を考える際の問いは？などについて，粘り強く考え，表現しようとしている。

◆ 本実践の「問い」（主題）

「自らの幸福の実現と人生を充実させるためのあなたの働き方は？」

　本単元では，経済状況や社会の変化による雇用や労働問題の動向や変化を捉えながら，望ましい勤労観に基づいた働き方の基盤づくりをめざす。第1に終身雇用制や年功序列型賃金など，日本型雇用環境は変化したのか。第2に非正規労働者の増加した背景や感染症が世界的に拡散した結果，働き方は変化したのか。第3に「正規労働が正しい働き方」で「非正規労働は正しい働き方ではないのか」などに着目し，自らの働き方に対する「見方・考え方」を獲得させることをめざしている。働くことで自らの経済的基盤を獲得することはもちろんのこと，社会の変化に対応した働き方感覚をふまえ，若年，現役世代，中高年の全世代について，仕事と生活の調和などを目標としながら，自分らしい働き方の在り方を具体的に考えさせたい。

◆ 本実践で活用する見方・考え方

「情報の非対称性」「幸福・正義・公正」

　生徒が働き方に関する「見方・考え方」を獲得する学習を通じて「問い」を形成し，その「問い」を「幸福・正義・公正」の観点から解決させていきたい。生徒から将来の働き手として社会貢献しようとする意欲を引き出し，生涯にわたる仕事と生活の調和をめざした勤労観を与えられれば，さらに将来の働き方に関する「見方・考え方」が深化すると考えている。

◆ 本時の目標（観点別評価規準）

知識及び技能 知	思考力・判断力・表現力 思	主体的に学習に取り組む態度 主
• 非正規雇用とは何か，その増加理由，正規雇用と非正規雇用の長所と短所を理解している。 • 日本と欧米の雇用制度の違いについて，メンバーシップ型とジョブ型に分けて理解している。 • 様々なデータから，必要な情報を読みとっている。	• 正規雇用と非正規雇用の長所と短所は，各自の働き方感覚によって異なることを考察している。 • ライフステージを想定し，自分らしい働き方を想定し選択しようとしている。 • 学校卒業後に非正規雇用を選択すると様々なリスクがあることを理解し，その理由を表現している。	• 具体的な企業を想定し，正規雇用と非正規雇用の長所と短所などについて，班内で積極的に討論し，他の意見を取り入れながら分析している。 • 正規雇用の特性である「いつでも」「どこでも」「何でも」に潜むリスクを分析し，粘り強く持続可能な働き方を考えようとしている。

◆ 授業実践

1．本時の教材など

（1）ワークシート・資料（p.224 〜 p.227 参照）

（2）パソコン，プロジェクター（またはモニター）

　パソコンからさまざまな働き方感覚や労働時間などの統計データ，経済的見方・考え方をプロジェクター（モニター）に投影する。

2．本時の展開

段階	学習内容・学習活動	指導上の留意点
導入 10分	・前時のワークシートを活用し，個人とグループで，以下の点を確認する。 **T（授業者）：非正規雇用とは？** **S（生徒）：パート，アルバイト，契約社員，派遣社員です。** **T：非正規雇用が増えた理由は？ あえて非正規雇用を選択する理由はあるのだろうか？** **S：バブル崩壊後不況が続き，経済成長が困難になったから。** **S：非正規雇用には，バブルの時代を中心にあえて非正規雇用を選んだ人と，不本意な非正規雇用がいる。** **S：どうして正規雇用ばかり採用する企業と，非正規雇用ばかり採用する企業に分かれるのだろう…？** **T：どうしてだろうね？次の視点で考えてみよう（☆（1）町のスーパーは？（2）自動車生産をする企業は？）** **T：正規雇用と非正規雇用の長所と短所は？** **S：正規雇用の長所は長く雇用され，収入も安定する。非正規雇用は自らの都合が良い時に，必要な分だけ働ける。** **S：正規雇用の短所は自分で仕事を選択できないこともあり，希望しない転勤や一般的に残業もある。非正規雇用は収入が安定せず，不本意非正規だと経験にもならず，将来設計も難しい。**	・非正規雇用とはどんな働き方か？不本意か否か，再度，前時の統計などから確認させる。 ・非正規雇用が増加した理由は？非正規雇用や正規雇用の長所や短所は？について個人と班で考え発表させる。 ・正規雇用，非正規雇用の長所や短所について，収入面，仕事と生活のバランス面など，多面的な視点から確認させる。 ☆については授業者が，生徒に考えさせたあと，以下の説明をする。 （1）町のスーパーは食料品販売が主な業務なので，コストを下げるために非正規を採用する。 （2）特に，自動車の技術開発は数年以上，場合によっては，長期的に研究開発するので正規が必要となる。
展開1 20分	**正規雇用，非正規雇用の短所を克服する方法は？** ・まず各自の働き方感覚により正規雇用，非正規雇用の長所や短所が異なることを確認する。 ・日本と欧米の雇用制度の違いを知る。 ①メンバーシップ型：企業の従業員として採用し，さまざまな仕事をさせる。日本で定着。「いわゆる就社」 ②ジョブ型：特定の職務（＝職種，ジョブ）ができる人を，その仕事を担当するポストで採用。欧米で定着。「いわゆる就職」	・ライフステージ（高校や大学時代，高校や大学卒業直後，子育て期間や定年後など）ごとに，「就職する」ということは，私たちは非正規雇用や正規雇用を選択することに気付かせる。 ・日本では希望する仕事（職種など）に就けるとは限らない

	T：メンバーシップ型の意義や課題は？ **S**：自分には見えなかった能力ややりがいに気づくかも…。 **S**：研究職希望だったのに，入社後営業に回されると，働く意欲が湧かないかも…。 **T**：非正規雇用や正規雇用を選択する時期や注意すべき点とは？ **S**：非正規雇用の短所は，収入が安定しないし，仕事経験にもならないから，高校や大学卒業直後は選択しない！ **S**：不本意で非正規雇用になった人への支援（資格取得など）は必ず必要！不本意非正規雇用が増えると若い人材がムダになり，生活や将来に希望が持てず，少子高齢社会がさらに進みそう…。 **S**：正規雇用の短所は，長時間労働や仕事の責任が重くなりがちだから，私たちは仕事と生活の調和を強く意識する必要がある。 **T**：働く人自身の自助努力も大切ですが，不本意で非正規で働く人への支援も必要であることが出ましたね。 **T**：では，あなたの働き方感覚は？以下の事例をもとに，まず個人で考え，その後班で各自の働き方感覚を共有してみよう！ 【事例】営業部の荒木くんはある日の退勤直前，藤井課長から明日○○スーパーで実施される新商品のアイスのプレゼンを依頼された…。 **S**：デートがあるのに，プレゼン準備で残業なんて絶対嫌だ…。 **S**：仕事だし，評価されると嬉しい…。面倒見が良い藤井課長には，いつも食事をごちそうになっているから…。	点など，正規雇用の課題も考えさせる。 ・正規雇用は「いつでも」，「どこでも」，「何でも」の働き方であることを伝える。 ・非正規雇用や正規雇用の長所と短所を挙げつつ考えさせる。 ・高校や大学卒業直後に非正規雇用を選択すると，なぜリスクがあるのか考えさせる。 ・不本意非正規が多くなると，どんな課題が生じるか，個人と社会に分けて考えさせる。 ・仕事と生活の調和については，労働法による規制があることにも着目させる。 ・1人ひとりの働き方感覚の違いを考えるために，分かりやすい事例を挙げ考えさせる。 ・事例は正規雇用でありがちな事例とし，長時間労働や残業が断れない状況とする。 ・生徒には将来正規雇用となった自分を想定させ，どんな働き方感覚なのか，議論させる。
展開2 10分	・働き手（供給）側と労働の需要側である企業や政府との間に，情報の非対称性が生じる説明を聞く。 ・働き手（供給）側と需要側双方に，「お互いが見えない現状」があることに対し，有効な克服手段であるシグナルの説明を聞く。 **T**：労働の供給側（＝私たち）と需要側（企業や政府）が欲しい情報とは何か，考えてみよう！	・情報の非対称性の理解が目的ではなく，労働の供給側と需要側双方に「（お互いが）見えない現状」があることに着目させる。 ・供給側と需要側双方の立場に分けて，お互い何を示せば（＝シグナル），情報の非対称性

		S：私はガリガリ働きたいから，どのくらい成果を出せば，給与や出世に反映されるか知りたい。	を克服できるかについて，考えさせる。
		S：私の姉が勤める会社では，新人社員のさまざまな不安や分からないことに対し，指導役の先輩をつけて，いろいろと相談にのってくれるらしいよ。	・働き方感覚は，1人ひとり異なって当然であることに気づかせる。
		S：私は仕事より生活を大切にしたいから，初めから給料が低くても生活重視ができそうな会社を選択するつもり。給料はまあまあで良いし，残業や遠くへの転勤は望まないと伝えたい。	・自分らしい働き方感覚ばかりでなく，企業や政府で働くためには，どんな姿勢や能力が必要か考えさせる。
		S：会社や公務員の仕事はチームですから，学校時代にチームで試行錯誤してさまざまな課題に取り組んだ人材が欲しいらしい。	・働き手（供給）側ばかりのシグナル（情報）だけでなく，企業や政府がどんな人材や能力，経験などの情報が欲しいのかも考えさせる。
展開3 10分		**私の将来の働き方を提案しよう！**	
		T：まず前時を振り返って自分は何のために，働くのか具体的に考えよう。	・最近は大学などでも起業を想定した教育や実習があることを説明する。
		S：私は音楽の楽しさや生活に潤いを与えることを生徒に伝えたいから，中学校教諭として社会貢献したい。	・働くことの意義を，収入，やりがい，社会貢献などの面から考えさせる。
		S：家業を継ぐのは嫌なので大学卒業直後は就職し，数年の経験を経て30歳前後までに起業する夢がある。だから若くして起業した人の経験はたくさん聞きたい。	・起業も視野に入れて，働くことについてどんな課題や努力が必要なのか気付かせる。
		S：働かないで済むならそうしたいが，現実的には無理なので，生活のために無理がない程度で，お金を稼ぐために働きたい…。	
		T：高校や専門学校，大学などの卒業直後の自分の働き方を提案しよう。	
		S：私は女性なので正規雇用ばかりにこだわらず，ライフステージに応じた働き方を選択したい。でも子育てに手をかけられなかったり，仕事経験が生かされず，生涯賃金が減ったりするのは困る。	・日本に存在する女性の働き方の課題，人材として女性が活かされていない事実やその社会的な影響にも気付かせる。
		S：働くこととは生活との調和が大切だと分かったので，無理がない範囲で生活を充実させられる働き方をしたい。	・カリスマ従業員（売り上げトップ従業員）になりたい，地方で生活優先に働きたいなど，働き方を具体的に発言できるようなヒントを与える。
		S：日本の正規雇用はメンバーシップ型が多いと分かり，バリバリ働くことが期待されると気づいたので，コミュニケーション力つけて大学卒業後は総合職として働きたい。	

まとめ 10分	・本時の授業で学んだ内容をもとに，将来どのように働きたいか？働くためにどのような不安や課題があるか？働き方を考える際の問いは？について，ワークシートに記入する。	・本単元で学んだ非正規雇用の増加，長時間労働，女性の働き方など，さまざまな課題がある日本の現状を踏まえて，日本の労働環境を改善するための「問い」を提案させる。

◆ 本実践の評価方法や評価の場面

知識及び技能 知	具体的場面
● 非正規雇用とは何か，その増加理由，正規雇用と非正規雇用の長所と短所を理解している。 ● 日本と欧米の雇用制度の違いについて，メンバーシップ型とジョブ型に分けて理解している。 ● 様々なデータから，必要な情報を読み取っている。	・非正規雇用の定義，正規雇用と非正規雇用の長所と短所，メンバーシップ型とジョブ型の雇用形態を理解している。（ワークシート） ・非正規雇用が増加している理由を，示されたデータから読み取っている。（ワークシート）

思考力・判断力・表現力 思	具体的な場面
● 正規雇用と非正規雇用の長所と短所は，各自の「働き方感覚」によって異なることを考察している。 ● ライフステージを想定し，自分らしい働き方を想定し選択しようとしている。 ● 学校卒業後に非正規雇用を選択すると様々なリスクがあることを理解し，その理由を表現している。	・正規雇用と非正規雇用の長所と短所を踏まえ，自分の働き方感覚を基に，各自のライフステージを多面的・多角的に考察し表現している。（ワークシート） ・非正規雇用を選択する時期により，リスクや将来設計に影響があることを理解し，その上で自分の働き方を考察し表現している。（ワークシート）

主体的に学習に取り組む態度 主	具体的な場面
● 具体的な企業を想定し，正規雇用と非正規雇用の長所と短所などについて，班内で積極的に討論し，他の意見を取り入れながら分析している。 ● 正規雇用の特性である「いつでも」「どこでも」「何でも」に潜むリスクを分析し，粘り強く持続可能な働き方を考えようとしている。	・正規雇用と非正規雇用の長所と短所などについて，班内で多面的・多角的に討論し，他者の意見に耳を傾けている。（班内の討論） ・正規雇用の特性を理解するとともに，自分のライフステージの中で働き方感覚を具体的に考察し表現している。（ワークシート）

◆ 本実践の成果と課題

1 成果

(1) 授業内容

　第1に，生徒が将来必ず直面する働き方の選択について，ライフステージごとに取り扱うことができた点である。第2に，働き方として，正規・非正規雇用ともに長所・短所があり，その2つ以外にも起業や家業を継ぐなどさまざまな働き方がることや，ライフステージごとに働き方が異なることに気付かせた点にある。第3に，メンバーシップ型とジョブ型の働き方の長所・短所を考える過程から，生徒は新たな問いを獲得できたと考えられる点である。第4に，正規雇用，非正規雇用ともに私たちが働く時期（ライフステージ）により注意すべき点がある。高校生が一般的に選択する正規雇用でも「いつでも」，「どこでも」，「何でも」の働き方なので，ライフステージによっては他の働き方を選択することもありえる。この正規雇用の働き方と非正規雇用などの働き方を，自らの人生設計と働く時期を，比較，関係づけながら，多面的・多角的に考えさせることができたと思われる点である。

(2) 授業方法

　新学習指導要領では，「何ができるようになるか」が求められ，特に，社会で求められる資質・能力を全ての生徒に育成することが求められた。このことを踏まえ，本単元は各自の将来設計をもとに，「自らの幸福の実現と人生を充実させるために，働き方を考える」ことを目標とした。そして，各自の働き方には答えが用意されているものではないことを，さまざまな活動を通し，生徒個人が持つ「働き方感覚」の違いを共有し，学習を深めることから始めた。ライフステージごとに自分の働き方感覚を獲得するために，見方・考え方を働かせながら知識を相互に関連づけ，働く際の課題を発見して，その解決策を考えるために，個人の作業だけではなくグループ討論を取り入れた。さらに，授業の形態としては対話型の授業を心がけた。

2 課題

(1) 授業内容

　以下の点に課題があったと考える。第1に，現在高等学校に在籍し働いていない生徒に，ライフステージごとの働き方の内容や課題を具体的にイメージさせることが，不十分であったことである。第2に，働き方を多面的・多角的に考えさせる際，労働の供給側，需要側など，立場を多角的に考えさせる事例は提示した。しかし，自分の働き方を考えさせる際，取りあげた事例の抽象度が高かった点である。第3に，労働の供給側と需要側双方に，情報の非対称性を克服する方法として，例えば学歴や資格などのシグナルをお互い出し合うことによって克服することを学習過程に取り入れた。しかし，例えば需要側からシグナルとして出されているコミュニケーション力が，企業や政府などによってかなり異なるために，生徒は理解しづらかったと考えられる点である。

(2) 授業方法

　授業方法の課題は次の点である。第1に，1時間あたりの学習内容が多かったことが反省点である。さらに学習内容を精選し，講義で済ませる部分と，十分考えさせる部分にメリハリをつけた授業展開にする必要があった。第2に，問いの構造化である。本単元での各時間の問いは，主発問中心に構成されており，さらに補助的な発問を取り入れて授業設計し，実践する必要性があると感じた。補助的な発問が組織化されると，生徒は学習内容と思考の過程が焦点化されやすく，新たな問いの獲得や深い学びにつながる可能性があると考えるからである。

ワークシート

ワークシート

公共 WorkSheet

<u>　　　　年　　　組　　　番　氏名　　　　　　　　　　　　</u>

働き方を考える

1　前時の復習

（1）　非正規雇用とは？

<u>　　非正規雇用：　パート　アルバイト　契約　派遣社員　</u>

（2）　非正規雇用が増加した理由

①　需要側（＝会社や政府）：バブル崩壊後経済環境が変化
　　→コスト（　　削減　　）をめざす！
②　供給側（＝私たち働き手）：多様な働き方が出現
　　→例えば？
　　⇒　正社員のみならず，（　　派遣や契約社員，パート，
　　　　アルバイト　　　　　）をあえて選択
　　→　なぜ？あえて選択？→生活と調和をはかるため！
　　→　ただし（　　不本意非正規　　）で働く人もいる…

（3）　どうして正規雇用を多く採用する企業と非正規雇用を多く採用する企業に分かれるの
　　　だろう！

正規雇用を多く採用する理由	非正規雇用を多く採用する企業
指導上の留意点	指導上の留意点
・前時の復習をしている際に，**どんな企業が正規雇用を多く採用している**のかに気付かせる。 ・導入なので，簡単に説明するにとどめる。	・前時の復習をしている際に，**どんな企業が非正規雇用を多く採用している**のかに気付かせる。 ・導入なので，簡単に説明するにとどめる。

（4）　非正規社員や正社員の長所・短所は？

①　上記（2）②から，各自の働き方感覚により，長所・短所が異なること確認！

正規雇用の長所と短所	非正規雇用の長所と短所
指導上の留意点	指導上の留意点
・長所と短所に分けて考えさせる。 ・正規雇用の具体的な待遇や現状を（3）の説明をもとに考えさせる。	・長所と短所に分けて考えさせる。 ・非正規雇用の具体的な待遇や課題を（3）の説明をもとに考えさせる。

1

ワークシート

2　非正規社員,正社員のデメリットを克服する方法はあるの?

（1）　各自の働き方感覚により,非正規雇用,正規雇用の長所と短所は異なる!

（2）　日本と欧米の雇用制度の違いを知る

①　（　　メンバーシップ　　）型：企業の従業員（社員）として採用し,
さまざまな仕事をさせる　日本で定着　いわゆる「就社」

②　（　　ジョブ　　）型：特定の職務（＝職種　ジョブ）ができる人を,その
仕事をするポストで採用　欧米で定着　いわゆる「就職」

（3）　メンバーシップ型の意義や課題は?

メンバーシップ型の意義は?	メンバーシップ型の課題は?
指導上の留意点	指導上の留意点
・メンバーシップ型を採用する企業が,働き手にどんな働き方を求めているか,考えさせる。	・メンバーシップ型の働き方の特徴を踏まえ,考えさせる。

（4）　正規雇用と非正規雇用の働き方の現状,課題を考える

①　正社員の働き方：（　　いつでも　　）,（　　どこでも　　）,
（　　何でも　　）

（出所　大内伸哉（2014）『君の働き方に未来はあるか?』光文社新書）

②　非正規雇用の課題は?：雇用期間や（　収入　）が安定しない

→　では,私たちはなぜ非正規雇用を選択するのだろうか

→　非正規雇用を選択するとすれば,どの時期は?

⇒　（　学生　）時代,正規雇用がなく仕方なく…,
（　子育て　）期間,（　退職　）後

（5）　正規雇用や非正規雇用の短所を克服するには?

※　正規雇用と非正規雇用の両者に短所あり!例えば?

⇒　この両者の短所を克服するには?

正規雇用の短所を克服するには	非正規雇用の短所を克服するには
指導上の留意点	指導上の留意点
・正規雇用について「いつでも」,「どこでも」,「何でも」の働き方を踏まえて,このことから生じる短所を考えさせる。その後,その短所の克服法を考えさせる。	・非正規雇用について選択する時期,仕事経験,将来設計など,多面的に考えさせる。 ・不本意で非正規雇用になった働き手の支援の理念とその方法も考えさせる。

⇒　なぜ不本意で非正規雇用になった人は問題なのだろう!?

→　不本意で非正規雇用になった人の問題点と社会的利益に分けて問題を考えてみよう。

→　不本意で非正規雇用になった人をどうすれば良いのだろうか。

2

ワークシート

（6）　あなたの働き方感覚は？
【事例】　営業部の荒木くんはある日の午後退勤直前に,突然藤井課長から,明日○○スーパー
　　　　で実施される新商品のアイスのプレゼンを依頼された…。
　　①　今日彼女とデートがあるのに,プレゼン準備で残業なんて絶対嫌だ…。
　　②　仕事だし,評価されると嬉しい…藤井課長からいつもごちそうになっているから…。

> 指導上の留意点
> ・【事例】は正規雇用と非正規雇用のどちらで生じやすいか。
> ・【事例】に対し,残業や突然の依頼など正規雇用の働き方の現状をもとに考えさせる。

3　私たちが自分らしく働くためには？

（1）　労働の供給側と需要側に情報の非対称性が存在する
　　　理由とは？
（2）　（　　情報の非対称性　　）：
　　　労働の供給（働き手）側と需要（企業や政府）側に,
　　　働く上でさまざまな情報の格差があること
（3）　労働の供給側（＝私たち）と需要側（企業や政府）
　　　が欲しい情報とは何か,それぞれ考えよう！

働き手（供給）側	企業や政府（需要）側
指導上の留意点	指導上の留意点
・自分の働き方感覚に加え,保護者や兄弟などはどのような情報をもとに,企業や公務員で働こうと考えたかも参考にさせる。	・自分が採用側の立場であるならば,どのような能力や人物を採用したいかなどに着目させ,考えさせる。

（4）　情報の非対称性を克服する方法を考える

　　　※　働く上で,お互いに情報の非対称性を克服するには？
　　　　　⇒　（　シグナル　）（＝信号）を送る！
　　　※　説明を聞きながら,シグナルの事例を,働き手（私たち・供給）側と
　　　　需要（企業,政府）側に分けて,以下に書き入れよう！

働き手（供給）側	企業や政府（需要）側
・自分の能力を示すために,（　国家資格　）を取得し需要側に示す！ ・他人にはない,自分の長所を伝える。 ・自分らしさを成功体験ばかりでなく,困難な課題と向き合った際,（　どう克服したのか　）を説明する。	・職場の雰囲気や従業員を大切にしている内容をなどを（　見える化　）する。 ・（　他社にはない　）子育て支援,資格取得支援などを伝える。 ・職場が男女共同参画をめざしている。例えば育休などの取得状況を見せる。

3

（5） 自分の将来の働き方を提案しよう！

私はこんな働き方をしたい！	左の根拠は？
指導上の留意点 ・まず前時のワークシートで,自分が何のために働きたいか,確認させる。 ・正規雇用,非正規雇用だけでなく,起業など,夢も含めた自分なりの人生設計を具体的に考えさせる。	指導上の留意点 ・根拠はできるだけ具体的に,ライフステージごとに,考えさせる。 ・給与面ばかりでなく,やりがい,社会貢献などと関連づけて考えさせる。

4 まとめ ふりかえり

将来どう働きたい？	働くために不安や課題は？	働き方を考える際の問いは？
指導上の留意点 ・（5）を再度書かせる。 ・自分の将来の働き方を提案するために,今後社会がどのように変化するのか,それともしないのかについて,資料集の統計を活用するよう促す。	指導上の留意点 ・自分の働き方感覚,特にバリバリ働くか,仕事と生活のバランスをとるかなどを考えさせながら生じる,不安や課題を具体的に考えさせる。 ・働くことの不安や課題について,例えば,入職時の情報,仕事の内容や待遇,正規雇用と非正規雇用の違いなどに着目させて考えさせる。	指導上の留意点 ・左の働くことの不安や課題を,具体的な問いの文の形に変換させて考えさせる。

4

家庭科で「人生すごろく」を作ってみたら

―生活設計の視点を取り入れた金融教育―

國學院大學栃木短期大学准教授 仲田 郁子

（元千葉県公立高等学校家庭科教諭，2020 年より現職）

1 はじめに

　家政学部被服学科を卒業して，高校の家庭科教諭となった。身近な生活を科学的に考えることに惹かれて家政学を志したこともあり，学生時代は理系の内容を中心に学んだ。当時高校の家庭科教師は圧倒的に食物学と被服学の専攻者が多く，食物系の人は多くが栄養士免許を持ち，被服系は被服構成に加え被服材料や洗濯理論などを多く学んでいたので，社会科よりは理科に親しみを感じていた人も多かったように思う。

　家庭科は，戦後民主的な国家建設を目的として社会科とともに新設された教科である。小学校家庭科は，男女共学で技能習得を目的とする教科ではないとしてスタートしたが，その後中学校では男女別学の技術・家庭科となり，高校では女子のみ必修の科目となった。戦後しばらく経ってもなお性別役割分業の社会通念は強固であり，高度経済成長下，企業戦士を家庭で支える妻は社会から強く求められていた。

　1994 年高校家庭科が男女共学必修となり，学校教育における家庭科の立ち位置は大きく変化した。「女子の特性に応じ，家庭経営の立場から生活を学ぶ」とされた教科から，「男女ともに自分らしい生活と人生を創造する」ための教科となったのである。

　近年，消費者教育領域を中心に，公民科と家庭科の連携の必要性が強調されるようになってきた。もとより家庭生活は社会の中で営まれてい

るものであり，社会と無関係の家庭生活は存在しない。しかし学校現場では，2つの教科が授業で協力したくても校務に追われてそれどころではないのが実情であろう。

　筆者も近年は公民科とご一緒させていただく機会が増えてきた。本稿では，これまでの授業実践を紹介しながら，消費者教育や金融教育などを中心に，公民科との協働を考えてみたい。

2　人生すごろくと生活設計

(1)「生活設計」との出合い

　高校家庭科の男女共学が実現してからは，「生活設計」に注目して実践を積み重ねてきた。きっかけは，共学になっても根強い高校生の性別役割分担意識に悩まされたからである。

　「子育てと職業生活の両立」は常に女子の関心事であり，男子にとって「家事」は遠い存在で，調理実習をすれば「これからは男子も簡単な料理はできなければ」と言われてしまう。どのような授業を実施すれば，高校生が性別を問わず自分のこれからの生活に主体的に向き合えるのか，どうしても探りたかった。

　「生活設計」は1970年告示の学習指導要領に登場して以来，現在に至るまで家庭科の学習内容として位置づけられている。2018年告示の学習指導要領では，家庭科学習の導入として最初に取り上げるよう指定され，その扱いは強化されたといえる。

　しかし一般社会では「生活設計」といえば経済計画のことを指すのに，なぜか高校家庭科では「どのように生きたいか」，つまりライフイベントを並べて，ライフコースをたどることに限定されていた。家庭科が女子のみの教科だった時代には，学習者が自分で稼ぐというよりは，将来家庭人として家族・家庭のために生活すると想定されていたからだと思われる。家庭経済の単元では，経済計画（短期，長期）の重要性は述べられているのに，生活設計とはなかなか結び付けられなかった。

　そのような中でたどりついたのが，リスクと対策を取り入れた「人生すごろく」だったのである。

(2)「生活設計」の３つの柱

藤田は,生活設計は３つの領域により構成されるとしている（2001）。その関係を**図１**に示す。すなわち

①将来どういう生活を送りたいかを考えるライフデザインの領域

②リスクを確認し対策を行う生活リスクとその管理の領域

③希望するライフデザインを実現しリスクに備えるための生活資源を確認して必要な行動を考える生活資源とその管理の領域の３つであり,それぞれが密接に関わっている。

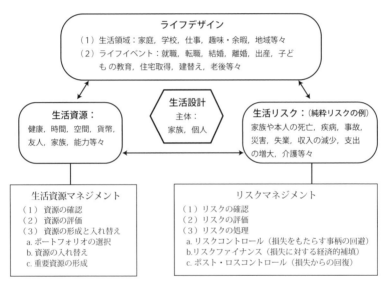

図１　生活設計の３つの領域概念図

(3)「人生すごろく」の授業

「人生すごろく」を活用した家庭科の授業は過去にも各種報告されていた。ゲーム形式で人の一生を考えるもので,条件の付け方でさまざまなテーマで学習を進めることができる。筆者も何度か実施したことがあるが,生徒はとても意欲的に作業に取り組んだ。

しかし物足りなさも感じていた。「どのように生きたいか」だけでは

具体性に乏しく，空想だけの夢物語に終わってしまうこともある。そのため藤田の提唱を知ったとき，大いに可能性を感じたのである。

①ライフデザインの領域は，これまで家庭科で長い間取り上げてきたライフイベントを中心とした内容をそのまま当てはめることができる。職業のこと，家族のことなどが中心になる。

続いて②生活リスクについては，リスクを知ることの重要性は誰にとっても理解しやすい。避けられないリスクもあれば，準備可能なものもある。リスクを考えることで，具体的に人生を見通すことが可能になると考えられた。

③の生活資源という考え方は，現在は学習指導要領にも明記されるが，この授業を始めた当時はまだ一般的ではなかった。資源を活用してリスクに備えるという考え方をぜひ定着させたいと思った。

授業では生徒の自由な発想を大事にしたかったことと，高校生の現状を知り，作業を通じて学びを深めるきっかけにしたいと考え，生活資源については事前に詳しく説明せず，リスクとその対策を取り入れた「人生すごろく」を作って，人生について学ぼうとだけ伝えて授業を実施した。

グループごとに模造紙に作らせたことも，ひとり1枚A3サイズに作成させたこともある。可能な限り，作成後クラス全員で相互評価を行った。毎年少しずつ修正を加えながら，タイプの異なる3つの高校で，「人生すごろく」から始まる生活設計の授業を試みた。

すごろく完成後は，取り上げたリスクと対策を書き出して，分類・整理し，自助努力のほかに社会保障制度があることを指導した。さらに家計シミュレーションを行い，自分がすごろくで作成したストーリーについて，再考させた。

高校生の作成した「人生すごろく」を次ページの写真（**図2**）でいくつか示す。

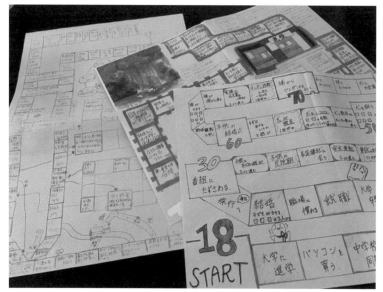

図2　高校生の作成した「人生すごろく」

　すごろく作りから，以下のようなことが明らかになった。

①リスクへの準備・対策としては，自助（家族の援助，学業，資格取得，貯金など）以外思いつかない生徒が多い。

②リスクの想定には，日頃社会の動きにどの程度興味を持ち理解しているかが反映される。

③とりあげるライフイベントには男女差が見られる（特に家族形成）。

④どちらかと言えば，男子は先のことを考えにくい傾向がある。

3　成年年齢引き下げと家庭科

（1）民法改正

　そのような中，2018年6月に成年年齢が18歳に引き下げられることが決まった。当時のマスコミでは，中学生やその保護者が「すごく不安！」とインタビューに答える様子が繰り返し放映され，「このままで大丈夫なのか？」「学校はきちんと対応してくれているのか？」と学校教育や教師はまるで非難されているようだった。

その取り上げられ方に少々違和感があったものの，多くの人が不安を感じているのは確かであり，その要因が消費者トラブルであることも明らかだった。学校における消費者教育といえば，家庭科と公民科である。消費者教育がこのように注目される時だからこそ，これまでの反省も含めて，社会全体で考える時期に来ているのだと気持ちを引き締めた。

(2) 生活設計とお金の教育

「人生すごろく」から始める生活設計の授業は継続していたが，生活資源について学習を進めると，金銭が人生にとって最も大事な資源の1つであることが明らかになる。そこで金銭についての学習を生活設計学習として位置付けることにした。

高校生に対する金融教育とはどのようなものであるべきか，改めて検討したが，当時の学習指導要領（2009年告示）には，家庭基礎における金銭の学習は以下のように記載されていた。

> エ　消費生活と生涯を見通した経済の計画
> 　消費生活の現状と課題や消費者の権利と責任について理解させ，適切な意思決定に基づいて行動できるようにするとともに，生涯を見通した生活における経済の管理や計画について考えることができるようにする。
> （ア）消費者問題と消費者の権利，（イ）生涯の経済計画とリスク管理

大きく2つの内容が示されており，（ア）は今何に気をつけて買い物をするか，（イ）は将来に向けてどのようにお金を準備するかである。

そもそも「金融教育」とはどのようなものなのか，その定義を調べたところ，金融広報中央委員会による以下のものにたどりついた。下線は筆者によるものである。

> お金や金融の様々なはたらきを理解し，それを通じて自分の暮らしや社会について深く考え，自分の生き方や価値観を磨きながら，より豊

かな生活やよりよい社会づくりに向けて，主体的に行動できる態度を
養う教育

　これは2018年告示の学習指導要領家庭科の目標である「よりよい社
会の構築に向けて（中略）自分や家庭，地域の生活を主体的に創造しよ
うとする実践的な態度を養う」と極めて近く，家庭科で金融教育を行う
意義を再確認できた。
　同様に「金融リテラシー」について確認すると，リテラシーとは，あ
る分野に関する知識や理解，さらにはそれらを活用する能力と考えらえ
るが，金融教育と同様に以下**表1**のように定義されていた。いずれも，
よりよい生活を創るためにお金について正しく理解することの必要性が
挙げられ，特に金融庁の示す4分野の中で，1と2は家庭科の学習内
容に直結するものであることがわかった。

表1　金融リテラシーの定義（下線は筆者）

OECDによる定義	金融に関する概念とリスクを理解すること，そして，個人の財務状況に応じて効果的な判断を行い，個人の人生と社会の金融状況を向上させ，経済生活に参加できるようになるだけの，金融に関する知識と理解，自信とモチベーションのこと
金融庁	最低限身につけるべき金融リテラシー4分野 1　家計管理，2　生活設計 3　金融知識及び金融経済事情の理解と適切な金融商品の利用選択 4　外部の知見の適切な活用

　そこで，「人生すごろく」と関連させて，まず経済計画を取り上げ，
続いて，大人になると自分で考えてお金を使うことが求められることを
自覚させるために，消費者問題を取り上げることにした。2019年度の
題材の指導計画は**表2**のとおりである。
　この例では，家庭基礎の「衣食住の生活」と「家族と家庭生活（一部）」
以外の分野をすべて一つにまとめて大きく「生活設計」と位置づけ，3
学期の授業（12時間）をすべて充当している。実は「高齢期の生活」
や「子育て支援」などの内容も生活設計に組み込みたかったが，時間の
関係で調整できないままであり，さらに検討を続けたいと考えている。

表2　生活設計の指導内容

回	時	内容
1	1	親になること
	2	出生届，虐待
2	3	人生を見通す，リスクに備える
	4	人生すごろくの作成
3	5	ふりかえりとまとめ
	6	共生社会と社会保障制度
4	7	ライフコースと家計シミュレーション
	8	
5	9	ミニディベート「進学と奨学金」
	10	生涯の経済計画とリスク管理
6	11	大人になることと消費者の責任
	12	現代家族の特徴

4　生徒の様子など（一部紹介）

（1）社会保障制度

　すごろく完成後，リスクと対策を書き出したが，そこで挙げられるリスクを見ると，日頃高校生が社会で起きていることをどのようにとらえているかがよくわかる。「病気」「事故」「自然災害」以外は考えつかな

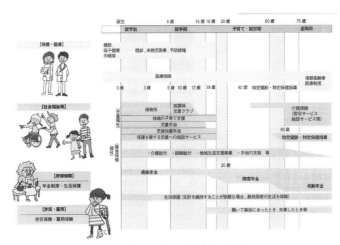

図3　生活を支える社会保障制度
（開隆堂出版「家庭基礎」2022年度版）

い生徒も見られ，「スマホ紛失」や「テストで赤点」などが挙げられる場合もあった。

　リスクへの備えや対策については，いわゆる自助しか思いつかない生徒がほとんどで，自分たちの生活と社会との関わりについて関心が決して高くないことが感じられた。教科書に沿って我が国の社会保障制度を確認していったが，このあたりは公民科と連携することで効果が高まる内容であると考えられる。

（2）家計管理シミュレーション

　市販のシール教材を用い，ライフコースと家計についてシミュレーションを行った。

　詳細は省略するが，生徒の感想で多かったのは「大人になって働くようになればもっと余裕があってぜいたくに暮らせると思っていたが，現実はそうでもなさそうだ」や「実際にやりくりしている親はすごい」などであった。「夫婦共働き（正社員）は経済的に余裕があってよいと思った」とする感想もあった。

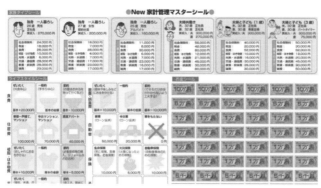

図4　New 家計管理マスターシール（教育図書）

（3）奨学金についてのディベート

　進学したいが，経済的に保護者に頼れないという状況を設定し，「①進学をあきらめる，あるいは働いてお金をためてから進学する」「②進学するが奨学金は借りず，アルバイトでまかなう」「③奨学金を借りて

進学する」の３つの選択肢を挙げて，ミニディベートを行った。ねらいは，進学したいという希望と将来にわたる経済計画について，具体的に考えることである。

　貸与型奨学金については，その返済期間などが社会問題となっているが，長引く不況の影響もあり，受給を希望する生徒は年々増加している。進学したいという希望だけでなく，返済の実態やリスクを回避するための方策など，多方面から考える必要がある。自分の希望に関係なくグループ分けをして，できるだけ客観的に資料を読み込み，議論を深めるよう心掛けた。２年の３学期に行ったが，３年になるとすぐに進学のための予約奨学生の募集が始まる。３年の担任からは，「これ，家庭科でやったよ」と生徒が一生懸命考えていると報告があり，毎年手応えを感じていた実践である。

(4) 消費者問題について

　ここでは，消費者庁制作の「社会への扉」（→ p.293 参照）と金融広報中央委員会制作のリーフレット「18 歳までに学ぶ　契約の知恵」（→ p.288 参照）を用いて指導を行った。

　いつも感じていたのは，「クーリング・オフ」について，言葉は知っているけれどその意味は必ずしも正確に理解していないということである。「未成年者取消権」の認知度はかなり低く，クーリング・オフと混同している生徒もいると考えられた。買い物を取り消したいと思ったとき，８日以内であれば，何となく解約できるようなイメージを持っては大変なことになる。

　公民科の先生方と一緒の研究会に参加するようになって，公民科では「契約自由の原則」を重視していることを学んだ。家庭科の教科書には登場しない語である。一度締結した契約は基本的に取り消しができないことを理解していなければ，消費者が購入契約を例外的に取り消しすることの重みもまた伝わらない。このことは家庭科の指導においてもしっかり押さえておきたいものである。

　一連の学習を終えた生徒の感想の一部を以下に示す。

- 大人になるというのは，今までよりさらに自分の行動に責任という言葉が伴うんだと思った。
- 未成年だとまだ許されることもあるけど，成年になったら責任は自分なんだと思った。
- 社会のしくみをしっかりと理解し，契約トラブルに巻き込まれないようにしたい。
- 契約は取り消せるからと甘えず，考えて契約したい。など

5　投資の指導

　2022年4月から，高校家庭科で投資（資産形成）に関する授業が始まることになった。不安を感じる家庭科教師もいるかもしれないが，以前の家庭科教科書にも「預金より金利の高い金融商品がある」「安全性，流動性，収益性の3つの指標」「ローリスク・ハイリターンはありえない」といった内容は掲載されている。経済の循環図（政府，企業，家計）はこれまでの家庭科では必ず取り扱われてきた（**図5**）。

図5　家計と経済の関係
（開隆堂出版「家庭基礎」2022年度版）

投資には「損をすることがある」というイメージが伴うからか，高校生は「こつこつ貯金をするのが一番」と考えやすいようだ。日本では金融資産における預貯金の比率が諸外国と比較して高く（**表3**），教師の中に不慣れな人がいてもおかしくはない。

表3　日米欧家計の金融資産構成の比較

（2022年3月末現在）	日本	欧州	米国
現金・預金	54.3%	34.3%	13.3%
株式・投信	14.3%	27.8%	51.0%
保険・年金	27.4%	33.8%	29.0%

※日本銀行調査統計局「資金循環の日米欧比較」（2022年8月）より作成

　肝心なことは，今なぜ家庭科で「投資」なのかを考えることある。リスクに備えるために経済計画を立てる必要があること，その手段の1つに投資があること，投資とはどのようなものか正しく理解すること，資産形成のためにどの手段を選ぶかは自分で考えて選ぶことなどを押さえるのが，家庭科における資産形成教育の目的といえるだろう。前述の金融庁による金融リテラシーの3に当たる内容そのものであり，さらに4については，公民科との協働につなぐことができる。

　生涯を見通し，そのために金融商品についての理解を深めることは，これまでの家庭科の内容と決して大きくかけ離れたものではない。とはいえ，正確な知識は必要である。今投資について新たに勉強中の家庭科教師もおられると思うが，必要に応じて公民科にご協力いただければ幸いである。

6　おわりに

（1）連携と棲み分け

　これまで公民科の先生方と検討を続けてきた中から考えると，家庭科は常に「あなたはどう生きていきたい？」と考えさせるのがその特徴であるのに対し，公民科は「社会の枠組み」や「制度」を理解し，そこから現代社会の成り立ちや課題を理解させることが本質であろう。

　しかし完璧に棲み分けることは難しいと考える。例えば消費者に関す

る内容は対象が人であり，家庭科でも公民科でも似たアプローチになるのは当然である。ある時は両者が連携して合同授業を行い，ある時はやや離れた立場で「家庭科（公民科）で以前学習したよね」と関連させながら，それぞれの指導を進めることができれば，十分効果は期待できる。ただし，互いにその内容を正確に理解することが不可欠なのは言うまでもない。

　大事なのは合同授業の回数ではなく，公民科と家庭科が相互に関連を意識して授業を組み立てることであろう。現在多くの高校で選択されている家庭基礎は週に2時間，1年間のみであり，広範囲に渡る内容を指導するには，時間が本当に足りない。公民科との連携はきっと新たな展開につながるはずである。

(2) 自由研究とツール

　いわば家庭科の学習は，生涯かけて学び続ける壮大な「人生」という自由研究の導入なのである。公民科の学習は（その他すべての教科も同様だが），よい研究を進めるために必要な「ツール」であると私は考えている。よい道具がなければ，よい仕事はできない。

　家庭科を指導する中で，現代社会に興味を持ち，専門的に学びたい（社会科学系学部への進学など）と考える生徒を育てたいと常に考えていた。あるいは食と健康をより深く学ぶために栄養学を志してもよいし，「和食」や「着物」がきっかけで人文科学を目指してもよい。家庭科にはそういう可能性がある。もちろん家庭科そのものに興味をもってもらえたら，例えば家庭科教師を目指してもらえたら，これほどうれしいことはない。

　同時に公民科を学ぶ高校生が，学びの意義について迷うときがあれば，家庭科学習がその解決につながれば，喜ばしい限りである。

　公民科の教師も家庭科の教師も，まずは互いの部屋を訪ね，教科書や資料集の見本などを入手することをお薦めする。家庭科の資料集はかなり充実しているので，一読の価値は大いにある。そして「消費者」や「青年期」から，ぜひ合同授業を計画していただきたい。

人生という自由研究は生涯を通してずっと続く。その豊かな成果のために，公民科と家庭科で協力して応援をしていきたいものである。

＜参考文献＞
千葉県「オトナ社会へのパスポートー知っておきたいこれだけはー」2018 年
藤田由紀子「リスクと生活設計」，御船美智子・上村協子（編）『現代社会の生活経営』光生館, 2001 年, pp.49-61
片田江綾子・大塚洋子「戦後高等学校家庭科における生活設計（第 2 報）家庭一般教科書の分析」日本家庭科教育学会誌. 2000 年 43（2），pp.103-108
金融庁「最低限身に付けるべき金融リテラシー」2013 年
金融広報中央委員会編「18 歳までに学ぶ契約の知恵」2018 年
金融広報中央委員会「金融教育プログラム（全面改訂版）」2018 年
文部科学省「高等学校学習指導要領（1970 年告示）」文部科学省
文部科学省「高等学校学習指導要領（2009 年告示）」文部科学省
文部科学省「高等学校学習指導要領（2018 年告示）」文部科学省
文部科学省「高等学校学習指導要領（2018 年告示）解説　家庭編」教育図書
仲田郁子「生活設計に必要な金銭資源についての授業の試み：高校生の進路選択に焦点をあてて」日本家庭科教育学会誌, 2018 年　61（1），pp.33-36
日本銀行調査統計局「資金循環の日米欧比較」（2022 年 8 月）https://www.boj.or.jp/statistics/sj/sjhiq.pdf
日本証券業協会「潜入！みんなの経済ワールド」2017 年
OECD/INFE「金融教育のための国家戦略に関するハイレベル原則」2012 年
大竹美登利他『家庭基礎―明日の生活を築く』開隆堂出版, 2016 年度版
大竹美登利他『家庭基礎―明日の生活を築く』開隆堂出版, 2021 年度版
大塚洋子，片田江綾子「戦後高等学校家庭科における生活設計（第 1 報）：学習指導要領と社会の変化の関連」日本家庭科教育学会誌, 2000 年 42（4），pp.47-52
消費者庁「社会への扉」2017 年

持続可能な財政と社会保障制度を実現するには？

杉田　孝之
すぎた　たかゆき

千葉県立津田沼高等学校教諭・教員歴32年
担当科目：公共，政治・経済

実践授業の概要

教科：**公民**　　科目：**公共**　対象学年：**高校2年**
実施クラス：**6クラス**　1クラスの人数：**平均40名**

◆ 本実践のメッセージ

　本実践は，自立した主体としてよりよい社会を形成するために，「持続可能な財政」と「社会保障制度の構築」の2点を実現するために政治参加（投票行動）の学習と関連づけて，「社会を創造する市民」を育成することを目指して構想した。生徒は，政府の経済政策には効率と公正を確保する必要性があること，財政と社会保障制度の理念，機能，意義，そして現在の受益と負担の関係はバランスが良いかどうかなどを追究する。この単元における各学習段階で，財政や社会保障制度の意義や現状，課題から，生徒は何を学んで何を習得するのか，習得した知識や技能をもとに，思考や判断，学びに向かう力などをどのように活用し，引き出せばよいのかを明確にして，授業を展開していきたい。

■ 単元の指導計画と評価

ア　単元の学習指導計画

　第1時　日本の財政の現状と課題を分析し，持続可能な財政のあり方を構想する。
　第2時　社会保障制度の理念や現状，課題を分析し，持続可能な社会保障制度のあり方を構想する。　**本時**

イ　単元観

　本単元は，「大項目Ｂ　ア（ウ）財政及び租税の役割，少子高齢社会における社会保障の充実・安定化」に対応している。学習指導要領（2018年告示）解説では本単元における問いとして，「消費税と所得税はどちらがより公平な税か」，「充実した社会保障制度を維持するために欧州諸国ではどのくらいの租税負担をしているか」などが挙げられている。この問いをふまえ，生徒は中学校時代に習得した「効率と公正」や，大項目Ａで習得した「持続可能」，「幸福・正義・公正」などの「見方・考え方」をもとに，財政や社会保障制度の意義，現状，課題を分析する。次に財政や社会保障制度の現状や課題から，効率と公正，持続可能，幸福・正義・公正の「見方・考え方」を活用し，財政や社会保障制度を持続可能にするために，歳入，歳出，受益と負担などの現状やあり方から考察した自らの意見をまとめ，その意見に近い財政や社会保障制度の政策を選択できるようにする。最後に，生徒に社会保障制度における自助，共助，公助の観点と，持続可能な財政と社会保障制度にするための，投票参加の意義や必要性に気づかせる。持続可能な財政と社会保障制度を構築し，自らの生活をよりよくするためには，どのように考え，行動すればよいのかを多面的・多角的に考察させ，投票参加するための基盤づくりとなるような授業を実践したい。

ウ　単元の観点別評価規準

知識及び技能 知	思考力・判断力・表現力 思	主体的に学習に取り組む態度 主
• 日本の財政や社会保障給付費の経年変化や主要国の受益と負担のバランスを，資料から適切に読み取れている。 • 統計から，日本の社会保障制度は社会保険が中心であることを読み取れている。 • 日本の公的年金制度は賦課方式であること，積み立て方式と比較しながら，その長所と短所を理解している。	• 財政を持続可能にするための租税や低所得者対策などを考えようとしている。 • 今後の高齢社会と人口減少社会を踏まえ，持続可能な年金や医療費などの受益と負担のあり方を考え表現している。 • 社会保障制度の受益と負担のあり方を，世代，立	• 財政や社会保障制度を持続可能にするための理念や方法について，班内で意見交換を行っている。 • 財政や社会保障制度は私たちの生活に直接影響を与えている事実をふまえ，多面的・多角的に考察し，主体的に考えようとしている。

• 社会保障制度を，自助，共助，公助の観点からそれぞれ理解している。	場，時間軸を変え，多面的・多角的に考察，表現している。	• 本単元の学習内容について，問いや課題を明確にしようとしている。

◆ 本実践の「問い」（主題）

「持続可能な財政と社会保障制度を実現するには？」

　持続可能な財政と社会保障制度を実現するためには，「入り（歳入）を増やし，出る（歳出）を減らす」ことが基本である。このことは，現在世代と将来世代の両者が安心して生活するために，不可欠な視点である。生活の維持と幸福の持続性に直接関係する財政と社会保障制度を扱い，生徒の興味・関心を高めると同時に，効率と公正さはいかにして担保されるのか，持続可能な財政と社会保障制度を実現するためには何が必要なのか，持続可能な制度が設計できたとしても優先順位はあるのか，などを具体的に考察させたい。

◆ 本実践で活用する見方・考え方

「効率と公正」「持続可能」「幸福・正義・公正」

　生徒は，まず財政や社会保障制度の理念や機能，現状，課題を分析する。次に財政や社会保障制度の現状や課題から，効率と公正，持続可能，幸福・正義・公正の「見方・考え方」を活用し，財政や社会保障制度を持続可能にするために，歳入と歳出，受益と負担などのあり方をどのようにしていくべきか，多面的・多角的に考えて，よりよい財政や社会保障制度の政策や理念を提案できるようにする。

◆ 本時の目標（観点別評価規準）

知識及び技能 知	思考力・判断力・表現力 思	主体的に学習に取り組む態度 主
• 社会保障の理念を理解している。 • 社会保障関係費の推移の	• 社会保障の理念，社会保障関係費の推移や給付の現状と課題をもとに，持続可能な	• 社会保障制度の理念がなぜ必要なのか，特に機会，結果の公正さの観点から，他

特徴を，人口動態の変化と関連づけながら適切に読み取ることができる。 • 公的年金における積み立て方式と賦課方式の違いを理解している。 • 持続可能な社会保障制度を確立するために，投票の意義と参加が必要であることを理解している。	社会保障制度の構築をめざし，合意形成を意識しながら考察している。 • 理想とする社会保障制度と，現在の日本の社会保障制度との違いを考えるために，アメリカ，スウェーデンなどと比較しながら考察している。 • 自分のライフステージごとに，持続可能な社会保障制度のあり方を考え，表現している。	者と協働し，粘り強く考えようとしている。 • 社会保障制度を自助，共助，公助の考え方を活用し，効率と幸福・正義・公正の視点から，主体的に考えようとしている。 • 持続可能な社会保障制度にするためには，政治参加が必要であることから，ボートマッチ，各政党のマニフェストなどを活用して多面的・多角的に調べようとしている。

◆ 授業実践

1．教材など

（1）ワークシート・資料（p.251 〜 p.253 参照）

（2）パソコン，プロジェクター（またはモニター）

パソコンでさまざまな社会保障の統計データや経済的見方・考え方をプロジェクター（モニター）に投影する。

2．本時の展開

段階	学習内容・学習活動	指導上の留意点
導入 10分	・社会保障制度の理念がなぜ必要なのか，資料を読む。 ・人生には個人では克服しきれないリスクがあることを踏まえ，機会，結果の公正さと社会保障制度の理念を組み合わせて考える。 **T：貧困を解消するためには，どのような支援策が考えられるだろうか？** **S：貧困は失業すると起こるので，就業機会や資格取得の支援金，情報提供などが必要。** **S：貧困になると格差が拡大，固定化するので，給付型奨学金や子育てサービスの提供などを充実させる。**	・公正さについては，特に貧困に着目させ，ロールズの「正義の2原理」で機会（不当な不利益がないか），結果（適切な再分配があるか否か）から考えさせる。 ・機会と結果の両面から，具体的な政策として，どのような支援策が有効か考えさせる。

展開1 10分	・社会保障関係費の推移，高齢化率の推移と将来人口推計から読み取れることを，まとめる。	・それぞれの統計から，社会保障関係費と高齢化と将来人口について現状と課題などをワークシートに記入させる。
展開2 15分	・公的年金制度における積み立て方式と賦課方式の違いを理解する。	・公的年金の長所・短所を簡単に説明する。

<table>
<tr><td colspan="2" align="center">なぜ世代ごとに生涯を通じた受益と負担は大きな差が出たのだろう？</td></tr>
<tr>
<td>・世代ごとの生涯を通じた受益と負担（2005年内閣府資料）を読み取り，以下の視点も含め，この問いに対する自分の意見と気付いた点を書く。

T：以下（1）〜（4）の問いや視点について，まとめてみよう！
（1）国民皆保険皆年金制度が完成したのはいつか？
（2）高度経済成長期の高齢者の扶養はどのように行われていたか？
（3）高度経済成長期当時の保険料負担の水準と負担感はどうだったか？
（4）将来世代の負担が過度にならないように，現在，制度上のような工夫がなされているか？

S：現在の高齢者の年金がこんなに多いとはびっくりした。
S：正直，将来世代である私たちは負担ばかり多くなりそうで，保険料が払えるか不安になる。
S：社会保障制度を持続可能にするためには，現役世代や若者だけでなく，現在の高齢者も含めて受益と負担のバランスをどうするか考えなくては…。
・日本の社会保障給付費の部門別割合を読み取る。
（1）1番多いのは？
（2）なぜ社会保険給付が多いのか？
（3）（1），（2）を踏まえ，どのような課題があるのかを考える。
・社会保障制度における自助，共助，公助について，効率と公正に分けて考える。</td>
<td>・この問いに対し，以下の点に注意して考えさせる。
（1）家族内で行われてきた親の扶養（私的扶養）が，公的年金制度で社会的扶養に代替されるようになった。
（2）将来世代の負担が過度にならぬよう保険料負担の上限が設けられ，マクロ経済スライドで現在の受給者も含め給付水準の調整が行われている。

・社会保障給付費の内訳に，どんな特徴や課題があるのか，気付かせる。
・人口構成と社会の変化をもとに考えさせる。
・受益と負担に焦点をあて，考えさせる。</td>
</tr>
</table>

	S：自助努力って，自己責任と同じなのか？ 政府側は国民に自助努力ばかりを期待している気がする。 **S**：年金や医療ばかりに給付が多いと，突然の病気や失業などで働けなくなった時，助けてもらえるか不安になる。	・説明を聞きワークシートに書き込ませ，効率と公正を分けて記入させる。
展開3 10分	**日本の社会保障制度の受益と負担のあり方を提案しよう！** ・まず授業者の説明を聞き，スウェーデン（◎），アメリカ（△）の社会保障制度における受益と負担の関係を，4象限マトリクスに書き込む。 ・自分が考えた日本の社会保障制度の受益と負担のあり方（○）を，以下の視点をふまえ，4象限マトリクスに書き込む。 （1）社会保障制度を持続可能にするために，負担と給付のバランスについての改善策を考えた時，新たに発生する効果と課題は？ （2）社会保障制度における負担と給付のバランスはどこで決まるのか。私たちはどのように関与できるのか？ （3）社会保障制度を持続可能にするために，投票参加の意義を考える。	・それぞれ「高福祉・高負担」（◎），「低福祉・低負担」（△）を記入させる。 ・展開で学んだ社会保障給付費の課題などから，どうすれば持続可能な社会保障制度になるか考えさせる。 ・本時の最初に学んだ内容を振り返らせ，負担と給付のバランスを変えた結果，幸福・正義・公正の視点からどのような課題が生じるのか。また政治参加・投票参加の意義にも気付かせる。
まとめ 5分	・本時の授業でわかったこと，疑問に思ったこと，問いについて，それぞれ1文ずつ作成し，ワークシートに記入する。	・時間内にまとめることが難しい時は宿題とする。

◆ 本実践の評価方法や評価の場面

知識及び技能 知	具体的な場面
● 社会保障の理念を理解している。 ● 公的年金制度における積み立て方式と賦課方式の違い，短所，長所を理解している。 ● 各種社会保障制度について，さまざまなデータから必要な情報を，適切かつ効果的に読み取りまとめている。	・社会保障制度の理念や公的年金制度について，理解している。（ワークシート） ・提示された資料などを読み取り，社会保障関係費の推移や部門別割合，給付費の内訳などを適切に読み取り，まとめている。（ワークシート）

思考力・判断力・表現力 思	具体的な場面
• 社会保障制度を持続可能するために，なぜ世代ごとに生涯を通じた受益と負担に大きな差が出たのか，(1) ～ (4) の視点をもとに考察し，協働しながら自らの意見をまとめ，表現している。 • 日本の社会保障制度を持続可能にするために，アメリカやスウェーデンの社会保障制度と比較しながら，(1) ～ (3) の視点で自らの案を提案している。	• 「なぜ世代ごとに生涯を通じた受益と負担の大きな差が出たのだろう」について，(1) ～ (4) の視点を活用しながら，将来世代と現在の高齢者の立場から表現している。（ワークシート） • 「日本の社会保障制度の受益と負担のあり方を提案しよう！」について，日本の社会保障を持続可能にするよりよい負担と給付のバランスを提案した結果，どんな効果や課題が生じるか表現している。（ワークシート）

主体的に学習に取り組む態度 主	具体的な場面
• 個人では克服しきれないリスク，特に貧困を事例とし，機会・結果の公正さと社会保障の理念とを組み合わせて主体的に粘り強く学習に取り組んでいる。 • 社会保障制度の理念や課題を踏まえ，自らが考えた負担と受益のバランスを提案し，投票の意義に気づいている。ボートマッチや各政党のマニフェストなどを調べた結果，他者の意見なども参考に，自分が考えてきた提案を修正するなど，さらに考察を深めようとしている。	• 個人では克服しきれないリスクについて，ロールズの「正義の2原理」をもとに，多面的・多角的視点から粘り強く考え議論し，本時の学習の目標（機会・結果の公正さ）到達しようとしている。（ワークシート） • 持続可能な社会保障制度を実現するためには，投票参加や政治参加が必要であることに気付き，主体的に各政党の社会保障政策などを調べようとしている。（観察，ワークシート）

◆ 本実践の成果と課題

1 成果

(1) 授業内容

　成果は以下の通りである。第1に，授業で習得した内容を活用して，財政や社会保障制度が持続可能な状態でないことを指摘し，この対策として税や保険料による負担増や，経済成長によって歳入増を生徒たちが提案している点である。第2に，前述の第1の提案に対し，負担増や経済対策の可能性について，考察している点である。経済成長があれば

確実に財政や社会保障制度を好転させるが，バブル後の日本の経済成長率を調べ，経済成長はなかなか困難であることを指摘する報告もあった。第3に，消費税率のアップによる逆進性や保険料増額など負担増のみを求めると，「貧困層の生活がより困難になる」，「一概に高齢者は豊かだとは言えない」，「負担増より，どの歳出を削減するかを考えたほうが効果がすぐ出る」などと指摘する生徒も出てきた。第4に，負担と受益の関係を決定する場は国会や地方議会であることを指摘し，負担と受益のバランスを考えた政策を投票基準にして政党，議員を選び，投票参加すべきであると述べる生徒が多くいたことである。

　以上のように，どのように持続可能な財政と社会保障制度を実現していくかという，将来世代と現役世代，全ての世代が関係する現代社会の課題を取り扱うことができた。

（2）授業方法

　新学習指導要領では，「何ができるようになるか」が求められ，特に，社会で求められる資質・能力を全ての生徒に育成することが求められた。このことを踏まえ，本単元の「持続可能な財政と社会保障制度を実現するには？」との問いは，答えが用意されているものではないことを，授業者と生徒が理解し合うことから学習を始めた。大項目Aで身に付けた見方・考え方を働かせながら，知識を相互に関連づけ，課題を発見して解決策を考えるためには，個人で考えるだけでは学習に限界があるので，できる限り対話的な授業を実施した。

2　課題
（1）授業内容

　日本の財政と社会保障制度を持続可能にすることをめざした結果，財政と社会保障制度上の知識を盛り込み過ぎた感はあった。本単元は財政と社会保障制度を持続可能にすることをめざし，そのために必要な知識の獲得だけでなく，効率と公正や，幸福・正義・公正の視点からさらに「深掘り」して考えさせる必要があると感じた。

（2）授業方法

導入，展開 1 〜 3，まとめにおける学習内容と問い，個人ワークと討論など，授業内容が盛りだくさんであるため，学習内容などの精選も課題であると感じた。2 単位科目である「公共」では，「政策選択ができる生徒の育成」を目標に，年間 60 時間程度で授業実践する制約がある。その中で，財政と社会保障制度を持続可能にするための意義や考え方，行動のあり方を考えさせるためには，問いの提示の方法や授業方法をさらにブラッシュさせる必要性を感じた。そのために，思考や判断を深める統計や見方・考え方などはできるだけスクリーンに投影して示し，生徒にじっくり考えさせる時間を確保したい。

「公共」を実践するにあたって，校内に設置された Wi-Fi 環境をもとに，生徒個人が所有するスマートフォンを活用する予定だった。しかしながら GIGA スクール構想をもとに，タブレットを保護者に自己負担で購入させる計画も挙がり始めたため，今後さらなる負担増と購入できない（しない）生徒への支援と配慮も課題として出現しそうである。タブレットを購入させる意義とその効果を予測，検証せずして，「ICT 活用ありき」が浸透しつつある現在，GIGA スクール構想により，さらなる教育上の格差拡大はしないか懸念している。GIGA スクール構想を定着，普及させることは「教育的に効果あり」と考えたいが，こうした経済的な課題を抱えた生徒に対する適切かつ長期的な支援を期待したい。

ワークシート

公共 WorkSheet　　　　年　　組　　番 氏名　　　　　　　
持続可能な財政と社会保障制度を実現するためには？

1　社会保障とは
（1）社会保障の理念とは

> **社会保障の考え方**　望ましくないことが発生する可能性のことをリスクという。私たちの人生には、自分や家族の病気、障害、失業、死亡など様々なリスクが潜んでおり、自立した生活が困難になるリスクを抱えている。健康で長生きすることは望ましいことであるが、誰にも自分の寿命はわからないため、老後の生活費が不足するリスクもある。また、将来の経済状況や社会状況の中には予測することが不可能な領域もある。このような、個人の力だけでは備えることに限界がある生活上のリスクに対して、幾世代にもわたる社会全体で助け合い、支えようとする仕組みが社会保障制度である。
> （資料出所:https://www.mhlw.go.jp/stf/seisakunitsuite/bunya/0000051472.html　厚生労働省　社会保障教育（平成26年）

（2）なぜ社会全体で手を差しのべ合い、人々の生活を支える制度が必要なのだろう？

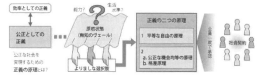

> 指導上の留意点…上記の厚生労働省の社会保障制度の考え方と清水「公共」（705）教科書（p.59）を読ませる。私たちが個人では克服しきれないさまざまなリスクがあることやロールズが考える正義を踏まえ、貧困に陥った時を想定し、機会（事前）と結果（事後）の観点から、どのような支援策が有効か考えさせる。

2　社会保障関係費の推移，高齢化率の推移と将来人口推計を，簡単に
まとめよう。

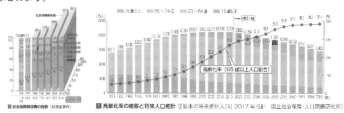

図 社会保障関係費の推移（財務省資料）　　図 高齢化率の推移と将来人口推計（『日本の将来推計人口』2017年推計 国立社会保障・人口問題研究所）

3　公的年金制度における積み立て方式と賦課方式の違いとは？
（1）積立方式，賦課方式とは？
① （　積み立て　）方式:自分が払った保険料を一定の年齢などになってから受け取る。
② （　賦課　）方式:その年に必要とされる年金給付額をその時の現役世代が負担する。

1

（2）右の世代ごとの生涯を通じた受益と負担のグラフで、
　　　気付いた内容は？

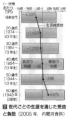

図 世代ごとの生涯を通じた受益
と負担（2005年，内閣府資料）

> 指導上の留意点…ここでは以下の点に注意して，考えさせる。
> 　（1）受益と負担において将来世代と現役世代は，なぜこのような格差が生じたの
> 　　　か，考えさせる。
> 　（2）公的年金制度がない時代は家族内で老親の扶養（私的扶養）がおこなわれた
> 　　　が，公的年金制度が確立すると社会的扶養に代替されるようになった。
> 　（3）将来世代の負担が過度にならないよう保険料負担の上限が設けられ，マクロ経
> 　　　済スライドで現在の受給者も含め給付水準の調整がおこなわれている。

4　社会保障給付費の部門別割合から日本の社会保障制度の課題を考えてみよう！

（1）表の中にある問いについて，簡単にまとめてみよう。

社会保障給付費の内訳で多い項目は？　また「福祉その他」とは具体的には何だろうか？	なぜ社会保険給付が多いのだろうか？	社会保障給付費には，どんな課題があるのだろうか？
指導上の留意点 ・まず医療と年金に給付が集中していることに気づかせる。 ・次に日本の社会保障制度の4つの柱から，「福祉その他」とは何かを挙げさせる。	指導上の留意点 ・人口構造の変化は？ ・社会保険の中でも特に多いのは？	指導上の留意点 ・私たちが生活する上で，社会保険給付以外が少ないと，どのような課題，リスクが生じうるのかについて，考えさせる。

図 日本の社会保障給付費の部門別割合（「社会保険費用統計」各年版）

（2）自助，共助，公助から社会保障を考える？
　　　※　人生のリスク：（　　疾病（ケガや障がいも含む），失業，貧困，加齢，介護など　　）
　　　①　自助：困ったことが起きた時，（　自ら　）が最大限努力をし，解決に努めること！
　　　②　共助：自助で問題が解決できない場合に，地域の人々など周囲が支えること！
　　　③　公助：共助でも問題が解決できない場合に，公的な仕組みが支えること！

（3）（2）をふまえ，以下の問いについて，根拠を挙げながら考えてみよう！

自助，共助，公助で最も効率が良いのは？	自助，共助，公助で最も公正なのは？
指導上の留意点 ・人生のさまざまなリスクを想定し，特に自らの力でなかなか対応できないリスクについて，再度挙げさせる。 ・再度挙げたリスクについて，自助で対応できるか，共助ならば対応できるか，公助でないと解決できないか具体的に考察させる。	指導上の留意点 ・共助は個人では対応が困難なリスクに対し，例えば保険料を負担しながらリスク対応や軽減を図っていることに気付かせる。 ・公助はロールズ第2原理，特に格差原理に着目させ，考えさせる。

5　あなたが考えるよりよい社会保障制度を提案しよう！

（1）「高福祉・高負担」のスウェーデン（◎），「低福祉・低負担」のアメリカ（△）を，左の4
　　　象限マトリックスに書き入れ，次に，あなたが考える望ましい社会保障制度（□）を書き
　　　入れなさい。さらに右のマトリックスに現在の日本の社会保障制度の現状（○）を書き入
　　　れなさい。
（2）左のマトリックスを踏まえ，日本の受益と負担を，どうすれば良いのだろう？
（3）日本の現状（マトリックス・○）から望ましい社会保障制度（マトリックス・□）に受益と
　　　負担の現状を変更した結果の，新たな効果と課題を考えてみよう。

社会保障制度の受益と負担を持続可能にした結果，出現する効果は？	社会保障制度の受益と負担を持続可能にした結果，出現する課題は？
指導上の留意点 ・まず持続可能の定義と（2）の日本の社会保障制度の受益と負担の現状を再確認させる。	指導上の留意点 ・再度，社会保障制度はなぜ必要なのか考えさせる。

2

ワークシート

- ・上記を踏まえ，社会保障制度の受益と負担を，持続可能にする方法は以下の２点であることに気付かせる。
  - ①受益を下げて，負担とバランスをとる。
  - ②受益を下げず，負担を上げバランスをとる。

- ・上記を踏まえ，制度を持続可能にすることをめざした結果，どんな課題が生じるか考えさせる。その際，貧困やそもそもリスクはどう起きるかを踏まえつつ，考えさせる。

○あなたが望ましいと考える「社会保障制度」とは？

```
           高サービス
              ↑
              │
低負担 ←───────┼───────→ 高負担
              │
              ↓
           低サービス
```

○実際の日本の「社会保障制度」はどの位置にあると思うか？

```
           高サービス
              ↑
              │
低負担 ←───────┼───────→ 高負担
              │
              ↓
           低サービス
```

（資料出所：https://www.mhlw.go.jp/stf/seisakunitsuite/bunya/0000051472.html 厚生労働省 社会保障教育（平成 26 年））

（４）社会保障制度の受益と負担のバランスを持続可能にするために
  ①制度はどこで決定されるのか
  ②①を踏まえ，私たちはどのような考え方や行動が求められるのか
  ③幸福・正義・公正の視点から， 以下にまとめてみよう。

> 指導上の留意点は，以下の通り。
> 1　本単元全体の学習内容や問いについて，振り返らせながら考えさせる。
> 2　財政や社会保障制度は私たちの生活やリスクに直接影響を与えるので，項目②については，受益と負担のバランス，投票参加の意義に気付かせる。
> 3　日本の社会保障制度を持続可能にした結果，私たちの生活はどうなるのか，幸福・正義・公正の視点から考えさせる。

①社会保障制度の受益と負担は（　　　　　　　　　　　　　　）で決定される！

②

③

7　まとめ　振り返り

まとめ，振り返りについては，以下に留意して指導する。
  ①「わかったこと」「わからなかったこと」ともに，他者と意見を共有できたか。
  ②「わからなかったこと」が多かったとしても，社会保障制度を多面的に考察することができたか。
  ③「問いの文」とは，「わからなかったこと」を中心に，この単元で疑問に思ったことを，「問い」の文としてまとめさせる。

わかったこと	わからなかったこと	問いの文
生徒からの回答例 ・社会保障制度は，いざというときの制度だと分かった。	生徒からの回答例 ・現役世代の私たちは，保険料負担などが大きく，社会保障からの給付が極端に少ない理由はなぜだろうか。	問いの文の回答例 ・これからの少子高齢社会を想定すると，社会保障制度の受益と負担のバランスを変えたくらいで，本当に持続可能にできるのか。

3

今日の市場経済における政府の役割を考える
―巨大IT企業の拡大に対して政府はどのような規制をするべきか―

<ruby>淺川<rt>あさ かわ</rt></ruby>　<ruby>貴広<rt>たか ひろ</rt></ruby>

東京都立蒲田高等学校主幹教諭・教員歴15年
担当科目：公共，政治・経済

実践授業の概要

教科：**公民**　　科目：**公共**　対象学年：**高校2年**
実施クラス：**5クラス**　1クラスの人数：**平均30名**

◆ 本実践のメッセージ

　学習指導要領（2018年告示）解説において，本主題は「公正で自由な経済活動を通して希少な資源の効率的配分をもたらす市場機構について理解できるようにするとともに，寡占や独占，外部不経済，情報の非対称性など市場機能の限界などについても理解できるようにすること」とされている。市場経済における仕組みに加えて，その限界を学習する項目である。

　ここでは，そうした学習項目に対して，今日の市場経済における政府の役割について考えることを主題とした。グローバル化と情報化がますます進展する現代社会においては，「GAFA」と呼ばれるアメリカの巨大IT企業をはじめとした多国籍企業が世界的な影響力をもち，独占や寡占も一国単位で対応する時代ではなくなってきた。2021年10月の主要20か国・地域（G20）財務相・中央銀行総裁会議において，各国の法人税の最低税率を15%にすること，巨大IT企業などを対象にした「デジタル課税」も導入し，現地に業務拠点がなくてもインターネットサービスなどで一定以上の利益を上げている企業に対し課税することで合意した。この背景には現状の租税制度では，データなどの無形資産にうまく課税できていないことがある。そのため巨大IT企業などは他業種よりも約10%低い法人税率となっている（日本経済新聞2021年5月13

日付記事）。

　一方で，アメリカでは「GAFA」の1つである Google 社に対して，独占問題を調査してきた司法省が反トラスト法（独占禁止法）違反をしているとして 2020 年 10 月に同社を提訴した。日本でも 2021 年 2 月にデジタルプラットフォーマー規制法（特定デジタルプラットフォームの透明性及び公正性の向上に関する法律）が施行され，デジタルプラットフォーマーである巨大 IT 企業に取引条件の開示や，その自主的な手続き・体制の整備，運営状況の報告などを求めることとなった。このように巨大 IT 企業によるデジタルツールの開発は私たちの生活に利便性をもたらす一方，その独占や寡占は，各国で問題となってきている。

　本実践ではそれらを踏まえ，今日の市場経済における政府の役割を考察させるものである。市場経済の仕組みや，外部不経済とそれに対する政府の役割といった知識を習得した上で，今日，およびこれからの市場経済において生じる課題と，それに対する政府の役割を考えさせたい。

■ 単元の指導計画と評価
ア　単元の学習指導計画
　　第1時　資本主義の歴史と市場経済
　　第2時　市場経済のしくみ①　〜価格はどのように決まるか〜
　　第3時　市場経済のしくみ②　〜需給曲線の変動〜
　　第4時　市場経済のしくみ③　〜経済成長と景気変動〜
　　第5時　市場の失敗と政府の役割
　　第6時　今日の市場経済における政府の役割を考える 本時
イ　単元観
　　本単元は，学習指導要領における「大項目 B ア（ウ）市場経済の機能と限界」に対応している。学習指導要領解説では，本単元を学ぶに際して，その主題となる問いから「市場機能には限界があるため公共財を供給するなど政府による適切な施策が必要になること」を考えさせることとしている。あわせて，本単元における問いとして，市場の失敗（外部不経済）の1つである，消費者と企

業の間に存在する情報の非対称性について問うことが示されている。

　現代の私たちの生活において，インターネットはなくてはならないものであり，それによって経済活動も活発になった。情報通信産業の中でも「GAFA」による検索ツールやSNS（ソーシャルネットワークサービス），電子商取引（EC）サイトなどは私たちの生活を便利にした。

　他方，巨大IT企業は多国籍企業として世界的な影響力をもち，そのサービスの独占や寡占などの新たな問題も生じている。そのように変容する今日の市場経済の中で，政府に求められる役割を考えさせることが本単元のテーマである。

　本実践では，巨大IT企業の規模拡大で生活の利便性が高まった一方で，新たに生じた課題などに対し，政府はどのような役割を担うべきかを多面的・多角的に考えていく。

ウ　単元の観点別評価規準

知識及び技能 知	思考力・判断力・表現力 思	主体的に学習に取り組む態度 主
• 市場経済の仕組みについて基礎的な知識を理解している。 • 市場経済における市場の失敗と，それに対する政府の役割を理解している。 • 諸資料を活用し，今日の市場経済の現状と課題を読み取ることができる。	• 市場経済における政府の役割を多面的・多角的に分析している。 • 学習内容や資料の読み取りなどの内容をもとに，今日の市場経済における政府の役割を考察している。	• 今日の市場経済における政府の役割を考察し，よりよい社会を作り上げるために必要な政策などを主体的に考察しようとしている。 • 主題に対して粘り強く取り組み，本単元の学習への取り組みを通じて自身の考えを調整しながらまとめようとしている。

◆ 本実践の「問い」（主題）

「巨大IT企業の拡大に対して政府はどのような規制をするべきか」

　資本主義及びそのもとでの市場経済は，日本だけではなく多くの国で用いられている経済体制である。資本主義体制のもと世界経済は発展を遂げてきたが，市場の失敗に代表される制度的な問題もある。また，資

本主義（及び市場経済）は歴史的にもさまざまな課題が生まれ，それらに対する対策が取られてきた。

今日の市場経済は，情報通信産業の多国籍企業が世界的な影響力を持ったことで，新しい可能性と課題が生じている。ますます情報通信産業が拡大することが予想される中，政府の役割とその政策は，従来のものに加え，どのような変化が必要になるのかを考察させたい。

◆ 本実践で活用する見方・考え方

「功利主義」「義務論」

議論の根拠を明確にするために，大項目A（公共の扉）で身に付けた功利主義と義務論の考え方を用いて考察させる。前者は「行為の結果である個人や社会全体の幸福を重視する考え方」，後者は「行為の動機となる公正などの義務を重視する考え方」と捉えることができる。

情報通信産業が発展している背景には，今日の私たちの生活にインターネットが欠かせないものになっていることがあげられる。

例えば，ECサイト（電子商取引サイト）が発展したことで，家にいながらにして日本だけでなく世界の商品を注文することができる。販売側も販売機会が増加したが，それですべての販売者が利益を得られるわけではない。また，アメリカではECサイトの約4割をAmazon社が占めることで，市場の競争原理が働かないことや，同社の“言いなり”にならざるを得ない危険性もある。

このような見方・考え方も踏まえることで，多面的・多角的に政府の役割を考えさせることができる。

◆ 本実践の目標（観点別評価規準）

知識及び技能 知	思考力・判断力・表現力 思	主体的に学習に取り組む態度 主
• 市場経済における政府の役割について理解している。 • 諸資料を活用し，情	• さまざまな社会的な見方・考え方及び多様な立場の幸福を踏まえ，多面的・多角的に主題に対する自分の考えをまとめている。	• 主体的に学習に取り組み，主題について考察しようとしている。 • 主題に粘り強く取り組み，

報通信技術と情報通信産業の拡大を読み取ることができる。	・まとめた考えを適切に表現し，他者に伝えている。	他者の考えなどを踏まえ，自身の考えを調整しようとしている。

◆ 授業実践

1．教材など

（1）ワークシート・資料（p.263 〜 p.267 参照）

（2）ホワイトボード，ホワイトボード機能（Microsoft Teams）

Microsoft Teams のホワイトボード機能は，付箋を用いて自分の考えを表現していくことができるツールである。今回はテーマに関するホワイトボードを作成し，そこに生徒が自分の考えを次々に貼っていく授業形態とした。

東京都立高等学校の GIGA スクール構想で配布された端末によっては別のツールの使用も想定できる。また，端末が未配備な場合にはスマートフォンなどを使用しても入力できる。それが難しい場合にはホワイトボードや，黒板に書いたりして考えを共有するようにする。

2．本時の展開

段階	学習内容・学習活動	指導上の留意点
導入 5分	・本時の「問い」（主題）を確認する。 **巨大 IT 企業の拡大に対して政府はどのような規制をするべきか** ・本時の授業展開や本時の目標も確認する。 ・簡単な授業に関する導入を受けて，ワークシートに授業開始時点での本時の問い（主題）に関する自分の考えをまとめる。【ワークシート1】	・本時の学習を受けて，何を考察していくのかを明確にする。 ・前時までの学習内容を踏まえて考えるように指導する。
展開1 10分	・【資料①】〜【資料③】を活用し，情報通信産業の拡大に伴う現状を読み取る。【ワークシート2】 【生徒に気付かせたい点（例）】 生徒の読み取り 電子商取引（EC サイト）利用率は全体的に	・資料からは次のことを読み取らせる。 ○ EC サイト利用率は全体的に拡大し，どの年代でも利用率は高まっているが，高齢者の利用率は若者世帯の3分の1程度である。

拡大している。
⇓
授業者の指導
どの世代でも拡大しているが，高齢者世帯に
関してはやはり利用率が低い。巨大IT企業
などによる情報通信産業の発展の利益を受け
ることができない人も少なくない。

＊資料を多面的・多角的に分析し，複数の資
料を活用して分析する。

・資料の読み取りを踏まえ，情報通信産業の拡大
の背景にはどのような理由があり，それによっ
てどのような利益と課題があるのかを考察す
る。【ワークシート1展開①】

【生徒に気付かせたい点】
・電子商取引（ECサイト）が拡大している
背景には，顧客のニーズに合わせた販売が
できるといった利便性だけでなく，人件費
などのコスト削減につながるといった観点
もある。
⇓
・多くの人が利用するデジタルプラット
フォーマーがあれば，それを利用した事業
を始めやすい（「GAFA」によるデジタル
分野でのシェアの高さは"問題点だけ"で
はない）。
・情報通信産業の拡大により，企業，消費者
ともに利益と課題の両面がある。

○「GAFA」はデジタル化社会
の中で，それぞれの分野で高
いシェアを誇る。
○プラットフォーマーを介した
ECサイトでは，販売者側も
独占禁止法で禁止されている
「優越的な地位の濫用」にあ
たるような影響を受けている
ケースも少なくない。

・情報通信産業の拡大の背景に
ついては，技術的な側面だけ
でなく，労働人口の減少など
の側面も考えさせる。
・情報通信産業の拡大により，
企業，消費者ともに利益もあ
れば，課題もある。それを踏
まえた上で政府がどのような
規制を行う必要があるかを考
えさせ，次の展開につなげて
いく。

展開2
10分

・クラスを次の4つのグループに分け，①〜③
の手順で進める。
ⓐ若者世代の消費者
ⓑ高齢者世代の消費者
ⓒ新規事業で起業しようとしている経営者
ⓓすでに巨大IT企業（プラットフォーマー）
を介した電子商取引（ECサイト）を実施
している企業

①展開1の内容を踏まえ，巨大IT企業の拡大に
対して，それぞれの立場がどのような課題を抱

・グループワークに先立ち，個
人で考えをまとめる時間を設
けてもよい。

・ⓐのグループを2〜3つ設
けるなど，同じ立場でも複数
の視点から考えられるように
する。

	えているのかをまとめる。【ワークシート1②】 ②①を受けて，それぞれの課題に対して（政府による）どのような対策が必要かを考える。【ワークシート1②】 ③各グループの内容をクラス全体で共有する	・ホワイトボードにまとめたり，Microsoft Teams のホワイトボード機能を活用したりする。
展開3 10分	・展開2を受けて，本時の問い（主題）に関する自分の考えをまとめる。 ・まとめる際には，大項目A（公共の扉）で身に付けた「行為の結果である個人や社会全体の幸福を重視する考え方（功利主義）」と「行為の動機となる公正などの義務を重視する考え方（義務論）」の考え方も参考にしながらまとめる。【ワークシート1展開③】 ・考えがまとまった生徒から，ホワイトボードや，Microsoft Teams のホワイトボード機能を活用して考えを発出していく。	・展開2で自身が担当した立場だけでなく，他の立場のことも考えてまとめるように指導する。 ・課題があるからすべて規制すればよいのではなく，それによって失われる可能性がある利益もあること，展開2で確認した通り，利益と課題の両面があることに留意させる。
展開4 10分	・他の生徒の考えを受けて，再度,本時の問い（主題）に関する自分の考えをまとめていく。【ワークシート1展開④】	・クラスの生徒の考えを集約し，各生徒に発問をしながらそれぞれの考えを確認していく。 ・この記述や取り組む姿勢が「主体的に学習に取り組む態度」の1つの評価となる。
まとめ 5分	・本時の振り返りを行う。 ・振り返りワークシートに本時の振り返りを記入する。	

◆ 本実践の評価方法や評価の場面

知識及び技能 知	具体的な場面
• 市場経済のしくみについて基礎的な知識を理解している。 • 市場経済における市場の失敗と，それに対する政府の役割を理解している。	・左記2項目は本実践の前提となる内容（前時までの既習事項）であるため，ワークシートの記入や，取り組みの様子で評価を行う。
• 諸資料を活用し，今日の市場経済の現状と課題を読み取ることができる。	・ワークシートの記述やグループワークでの発言などから，資料などを適切に読み取っているかを判断する。

思考力・判断力・表現力 思	具体的な場面
• 市場経済における政府の役割を多面的・多角的に分析している。 • 学習内容や資料の読み取りなどの内容をもとに，今日の市場経済における政府の役割を考察している。	・本実践の前提となる内容（前時までの既習事項）であるため，ワークシートの記入や取り組みの様子で評価を行う。 ・ワークシートの記述について，読み取った資料から多角的・多面的に政府の役割を考えることができているかを評価する。 ・グループワークでの取り組みや発言において，資料の読み取りが適切にできているかを確認する。

主体的に学習に取り組む態度 主	具体的な場面
• 今日の市場経済における政府の役割を考察し，より良い社会を作り上げるために必要な政策などを主体的に考察しようとしている。 • 主題に対して粘り強く取り組み，本単元の学習への取り組みを通じて自身の考えを調整しながらまとめようとしている。	・ワークシートの記述，グループワークなどの取り組みを受け，主体的に取り組もうとしているかを評価する。 ・ワークシートでの本時の問い（主題）に関する自分の考えを授業開始時，グループワーク後，授業終了時で比較して，粘り強く取り組んでいるか，本単元の学習への取り組みを通じて自身の考えを調整しながらまとめようとしている様子を評価する。

◆ 本実践の成果と課題

1. 成果

（1）授業内容

　資本主義及びそのもとでの市場経済については，学習内容が知識中心となる。また，その中での市場の失敗と，それを受けた政府の役割については，教科書の内容としても "お決まりの内容" が多くなる。

　しかし，これだけ "デジタル化" が進んだ今日においては，デジタルプラットフォーマーである巨大 IT 企業によるデジタル空間の独占や寡占といった課題が生じている。教科書の内容がすべてではなく，政府の役割も時代の変化に応じて変わることを理解させることができた点は成果といえる。また，いくつかの資料を活用させたり，大項目 A で学習し

た内容を踏まえて考えさせることで，多面的・多角的に本時の問い（主題）を考えられるようにした。

（2）授業方法

実際の授業では，Microsoft Teams のホワイトボード機能を活用して生徒の意見を集約した。黒板やホワイトボードを使用するよりも時間を短縮することができ，かつ生徒の多様な考えを表現できるようになった。

ワークシートは，本時の問い（主題）に対する考えを授業開始時，グループワーク後，授業終了時の3回まとめられるように工夫した。このことで，本時の問い（主題）に対する考えが深まるとともに，「主体的に学習に取り組む態度」の評価項目である粘り強く取り組む姿勢や，考えを調整しようとする姿勢の評価として活用できるようにした。

2．今後の課題

本実践に関する今後の課題として，以下の2点をあげる。

第一に，本実践を市場経済における（市場の失敗を受けた）政府の役割という枠組みだけでなく，広く市場経済における政府の役割を考えさせる内容にもできる点である。本実践では "巨大 IT 企業の拡大に対して政府はどのような規制をするべきか" という問い（主題）を設定したが，デジタル化社会の進展による影響は他にも数多くある。例えば，個人情報の保護やデジタルディバイドの問題もあげられる。そのようなデジタル化社会の進展を踏まえ，広く政府の役割を考察していく授業展開も実践できる。

第二に，本実践の問いはそのままにして，授業形態を変更することである。本実践は本時の問い（主題）に対する生徒の考えをまとめたものであったが，これを規制について賛成，反対のグループに分かれてディベートを行うこともできる。ディベートを行う中で本時の問い（主題）に対する考えを深め，さらなる探究課題に取り組むことも考えられる。

参考文献・参考サイト
総務省「情報通信白書（令和4年度）」
日本経済新聞「GAFA 課税　15% どまり」（2021年5月9日付記事）
https://www.nikkei.com/article/DGKKZO71689630Z00C21A5MM8000/?type=my#QAAKAgADMA
日本経済新聞「GAFA の税負担，なぜ軽い？　ビジュアル解説」（2021年5月13日付）
https://www.nikkei.com/article/DGXZQOUC086QY0Y1A400C2000000/

ワークシート

2学年「公共」（大項目B主題11 市場経済の機能と限界）

今日の市場経済における政府の役割を考える

2年　　組　　番 名前 _____

【ワークシート1】
【本時の問い（主題）】
巨大IT企業の拡大に対して政府はどのような規制をするべきか

【本時の問い（主題）に対する授業開始時の考え】

【展開① 情報通信産業の拡大の背景と影響】

背景　　　　　　　　　　　　　　　　　　影響（利益と課題）

【展開② 4つの立場と巨大IT企業】

＜自分の立場　_____＞　　　　　　＜立場　_____のまとめ＞
【巨大IT企業拡大による影響】

　　　　　　　　　　　　　　　　　　　＜立場　_____のまとめ＞
　　　　　　　⇓
【政府によるどのような対策が必要か】

　　　　　　　　　　　　　　　　　　　＜立場　_____のまとめ＞

【展開③ 本時の問い（主題）に対するグループワーク後の考え】

「功利主義」の立場から考えると…　　　「義務論」の立場から考えると…

【展開④ 功利主義と義務論の立場を踏まえ、本時の問い（主題）に対する考えをまとめると… 】

【本時の問い（主題）に対する授業終了時の考え】

ワークシート

【ワークシート２】

【資料①】『令和２年版厚生労働白書－令和時代の社会保障と働き方を考える－』により作成

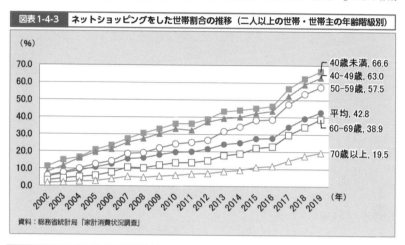

【資料①】から読み取れること

【資料②】日本経済新聞（2020年12月５日付記事）により作成

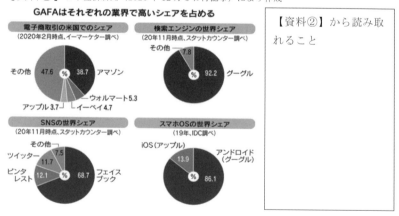

【資料②】から読み取れること

ワークシート

【資料③】ニッセイ基礎研究所『具体化しつつあるデジタル・プラットフォーマー規制』により作成

Q13.オンラインモール運営事業者によって規約が変更されたことがありましたか。

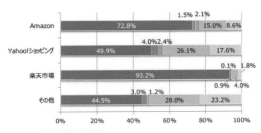

■a) 一方的に変更された
■b) 一方的に変更されたこともあれば、交渉によって変更したこともあった
■c) 交渉によって変更した
■d) 分からない
■e) 規約の変更を経験したことがない

(資料) 公正取引委員会よりニッセイ基礎研究所作成

Q13a1. (Q13で「e) 規約の変更を経験したことがない」以外を回答した方にお伺いします。)
規約の変更の中に貴社にとって不利益な内容はありましたか。

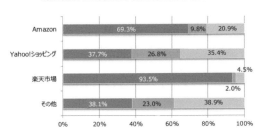

■a) 不利益な内容があった　■b) 不利益な内容はなかった　■c) 分からない

【資料③】から読み取れること

「公共」単元振り返りシート
大項目B 主題11 市場経済の機能と限界

【単元の目標】
市場経済のしくみを理解し、今日の市場経済における政府の役割を考察する。

【単元の主題】
巨大IT企業の拡大に対して政府はどのような規制をするべきか。

【単元の評価規準】

	第一段階（C）	第二段階（B）	第三段階（A）
知識・技能	・市場経済のしくみや関連する事項に関する基本的な学習事項の理解ができている。 ・統計資料の基本的な理解ができている。	・市場経済のしくみや関連する事項に関する学習事項の知識や理解が身に付いている。 ・提示された統計資料を理解し、分析することができる。	・学習内容を理解した上で、現在の状況や課題を多面的・多角的な観点から理解している。 ・提示された資料を活用し、多面的・多角的な観点から分析することができる。
思考・判断・表現	・単元の主題などに対して自分の意見を表現している。	・学習内容や統計資料の内容を適切に読み取り、根拠に基づいて単元の主題などに対して自分の考えを表現している。	・学習内容や統計資料の内容を適切に読み取り、多面的考察から、単元の主題などに対して自らの意見を適切に表現している。
主体的に学習に取り組む態度	・単元の学習内容に対して関心を持とうとしている。	・単元の学習内容に対して関心を持ち、授業で提示された課題に取り組もうとしている。	・単元の学習内容に対して関心を持ち、授業で提示された課題に対して積極的に取り組み、意見を発信しようとしている。

1時間目（　　月　　日（　　））
【本時の主題（1時間目）】
資本主義とはどのような制度であり、歴史的にどのように変化してきたか。

【自己評価】　※4「十分達成できた」、3「ある程度達成できた」、2「あまり達成できなかった」、1「達成できなかった」
○主題について考察し、自分の意見や考えを持つことができた。　（4・3・2・1）
○[知識・技能]資本主義の発展の歴史と、そのもとでの市場経済について基礎的な内容を理解できた。　（4・3・2・1）

2時間目（　　月　　日（　　））
【本時の主題（2時間目）】
世の中の「価格」はどのようにして決まるだろうか。

【自己評価】　※4「十分達成できた」、3「ある程度達成できた」、2「あまり達成できなかった」、1「達成できなかった」
○主題について考察し、自分の意見や考えを持つことができた。　（4・3・2・1）
○[知識・技能]価格の決定のしくみについて理解することができた。　（4・3・2・1）

3時間目（　　月　　日（　　））
【本時の主題（3時間目）】
需要曲線と供給曲線はどのような要因で変化するだろうか。

【自己評価】　※4「十分達成できた」、3「ある程度達成できた」、2「あまり達成できなかった」、1「達成できなかった」
○主題について考察し、自分の意見や考えを持つことができた。　（4・3・2・1）
○[知識・技能]需要曲線と供給曲線が変動するしくみについて理解することができた。　（4・3・2・1）
○[思考・判断・表現]身に付けた知識を活用し、練習問題に取り組んで需給曲線の変動に関する理解を深めることができた。　（4・3・2・1）

4時間目（　　月　　日（　　））
【本時の主題（4時間目）】
経済成長や景気変動はどのようなしくみで生じるのだろうか。

【自己評価】　※4「十分達成できた」、3「ある程度達成できた」、2「あまり達成できなかった」、1「達成できなかった」
　○主題について考察し、自分の意見や考えを持つことができた。　　　　　（4・3・2・1）
　○［知識・技能］経済成長及び景気変動のしくみについて理解する　　　（4・3・2・1）
　　ことができた。

5時間目（　　月　　日（　　））
【本時の主題（5時間目）】
市場の失敗に対して、政府が介入する必要があるのはなぜか。

【自己評価】　※4「十分達成できた」、3「ある程度達成できた」、2「あまり達成できなかった」、1「達成できなかった」
　○主題について考察し、自分の意見や考えを持つことができた。　　　　　（4・3・2・1）
　○［知識・技能］市場の失敗と、それに対する政府の役割について理　　（4・3・2・1）
　　解することができた。
　○［思考・判断・表現］市場において、政府が介入する必要が生じる　　（4・3・2・1）
　　背景について理解することができた。

6時間目（　　月　　日（　　））
【本時の主題（6時間目）】
巨大IT企業の拡大に対して政府はどのような規制をするべきか。

【自己評価】　※4「十分達成できた」、3「ある程度達成できた」、2「あまり達成できなかった」、1「達成できなかった」
　○主題について考察し、自分の意見や考えを持つことができた。　　　　　（4・3・2・1）
　○［思考・判断・表現］単元の学習内容や資料の読み取りなどを踏　　（4・3・2・1）
　　まえ、主題について考察し、考えを表現することができた。
　○［主体的に学習に取り組む態度］主題に対して粘り強く取り組み、
　　本単元の学習への取り組みを通じて、自身の考えを調整しながら　　（4・3・2・1）
　　まとめることができた。

【単元の主題に対する自分の考えを「100字」以内でまとめてみよう】

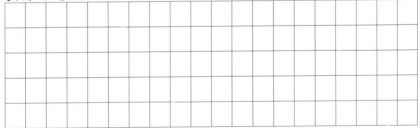

【この単元の学習を受けて、さらに自分で学習したい内容はどのようなことですか】

【自由記述（※単元の感想やより学習したい点など）】

ライフプランから「金融」との関わりを考える
―これからの人生で「金融」はどのような役割を持つか―

淺川　貴広
<small>あさかわ　たかひろ</small>
東京都立蒲田高等学校主幹教諭・教員歴15年
担当科目：公共，政治・経済

> **実践授業の概要**
> 教科：**公民**　　科目：**公共**　対象学年：**高校2年**
> 実施クラス：**5クラス**　1クラスの人数：**平均30名**

◆ 本実践のメッセージ

　学習指導要領（2018年告示）解説において，本主題は「現代の経済社会における金融の意義や役割を理解できるようにするとともに，金融市場の仕組みと金利の働き，銀行，証券会社，保険会社など各種金融機関の役割，中央銀行の役割や金融政策の目的と手段について理解できるようにする」とされている。従来の内容が踏襲される一方で，解説では「近年の金融制度改革の動向や金融政策の変化などを理解できるようにするとともに，フィンテックと呼ばれるIoT，ビッグデータ，人工知能といった技術を使った革新的な金融サービスを提供する動き，クレジットカードや電子マネーなどの利用によるキャッシュレス社会の進行，仮想通貨など多様な支払・決済手段の普及，さまざまな金融商品を活用した資産運用にともなうリスクとリターンなどについて，身近で具体的な事例を通して理解できるようにすることも大切である」と述べられている。従前のマクロ視点での金融政策だけでなく，変化の大きい金融をめぐる動きを踏まえ，ミクロ目線での金融，言い換えればパーソナルファイナンス（個人や家計目線での金融）を扱うことを示したことに変化がみられる。

　政府の新しい資本主義実現会議は，「金融教育」を国家戦略として推進する体制づくりを提言した。「貯蓄から投資」への流れを進めていく

中で，金融教育のより一層の充実が欠かせないと判断されたことが背景にあり，そのための体制づくりなどが進められている。

そのような情勢ではあるが，（パーソナルファイナンスという視点で捉えると）金融教育を教える現場では課題も少なくない。その一つが指導の難しさである。日本証券業協会の金融経済教育を推進する研究会が2022年に行った調査（『中学校（教員・生徒）における金融経済教育の実態調査』，以下「調査」）では，金融教育の必要性については9割以上の教員が「必要」と回答している。一方で，授業で扱う際に「教える側の専門知識が不足している」，「生徒にとって理解が難しい」といった，指導の難しさをあげる意見が半数近くとなった。

本実践はその調査結果を踏まえ，従来のマクロ視点での金融教育だけでなく，ミクロ視点でのパーソナルファイナンスを生徒に理解させるための指導内容を提起するものである。家庭科などとの教科間連携も見据え，人生における金融との向き合い方を考察させたい。

■ 単元の指導計画と評価
ア　単元の学習指導計画
第1時　「金融」とは何か　〜金融と金融機関の役割〜
第2時　中央銀行の役割と金融政策
第3時　金融をめぐる近年の動き
第4時　これからの人生と「金融」との関わり方　本時
イ　単元観
本単元は，学習指導要領における「大項目B　ア（ウ）金融の働き」に対応している。学習指導要領解説では本単元を学ぶに際して，今日の経済社会における金融の意義や役割を理解することを掲げ，金融機関の役割や中央銀行の金融政策といった従来のマクロ視点での金融学習とともに，近年の金融の動きを受けた現状や，金融商品に関するリスクとリターンの関係を学習することで，ミクロ視点での金融を学習することの重要性も掲げている。

「調査」では中学生を対象とした調査も実施されたが，金融を通

じた家計と経済・社会との関わりを「説明できない」とした生徒が，「説明できる」とした生徒の割合を上回るといった結果も出た。学習した知識を，自身や社会との結びつきの中で捉えることができていないという現状が垣間見える。「調査」では，約7割の生徒が「将来のライフプラン（人生設計）や自分自身が働いて得たお金の管理方法について知りたい」と回答しており，習得した知識を活用していく授業が求められている。

　本実践では，そのような背景を踏まえ，単元を通じて金融に関する知識や理解を深めた上で，"これからの人生でどのように「金融」と関わるか"を考察させながら，獲得した知識を活用していく。

ウ　単元の観点別評価規準

知識及び技能 知	思考力・判断力・表現力 思	主体的に学習に取り組む態度 主
• 金融や金融機関の役割，中央銀行の金融政策などについて基礎的な知識を理解している。 • 今後の人生と金融の関わりを理解している。 • 諸資料を活用し，単元の学習内容に関する事項を読み取ることができる。	• 金融の意義や役割を多面的・多角的に分析しようとしている。 • 学習内容や資料の読み取りなどの内容をもとに，今後の人生と金融の関わりを考え，表現しようとしている。	• 金融の意義や役割を自らの今後の人生とも関連づけ，意欲的に考察しようとしている。 • 主題に対して粘り強く取り組み，本単元の学習への取り組みを通じて自身の考えを調整しながらまとめようとしている。

◆ 本実践の「問い」（主題）

「これからの人生で「金融」はどのような役割を持つか」

　「金融」という言葉を聞くと，自分とは縁遠いものであると考えてしまったり，その内容の難しさから避けてしまおうとしたりする傾向もある。実際に，「調査」でも中学生のうち約2割の生徒が，「投資はお金に十分な余裕がある資産家（お金持ち）が行うものである」と回答している。これは金融の単元で学習した事項が，自身の普段の生活と結びついていないということが背景にあるものと考えられる。

　本実践では，生徒たちのこれからの人生において，金融が果たす役割

を考えさせる「問い」（主題）を設定した。住宅の購入などの大きな出費の際に金融機関でローンを組むだけではなく，将来に備える，自身の人生を充実させるために金融商品を選択するように，今後の人生において，継続的に重要な役割を果たすのが金融である。

　本時の実践では，シミュレーションを通じて金融商品のリスクとリターンを考えさせる。そこで，特にリスクは個々人の状況，その時々の経済状況などで変化することを学習する。その学習を通じて，パーソナルファイナンスの観点からの金融の特徴を学び，今後の人生における金融の役割を考察させる授業としたい。

◆ 本実践で活用する見方・考え方
「需要と供給の原理」「景気循環」

　本実践では，パーソナルファイナンスの観点からの金融の特徴を学ぶために，大項目B主題11「市場経済の機能と限界」で学習した市場経済における需要と供給の原理及び景気循環の考え方を用いる。金融商品のリスクとリターンを考える際，好景気と不景気でリスクの意味合いが異なり，リターンも変化する点を理解させることが重要である。自身の置かれている状況だけでなく，景気循環においてリスクとリターンが変化することを踏まえて金融を理解することで，中央銀行の金融政策の必要性などについても考えられるようにする。

◆ 本実践の目標（観点別評価規準）

知識及び技能 知	思考力・判断力・表現力 思	主体的に学習に取り組む態度 主
• 景気変動と金融の関係について理解している。 • 諸資料を活用し，今後の人生における金融の役割を読み取ることができる。	• 学習内容を踏まえ，多面的・多角的に主題に対する自分の考えをまとめようとしている。 • まとめた考えを適切に表現し，他者に伝えようとしている。	• 主体的に学習に取り組み，主題について考察しようとしている。 • 主題に粘り強く取り組み，他者の考えなどを踏まえ，自身の考えを調整しようとしている。

◆ 授業実践

1. 教材など

(1) ワークシート・資料（p.278 ～ p.281 参照）

(2) シミュレーション用のサイコロなど

　授業のデジタル化が進んでいる中で，アナログな教材を使用することは時代の流れに逆行するような取り組みであるが，サイコロを振って自身のリターンが決まるという取り組みは，学力に関係なく生徒の反応が良い。

　実際の株価の変動はサイコロのように偶発性によるものだけではないが，一方で，専門家でもない限りその動きを予想することは困難である。仮に将来，金融商品を購入する場合，サイコロのように偶発的な事象で変化することもあり，金融商品には必ずそれに近いリスクがあることを理解させる点でも良い教材である。

2. 本時の展開

段階	学習内容・学習活動	指導上の留意点
導入 5分	・本時の「問い」（主題）を確認する。 **本時の問い（主題）** **これからの人生で「金融」はどのような役割を持つか** ・本時の授業展開を確認し，本時の目標も確認する。 ・簡単な授業に関する導入を受けて，ワークシートに授業開始時点での本時の問い（主題）に関する自分の考えをまとめる。	・本時の学習を受けて，何を考察していくのかを明確にする。 ・前時間までの学習内容を踏まえて，自分の今後の人生を見据えながら考えるように指導する。
展開1 10分	・資料1から，今後の人生においてどの程度の資金が必要になるのかを考える。 ・「それらの資金をどのように準備していくか」といった問いかけに，各自考えをまとめて答える。	・資料1以外にも生涯年収平均と生涯支出平均などの例を示しながら，将来の必要な資金にどのように備えるかを考えさせる。 ・本実践を含め，金融教育は金融商品の購入を薦めるものではないことに留意し，選択肢の一つとして金融商品を購入することがあることに気付かせる。

展開2 25分	・シミュレーション①～④（日本経済の歴史から学ぶ「リスクとリターン」）に取り組む。【ワークシート】	
	【概要】 提示された経済情勢や各種景気指標をもとに，給与として得た100万円の自分の資産を株式（①景気に敏感に反応する工業機械メーカー企業A，②景気による影響を受けにくい医薬品メーカー企業B），③貯蓄に振り分け，ポートフォリオを作る。	・株式投資先を架空の企業Aと企業Bとし，企業Aはリスクが比較的高いがリターンが高い可能性もある企業（景気敏感株），企業Bはリスクが比較的高くないが，リターンの大幅な増加も見込み難い企業（ディフェンシブ株）として生徒に提示する。
	【手順】 (1) 次の①～④の順の時点でシミュレーションを行う。示された各時点の経済指標から，それをもとにポートフォリオを組む。	
	シミュレーションを行う場面 ①シミュレーションを行う「現時点」 ②好景気時（1988年1月頃） ③不景気時（1998年1月頃） ④①と同様	・シミュレーションの設定については，【シミュレーション資料】参照。それぞれの時期ごとにリスクとリターンが示されている。
	(2) 各資産の増減（2つの株式資産についてはサイコロを振ってリターンを決める）を計算し，結果をワークシートに記入する。	・株式投資はサイコロの目で投資収益（好景気時と不景気時それぞれの経済状況を反映する）を決定し，貯蓄は元金に利子を加えた額を収益とする。
	(3) なぜそのようなポートフォリオを組んだのか理由を発表し，自分と他者とを比較する。	・クラス全体またはペアワークなどで実施する。
	(4) まとめとして以下の説明を聞き，理解を深める。	・まとめを行う中で，パーソナルファイナンスの観点からの金融の特徴を理解させていく。
	○「リターン」と「リスク」には，総じて因果関係がある。高いリターンを得ようとすると，リスクも高まる。リスクを低く抑えようとすると，リターンも低下するが，逆はその限りではない（リスクを高めれば，必ずリターンが高まる訳ではない）。	

	○人それぞれ「リスク」や「リターン」の捉え方が異なり，その人が置かれている状況でも変化する。 ➡景気循環（特に不景気）は，金融商品をはじめとした経済への影響も大きいことから，中央銀行は金融政策を実施することで経済を安定させている。 ○それを踏まえ，投資は自己責任で行うことを確認し，「リスク許容度」という考え方が重要である。	・リスク許容度とは，うまくいかなかった場合，最大限どの程度のダメージがあるかを把握し，そのダメージは自分にとって許容限度内かどうかを指している。
まとめ 10分	・本時の学習を受けて，再度，本時の問い（主題）に関する自分の考えをまとめていく。 ・振り返りワークシートに本時の振り返りを記入する。	・本時の問い（主題）を通して，金融と今後の人生の多様な関わり方を考察させる。

◆ 本実践の評価方法や評価の場面

知識及び技能 知	具体的な場面
• 景気変動と金融の関係について理解している。 • 諸資料を活用し，今後の人生における金融の役割を読み取ることができる。	・左記項目は本実践の前提となる内容（前時までの既習事項）であるため，ワークシートの記入や取り組みの様子で評価を行う。 ・ワークシートにおいて，資料などから適切に読み取りができているかを判断する。 ・シミュレーションなどの授業での取り組みや発言において，資料の読み取りが適切にできているかを確認する。

思考力・判断力・表現力 思	具体的な場面
• 学習内容を踏まえ，多面的・多角的に主題に対する自分の考えをまとめようとしている。 • まとめた考えを適切に表現し，他者に伝えようとしている。	・ワークシートの記入や取り組みの様子で評価を行う。 ・ワークシートの記述について評価するとともに，発表の場において自分の考えを適切に伝えようとしているかを評価する。

主体的に学習に 取り組む態度 主	具体的な場面
• 主体的に学習に取り組み，主題について考察しようとしている。	・ワークシートの記述，シミュレーションなどの取り組みを受け，主体的に取り組もうとしているかを評価する。
• 主題に対して粘り強く取り組み，本単元の学習への取り組みを通じて自身の考えを調整しながらまとめようとしている。	・ワークシートでの「授業開始時点での本時の問いに関する自分の考え」と，「授業の最後での本時の問いに関する自分の考え」を比較して，粘り強く取り組み，本単元の学習への取り組みを通じて自身の考えを調整しながらまとめようとしているかを評価する。

◆ 本実践の成果と課題

1．成果

（1）授業内容

「調査」でも明らかとなったように，金融教育において，生徒は学習した金融の内容と現実の経済・社会との関わりを説明できない傾向がある。金融の単元での学習は，金融の意義や役割，中央銀行の金融政策が中心であり，それらが自身の生活とどう結びつくのか，具体的なイメージを持つことができていないことが背景にあると考えられる。

それらを受け，本実践では単元を通じてマクロ視点での金融に関する学習から，ミクロ視点での金融（パーソナルファイナンス）に関する学習につなぎ，上記の課題に取り組んだ。また，本時の実践では実際にシミュレーションを行い，好景気や不景気で金融商品がどのような影響を受けるのか，景気循環でリスクとリターンはどう変化するのかという点を学習した。それらを踏まえ，景気循環（特に不景気）に対して中央銀行が金融政策を行う理由に立ち返り，学習を深めるという授業構成とした。

生徒はシミュレーションを通じてリスクとリターンの関係だけでなく，本単元の学習内容について理解が深まった様子であった。授業評価の記述から，リスクとリターンの関係，「リスク」の変化などを実感を持っ

て学び，人生設計を考えるきっかけになった様子も見られた。

（2）授業方法

本実践では，シミュレーションを中心に据えたパーソナルファイナンスの観点からの金融教育を実施した。本実践では，シミュレーションを実施するだけではなく，その構成も工夫した。好景気と不景気でのシミュレーションを，授業実施時点での経済状況でのシミュレーションで挟んでいる。つまり，同じ作業を好景気と不景気でのシミュレーションの前後で繰り返すことで，自分の考えの変容を比較できるようにしている。これにより，理解が深まるようにしている。

また，「問い」（主題）に対する考えを単元の最初と最後で記述することで，同様に自分の考えの変容を比較できるようにしている。このことで，「問い」（主題）に対する考えが深まるとともに，「主体的に学習に取り組む態度」の観点の評価項目である，粘り強く取り組む姿勢や考えを調整しようとする姿勢の評価として活用できるようにした。

２．今後の課題

本実践に関する今後の課題として，本実践の発展的な展開について最後に述べる。

まず，本実践のシミュレーションでは投資先を株式と貯蓄に限ったが，投資先として「国債（日本，先進国，新興国など）」や，企業Ａ・Ｂの２社だけでなく，多くの企業を対象とすることもできる。実体経済とリンクさせることで，よりリアリティのあるシミュレーションになる。

次に，イベントとして，日本経済史の中での出来事（プラザ合意による円高など）を起こすことが考えられる。イベントを通じて，他分野の学習にもつながり，経済分野のまとめのような扱いもできる。

上記以外にも，例えば家計管理について考える枠組みを設けることで，家庭科との教科間連携も考えられる。家庭科の学習指導要領では，「家計管理については，収支バランスの重要性とともに，リスク管理も踏まえた家計管理の基本について理解できるようにする。その際，生涯を見通した経済計画を立てるには，教育資金，住宅取得，老後の備えの他に

も，事故や病気，失業などリスクへの対応が必要であることを取り上げ，預貯金，民間保険，株式，債券，投資信託等の基本的な金融商品の特徴（メリット，デメリット），資産形成の視点にも触れるようにする」（高等学校学習指導要領（2018年告示）解説家庭編51頁）とあり，公民科以上にパーソナルファイナンスの観点が盛り込まれている。

　金融教育は公民科，家庭科だけでなく，多分野に関わる内容であるからこそ，本実践を発展させる形で他教科との連携を検討していきたい。

参考文献・参考サイト
新保芳栄「バブル期における銀行行動の特徴とその背景」東京国際大学論叢　経済学研究，2016年第1号
箕輪京四郎「バブル経済とその後の長期停滞を高校生に教える」経済教育第38号，2019年
日本証券業協会「投資の時間　―リスクとリターン」〔https://www.jsda.or.jp/jikan/lesson3/〕
日経平均プロフィル〔https://indexes.nikkei.co.jp/nkave〕

ワークシート

2学年「公共」（大項目B主題12 金融の動き）
ライフプランから「金融」との関わりを考える

2年　　組　　番 名前 _____

【本時の問い（主題）】
これからの人生で「金融」はどのような役割を持つか

【本時の問い（主題）に対する授業開始時の考え】

【シミュレーション①　現時点（1回目）】

	投資額	変動	元金＋収益額
企業A	万円		万円
企業B	万円		万円
貯蓄	万円	0.01%の金利	万円

≪シミュレーション①の理由≫

【シミュレーション②　好景気】1988年1月頃

	投資額	変動	元金＋収益額
（例）	50万円	2倍になった（50万円×2）	100万円
企業A	万円		万円
企業B	万円		万円
貯蓄	万円	3%の金利	万円

合計　　　　万円

【シミュレーション③　不景気】1998年1月頃

	投資額	変動	元金＋収益額
企業A	万円		万円
企業B	万円		万円
貯蓄	万円	1%の金利	万円

合計　　　　万円

【シミュレーション④　現時点（2回目）】

	投資額	変動	元金＋収益額
企業A	万円		万円
企業B	万円		万円
貯蓄	万円	0.01%の金利	万円

≪シミュレーション④が、シミュレーション①から変化した（変化しなかった）理由≫

【本時の問い（主題）に対する授業後の考え】

≪授業を受けての感想≫
_____
_____
_____

ワークシート

[資料1] 日本FP協会ウェブサイト「わたしたちのくらしとお金」により作成

LIFE EVENT 1 就職活動費 約10万円

LIFE EVENT 2 結婚費用 約469万円

出産費用 約52万円

教育資金 約1,002万円

リクルートスーツ代、交通費、宿泊費など
※株式会社ディスコ キャリタス就活調査 2020(2019年10月)より

結納・婚約~新婚旅行、所得合計額(全国推計値)
※ゼクシィ 結婚トレンド調査2020
1万円未満四捨五入

出産費用の総額(入院料・室料差額・分娩料・検査・薬剤料・処置・その他)
※第1回出産育児一時金等の見直しに関する検討会出産費用の状況(令和2年度)(速報値)より

子ども1人あたりの総額(幼稚園から大学まで)※私立大学(文系)の場合
※文部科学省「子供の学習費調査(平成30年度)」「私立大学等の令和元年度入学者に係る学生納付金等調査結果について」より

住宅購入費 約3,494万円

老後の生活費 約26万円

介護費用 約17万円

緊急資金 約60万円

住宅の平均購入価格で建売住宅は約3,494万円、マンションは約4,521万円
※住宅金融支援機構 2020年度フラット35利用者調査より

高齢夫婦無職世帯の支出約26万円/月
※総務省「家計調査報告(家計収支編)2020年平均結果の概要」より

介護費等受給者1人あたり使用額は約17万円/月
※厚生労働省「令和元年度介護給付費等実態統計の概況」より

生活費の3カ月分~1年分を確保。(1カ月の生活費が20万円なら60万円~240万円)

[シミュレーション資料]

資産運用から考えるリスクとリターン ①
[シミュレーション① 好景気] 1988年1月
<企業A収益結果>
- ⚀ 株価が半分になった。
- ⚁ 株価が変動しなかった。
- ⚂ 株価が1.5倍になった。
- ⚃ 株価が1.5倍になった。
- ⚄ 株価が2倍になった。
- ⚅ 株価が3倍になった。

資産運用から考えるリスクとリターン ②
[シミュレーション② 好景気] 1988年1月
<企業B収益結果>
- ⚀ 株価が半分になった。
- ⚁ 株価が変動しなかった。
- ⚂ 株価が変動しなかった。
- ⚃ 株価が1.5倍になった。
- ⚄ 株価が1.5倍になった。
- ⚅ 株価が2倍になった。

資産運用から考えるリスクとリターン ③
[シミュレーション③ 不景気] 1998年1月
<企業A収益結果>
- ⚀ 投資先が倒産した(元金含めて収益0)。
- ⚁ 投資先が倒産した(元金含めて収益0)。
- ⚂ 株価が半分になった。
- ⚃ 株価が半分になった。
- ⚄ 株価が変動しなかった。
- ⚅ 株価が2倍になった。

資産運用から考えるリスクとリターン ③
[シミュレーション③ 不景気] 1998年1月
<企業B収益結果>
- ⚀ 株価が半分になった。
- ⚁ 株価が変動しなかった。
- ⚂ 株価が変動しなかった。
- ⚃ 株価が変動しなかった。
- ⚄ 株価が1.5倍になった。
- ⚅ 株価が1.5倍になった。

「公共」単元振り返りシート
大項目B主題12 金融の動き

【単元の目標】
金融の意義や役割を理解し、今後の人生における金融との関わり方を考察する。

【単元の主題】
これからの人生で「金融」はどのような役割を持つか。

【単元の評価基準】

	第一段階（C）	第二段階（B）	第三段階（A）
知識・技能	・金融の意義や役割、そのしくみや関連する事項に関する基本的な学習事項の理解ができている。 ・統計資料を基本的に読み取っている。	・金融の意義や役割、そのしくみや関連する事項に関する学習事項の知識や理解が身に付いている。 ・提示された統計資料を理解し、分析している。	・学習内容を理解した上で、現在の金融の状況や課題を多面的・多角的な観点から理解している。 ・提示された資料を活用し、多面的・多角的な観点から分析している。
思考・判断・表現	・単元の主題などに対して自分の意見を表現している。	・学習内容や統計資料の内容を適切に読み取り、根拠に基づいて単元の主題などに対して自分の考えを表現している。	・学習内容や統計資料の内容を適切に読み取り、単元の主題などに対して多面的に自らの意見を適切に表現している。
主体的に学習に取り組む態度	・単元の学習内容に対して関心を持とうとしている。	・単元の学習内容に対して関心を持ち、授業で提示された課題に取り組もうとしている。	・単元の学習内容に対して関心を持ち、授業で提示された課題に対して積極的に取り組み、意見を発信していこうとしている。

1時間目（　月　日（　））
【本時の主題（1時間目）】
「金融」とはどのようなものであり、金融機関はどのような役割を担っているのか。

【自己評価】　※4「十分達成できた」、3「ある程度達成できた」、2「あまり達成できなかった」、1「達成できなかった」
○主題について考察し、自分の意見や考えを持つことができた。　（4・3・2・1）
○［知識・技能］金融の意義や役割、金融機関の役割などについて基礎的な内容を理解できた。　（4・3・2・1）

2時間目（　月　日（　））
【本時の主題（2時間目）】
中央銀行の金融政策はどのような役割を持つのか。

【自己評価】　※4「十分達成できた」、3「ある程度達成できた」、2「あまり達成できなかった」、1「達成できなかった」
○主題について考察し、自分の意見や考えを持つことができた。　（4・3・2・1）
○［知識・技能］中央銀行の金融政策のしくみやその役割などについて理解することができた。　（4・3・2・1）

3時間目（　月　日（　））
【本時の主題（3時間目）】
近年の金融をめぐる動きにはどのようなものがあるだろうか。

【自己評価】　※4「十分達成できた」、3「ある程度達成できた」、2「あまり達成できなかった」、1「達成できなかった」
○主題について考察し、自分の意見や考えを持つことができた。　（4・3・2・1）
○［知識・技能］金融をめぐる近年の動きについて理解することができた。　（4・3・2・1）
○［思考・判断・表現］金融についての知識を活用し、金融をめぐる近年の動きを考察することができた。　（4・3・2・1）

4時間目（　　月　　日（　　））
【本時の主題（4時間目）】
これからの人生で「金融」はどのような役割を持つか。

【自己評価】　※4「十分達成できた」、3「ある程度達成できた」、2「あまり達成できなかった」、1「達成できなかった」
○主題について考察し、自分の意見や考えを持つことができた。　　　　（4・3・2・1）
○［思考・判断・表現］単元の学習内容や資料の読み取りなどを踏
　まえ、主題について考察し、考えを表現することができた。　　　（4・3・2・1）
○［主体的に学習に取り組む態度］主題に対して粘り強く取り組み、
　本単元の学習への取り組みを通じて自身の考えを調整しながらま　（4・3・2・1）
　とめることができた。

【単元の主題に対する自分の考えを「100字」以内でまとめてみよう】

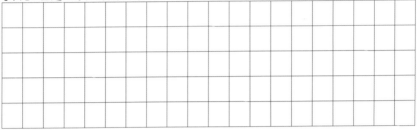

【この単元の学習を受けて、さらに自分で学習したい内容はどのようなことですか】

【自由記述（※単元の感想やより学習したい点など）】

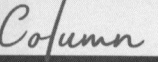

金融広報中央委員会の活動と教材

東京都金融広報委員会（事務局：日本銀行情報サービス局内）

事務局長　**岡崎竜子**

はじめに

1970 年代から全国で行われていた金銭教育に，「金融や経済に関する理解を深める教育」を加え，2003 年度から推進されるようになったのが金融教育である。具体的には，金銭教育研究校制度に金融教育研究校が加えられたのが最初である。2005 年 3 月に発行された『金融教育ガイドブック』では，金融教育はお金に関するあらゆる教育とされたが，その後，2007 年 2 月発行の『金融教育プログラム』において，金融教育は「お金や金融の様々な働きを理解し，それを通じて自分の暮らしや社会について深く考え，自分の生き方や価値観を磨きながら，より豊かな生活やよりよい社会づくりに向けて，主体的に行動できる態度を養う教育」と定義された。

『金融教育プログラム』には学校における金融教育の進め方や各学校段階の指導計画例とともに「学校における金融教育の年齢層別目標」https://www.shiruporuto.jp/education/about/container/program/mokuhyo/ が掲載され，全国の学校に配布された。同書に先立ち，金融教育に役立つ副教材も作成され，金融・金銭教育研究校をはじめとする全国各地の学校で，活用されることとなった。

今次の学習指導要領改訂（2018 年告示）における新科目「公共」では，社会のさまざまな問題を取り上げて多角的に考察するとともに生徒たちの間で討議を行い，主体的で対話的な学習を通じて理解を深め，社会的な見方・考え方をさらに掘り下げ，発展させることが期待されている。

金融教育では，「いかに生徒に関心を持たせるか」，「いかに生徒の思考を活性化し，理解を深め，主体的な学びを実現するか」という観点から，多くの工夫が重ねられる中で，主体的で対話的な手法が開発され，金融広報中央委員会の開催する教員セミナー等で共有されてきた。

教育目標，望ましい指導方法，取り上げることが望ましいテーマなど多くの点で，新科目「公共」と金融教育には共通点が多い。このため金融教育の研究・実践の中には新科目「公共」への手がかりが多く含まれている。

主体的で対話的な授業実践例

（1）多角的な考察や対話を促す実践例

　新科目「公共」では，社会の課題を取り上げ，多角的に考察し，討議することを通じて生徒たちが新たな知見を得るとともに，主体的に学習し，社会的課題を解決しようとする態度を身に付けることが期待されている。その授業展開例として『**金融教育ガイドブック**』に掲載されている「**人はなぜ，多重債務に陥るのか**」を挙げたい。

　多重債務に陥り悪質業者の過激な取り立てに苛まれた被害者の手記を多角的に分析させる方法として，「問題提起　宗教家・芸術家のように」，「現状把握　科学者のように」，「本質追求　哲学者のように」，「構想計画　政治家のように」，「具体策　ビジネスマン，実業家，発明家のように」，「手順化　システムエンジニアのように」論点を洗い出すよう促している。「高等学校　公民科学習指導要領解説」P.29における「社会的事象等を，倫理，政治，法，経済などに関わる多様な視点（概念や理論など）に着目して捉え」と通ずる点が多い。

　この実践は，20年経った今も色褪せない。付箋を使ったKJ法の展開が詳述されており，テーマ設定を変え，デジタルな手法を取り入れるなどして，「公共」の授業に応用可能と思われる。家庭総合における実践であるが，新科目「公共」の参考事例として紹介したい事例である。

https://www.shiruporuto.jp/education/howto/container/
guide/pdf/shohi_seikatsu/J_p288.pdf

（2）金融政策や金融市場への興味関心を高める指導計画例

　新科目「公共」では，身に付けた知識を元に社会の問題を深く探究す

ることが期待されている。金融経済の問題について，生徒の関心を引き出すことができるような課題を設定し，授業への主体的な参加を促す手法が必要となる。

　金融政策について理解を深めることは，経済的な見通をもって生活していくために必要であり，高等学校における必修事項の一つである。しかし，現実の金融政策が複雑化しており，大人にとっても容易ではないこの分野について，金融広報中央委員会のホームページ所載の「**ロールプレイとシミュレーションを通じて金融政策を学ぼう**」は貴重な指導計画例である。オークションや物々交換ゲームを導入に金融政策に興味を持たせる工夫が凝らされている。米国ニューヨーク連銀などによる高校

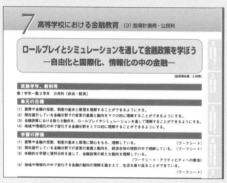

生対象のコンテスト "High School Fed Challenge" の過去の受賞チームのディベートの模様もネット上に公開されているので，本指導計画例とともに参考にするのも一案である。

https://www.shiruporuto.jp/education/howto/container/program/pdf/program07/program703j02.pdf

(3) 個人の金融取引への関心を引き出す実践例

　新学習指導要領では，新科目「公共」に限らず，個人の生活と経済社会とのかかわりに関心を向けることが重視されている。この点は，かつて公民科では金融や経済について「マクロ的な観点から取り上げること」と明記されていたのとは様変わりである。

　しかし，折に触れて指摘されるように，日常の金銭の問題は家庭で教育すべき問題であって，学校で扱うには適さないとする考え方が長く存在した模様である。

　その考え方が徐々に変わり，お金のことも扱わなければ子供たちが社会の中で生きていく力を身に付けることができない，と考えられるようになってきた。高等学校家庭科の学習指導要領（2018 年告示）解説で投資信託にも言及されたことに注目する向きもある。一方，個人の金

融取引について，株式売買のシミュレーションゲームでクラス内の短期的な競争に陥ることを避けたいとの声も多く耳にするところである。

こうした中，『**金融教育プログラム**』（前掲書）所載の「**リスクとリターンを体験してみよう！**」は，現実の社会で発生しうるさまざまな事象を記載したカードを用意し，生徒が不確実性の下で株式投資を模擬体験で

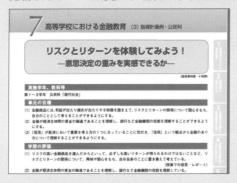

きる仕組みを用意している。現実の株価変動や株式銘柄を扱わないことで，抽象度を高め，短期売買益の競争に陥る危険を回避し，参加型授業で金融分野への生徒の興味関心を高める授業展開例である。

https://www.shiruporuto.jp/education/howto/container/program/pdf/program07/program703j10.pdf

(4) 社会的な課題の解決方法を生み出す実践例

新科目「公共」では，多角的な考察や生徒同士の対話を通じて「よりよい社会の実現を視野に，現代の諸課題を主体的に解決しようとする態度を養う」ことが期待されている。金融広報中央委員会主催「先生のための金融教育セミナー」で紹介された「**社会的な課題を解決するNPOを作ろう**」や，『金融教育プログラム』所載の「**社会に貢献できる会社を作ろう－企業家教育の観点をもった総合的金融教育の試み－**」はいずれも総合的な学習の時間における実践例である。生徒たちが現代社会における課題を数多く列挙し，各自の関心や特技を生かした解決方法を提案し，まとめるよう促す。前者ではNPOの目的，活動の方法等を，また，後者ではビジネスの目的，製品，発売方法，提供価格，資本金をA4サイズの用紙にまとめ，クラスでの発表の他，学年，文化祭や地域での発表を行う。いずれについても投票を行い，後者の場合は，投票に株式投資の意味合いを持たせている。

金銭・金融教育の歴史の中では，模擬企業作りの意欲的な実践が報告されてきた。生徒たちが会社を作り，製品やサービスを販売し，株主総会を開いて決算報告を行い，配当を株主に配る例も見られ，生徒たちの

主体性や企画力，コミュニケーション力を高める効果も高いと報告されている。特別活動や総合的な学習の時間を活用してこれらの事例の要素を取り入れることにより，金融や経済への興味関心を高めることが可能と思われる。

(5) 個人の経済問題に関する家庭科の指導計画例

新科目「公共」では，職業選択，雇用と労働問題，社会保障の在り方，金融の働きなど，個人の生活との関りの深い経済問題が多く取り上げられる。こうした問題については，日常の金銭管理や生涯を見通した生活設計と結び付けられてこそ主体的な学習につながるものと考えられる。その意味でも高等学校における家庭科と公民科の教科間連携が重要となる。この点に関して『金融教育プログラム』所載の「**社会保障制度を踏まえて生涯にわたる生活資源マネジメントについて考えてみよう－『人生すごろく』から始まる生活設計の授業－**」と「**ライフプランを立ててみよう－自立した社会人になるために－**」はいずれも重要な内容を含んでいる。

前者は，主なライフイベントを「〇歳で就職する」，「〇歳で結婚する・しない」，「自分・配偶者は〇歳まで生きる」と大胆に想定させ，学歴別・性別・年齢層別賃金統計をもとに生涯年収を計算させるとともに，主な支出についても標準的な世帯支出や平均的な住宅購入費用などの統計をもとに試算させる。生涯の収入と支出がいずれも1〜2億円という金額が刺激的で，勤労精神や資産運用への関心の涵養にもつながる事例である。

後者は，人生すごろくを生徒に作らせる家庭科の授業実践である（本書p.228でも紹介している）。創造性を発揮して数多くのライフイベントを盛り込み，授業で学んだ知識も盛り込んだ優秀作品が『金融教育プログラム』に掲載されており参考になる。https://www.shiruporuto.jp/education/howto/container/program/pdf/program07/program703j12.pdf

(6) 小学校，中学校における実践事例

新科目「公共」の参考になる授業実践は他の学校段階にもみられる。筑波大学附属中学校が2022年度に公開した「よりよい社会を創造するためのリスクマネジメント」と題する授業では，生徒たちが未来の技術を使った起業のプランを，科学者，技術者，教育者，芸術家としての観点で掘り下げ，発表している。授業の過程では「起業のための資金は

どのようにすれば確保できるか」について外部講師を招き，金融に関しても興味関心を深めさせ，主体的に社会の課題を解決しようとする態度を養っている。

新科目「公共」に役立つ教材等の例
（1）『金融教育プログラム』

　　2007年初版発行の金融教育の基本書である。国立教育政策研究所の工藤文三初等中等教育研究部長（当時）を座長とする検討委員会メンバーと全国各地の優れた実践者の執筆による。2016年に全面改訂版が発行され，2021年には「学校における金融教育の年齢層別目標」が改訂されている。初版および全面改訂版発行時に全国の学校，教育委員会に配布されているので，新科目「公共」における主体的で対話的な授業展開の手引きとして役立てたい。

（2）『金融教育ガイドブック』

　　2005年に金融広報中央委員会が発行した金融教育の実践事例集である。1970年代から全国で実践された金銭教育の中に，金融や経済について体験的な学習を通じて理解を深める取り組みが広く行われていた。全国の金銭教育研究校の報告事例と，各地の教育センターから収集した実践事例をもとに，新たに執筆を依頼して作成したものである。幼稚園から高等学校までの実践事例が掲載されている。

（3）『これであなたもひとり立ち』

　生徒に身近な経済問題を網羅的に扱ったワークシート集である。消費者教育支援センターの第1回消費者教育実践表彰最優秀賞受賞作品をベースに，現実の社会で生きる力を身に付けるための教材として作成されている。18歳までにかかる費用，受験費用，求人票や給与明細，一人暮らし，食生活，起業，クレジットカード，多重債

務や悪質商法など，高校生にとって欠かせない学習が網羅されている。近年，資産形成やデジタル化に関するワークも加わり，家庭科と公民科の橋渡しとなる教材である。

(4)「18 歳までに学ぶ　契約の知恵」

民法改正に伴う成年年齢引き下げによる消費者トラブル被害の増加を未然に防止するため，高校生に身に付けてほしい知識を解説した 6 ページのパンフレットである。2 分間のアニメーション「アキラとマモル - バンド編 -」とともに契約及び消費者の権利と責任に関する授業の導入に役立てて頂けるものと思われる。

おわりに

金融教育は幼稚園から高等学校まで，教科横断的に，先生方の裁量のもとに取り組んで頂いている。「学校における金融教育の年齢層別目標」に詳細な対比表が示されているように，金融教育の多くの内容が学習指導要領ないしその解説に明記されている。学校で，特に金融教育と明示されずに行われていることも多い。このため，卒業後に問われると，「金融教育を受けたことがない」と答える人が圧倒的に多い。

独立した教科であれば，履修した教科を「学んだことがない」とは言えないが，各教科の中に紛れ込んでいる内容の集合体が金融教育であれば，そのような回答が多いことは不思議ではない。また，金融教育という言葉が金融取引やサービスに関する教育という印象を与えるため，そのようなことは誰からも教えてもらっていないと主張したくなる気持ちの表れでもあろう。

そうした中でも金融教育に熱心に取り組む先生方は少なくない。金融教育に取り組むクラスで不登校を克服した小学生が，のちに社会人として活躍し，転勤後も元の職場から「お金の勉強会」の講師として招かれるまでになったとお知らせ頂いたこともある。

どのような教育においても，現実味がなければ生徒は興味を持ちにくい。現実の経済は丁々発止の面白いもの，怖いもの，生き生きしたものであるのに，生徒たちは学校の中に隔離され，経済活動と切り離された

ままであれば，経済は理屈であり，興味の持ちようがない。教科書に書いてあることだけを教えられたのでは，暗記して試験が終われば忘れることとなる可能性は極めて高い。しかし，一歩学校を出れば，経済と関わらずに生きていくことはできない。うっかりすれば大損をするかもしれないし，他人まで不幸にするかもしれない。幸福に生きていくこと，自分の周りの社会をよくすることと経済は切っても切れない。このことに気付いた先生方が，いかに学校教育の中に経済活動を取り込んで，生徒たちを鍛えるかに心を砕かれ，その成果を上げてこられたことを痛感する。

　令和6年度より金融広報中央委員会は金融経済教育推進機構に承継される。金融経済教育は，「適切な金融サービスの利用等に資する金融又は経済に関する知識を習得し，これを活用する能力の育成を図るための教授及び指導」をいう。金融教育は，暮らしや社会をよりよくするために主体的に取り組む態度を養う教育である。金融教育に込められた願いが学校教育に根付き，先生方の思いが生徒の生きる力につながることを祈るばかりである。

将来のライフプランニングに繋がる外部教材の活用

ファイナンシャル・プランナー CFP®認定者
嘉悦大学非常勤講師　髙木典子

投資教育・金銭教育の専門家として

　私は 17 年間の金融機関勤務を経て，ファイナンシャル・プランナーとして独立しました。金融機関に自ら足を運ぶ人だけでなく，多くの人にお金のことを考えてほしいという思いがあったからです。現在は，さまざまな団体からセミナーや講演の依頼を受け，企業，学校などでお金の話をしています。私が関わってきたさまざまな職業・年齢の方たちから頂いた意見や私自身が感じたことをお伝えし，先生方の学校教育で活用していただければ光栄です。

投資教育だけやればいいのか？

　「貯蓄から投資へ」のフレーズがもう何年も叫ばれているにもかかわらず，資産形成としての投資は，世間にはなかなか浸透していかないのが現実です。ここ数年で NISA（少額投資非課税制度）口座の開設数が20，30 代を中心に伸びてきてはいますが，自分で情報を取りに行き，理解し行動することができるごく一部の人に限られます。「新しい指導要領では家庭科で投資を教えることになった」と浮足立っている金融業界ですが，以前から投資については教科書で触れられているし，実際の現場では世間で言われているほど大きく変わってはいないという印象を受けます。

　そもそも少ない授業時間の中で，1 コマの株式や投資信託の話をしただけで，「貯蓄から投資へ」の流れが進むわけでもなく，「投資」ばかりを強調していると間違った方向へ進む危険性もあるため金融教育全体の中の一つとして慎重に進めていく必要があります。それには，「投資」だけではなく，税金や社会保険なども含めた，色々な側面から自分のライフプランに関わってくるお金の流れ・社会の仕組みを知るべきです。

・アメリカでは国民全員が確定申告をしているというのに，日本では多くの人が年末調整をして済んでいるため，税金の仕組みが分かっていない。

・会社員は給与明細の手取りしか見ていないため，社会保険を意識することが少ない。

　このような状況が政治への無関心さ，経済への無関心さへつながり，間違った知識のもとに行動している人を増やしているのでしょう。

　私も証券会社出身として，若いうちから「投資」をすることには大賛成です。ライフプランを実行していく上での手段の一つとして大変有効であると考えるからです。しかし「投資」にばかりスポットライトが当たり，知識がない，または聞きかじりの知識をもとに投資ではなく「投機」を行う人がいたり，投資詐欺にあう人が増加していることは誠に残念です。

　そんな中で，セミナーや授業を行っていると，税金，社会保険制度，投資の話をもっと早くに聞きたかった，どこに聞きに行けばいいのか分からない，学校で教えてくれればいいのにといった声も多く聞かれます。会社員や公務員として勤めるのかフリーで働くかで，年金や保険の仕組みが違い，税金の徴収方法も違うということは，職業選択する上で必要な内容です。企業の年金制度・退職金制度も変わってきていて，新入社員は1時間そこらの研修を受けてすぐに確定拠出年金の商品選択・運用を自分でしなくてはなりません。そしてその結果が自分の退職後の資産に大きな影響を与えることを理解するのは容易ではありません。すべてを学校で教えることは現状では難しいですが，「知っていたら違った選択をしていたのに」と後悔をする人を少しでも減らし，豊かな人生を送るための情報提供，正しい知識の伝達をしていくことが大切です。

さまざまな教材

　さて，私たちの生活のお金に係る内容は多岐に渡っていますし，それぞれ専門的な知識が必要となります。法律も改正法や新法の成立などがあり，アップデートも大変です。そのような中で，まさにその専門である各省庁やさまざまな団体が，それぞれの特色を生かした高校生向けの教材を発行しています。ここでは，ファイナンシャルプランナーとしてオススメしたい教材をいくつかご紹介します。

《金融教育に関する高校生向けの教材》

教材	団体	様式	アレンジ可能	内容	教科内容	講師派遣
HP						
① 高校生のための金融リテラシー講座 https://www.fsa.go.jp/news/r3/sonota/20220317/20220317.html	金融庁	パワポ, 動画	○	全般・資産形成	【公共】【政治・経済】【家庭科】	あり
② 人生100年時代の社会保障を考える https://www.mhlw.go.jp/stf/seisakunitsuite/bunya/hokabunya/shakaihoshou/kyouiku/index.html	厚生労働省	PDF	×	社会保障制度	【公共】【政治・経済】【家庭科】	なし
③ パーソナルファイナンス教育「10代から学ぶパーソナルファイナンス」 https://www.jafp.or.jp/personal_finance/	日本FP協会	パワポ (授業用スライド) 冊子版 (学校で使用の際は無償提供)	○	ライフプラン	【公共】【家庭科】	あり
学校で学ぶ資産形成 https://www.toushin.or.jp/start/index.html	投資信託協会	デジタルブック・動画	×	資産形成	【公共】【家庭科】	あり
金融経済教育 https://www.zenginkyo.or.jp/education/	全国銀行協会	教材 (冊子を請求・無料) 動画	×	金融	【公共】【政治・経済】【家庭科】	あり
④ 学校教育活動 自助・共助・公助について考えよう https://www.jili.or.jp/school/index.html	生命保険文化センター	パワポ, PDF	×	生活設計, 保険	【公共】【政治・経済】【家庭科】	あり

教材	団体	様式	アレンジ可能	内容	教科内容	講師派遣
HP						
⑤ これであなたも ひとり立ち（知るぽると） https://www.shiruporuto.jp/education/	金融広報中央委員会	PDF（冊子の無償提供あり）	×	全般	【公共】【家庭科】	あり 各地方の金融広報委員会
マネビタ（知るぽると） https://www.shiruporuto.jp/public/document/container/e-learning/	金融経済教育に関わる官公庁と団体が連携	動画	×	全般	【公共】【政治・経済】【家庭科】	なし
⑥ 税の学習コーナー https://www.nta.go.jp/taxes/kids/index.htm	国税庁	パワポ	○	税金	【公共】【政治・経済】	あり 各地方の国税庁
⑦ 金融教育応援コーナー https://www.jsda.or.jp/gakusyu/edu/index.html	日本証券業協会	教材（冊子を請求・無料）PDF	×	資産形成	【公共】【政治・経済】【家庭科】	あり
⑧ 私たちが拓く 日本の未来 https://www.soumu.go.jp/senkyo/senkyo_s/news/senkyo/senkyo_nenrei/01.html	総務省 文部科学省	PDF	×	政治	【公共】【政治・経済】	なし
社会への扉 https://www.caa.go.jp/policies/policy/consumer_education/public_awareness/teaching_material/material_010/student.html#material	消費者庁	パワポ, PDF	○	消費者	【公共】【政治・経済】【家庭科】	なし 消費者教育支援センターからの講師派遣あり

『高校生のための金融リテラシー講座』金融庁　→表①

　こちらの教材は，公共よりも家庭分野寄りになりますが，金融リテラシーをまんべんなく網羅しているパワポ形式の資料で，ファイナンシャルプランナーの間でも非常に評価が高い教材です。

　【内容】　全体で114ページとボリューミーですが，「家計管理」「使う」「備える」「貯める・増やす」「借りる」「金融トラブル」と章立てになっており，それぞれ独立して使うことができます。

　「家計管理」（19ページ）では，3大支出，給与明細，ライフデザイン（働き方）といった家計管理とライフプランニングについて。

　「使う」（7ページ）では，先取貯蓄やキャッシュレスについて。

　「備える」（6ページ）では，全体的なリスクと保険から社会保険制度と民間保険（生命保険と損害保険）について。

　「貯める・増やす」（20ページまたは，応用編29ページ）では，資産形成の必要性，金利（単利と複利），金融商品の特徴，リスク・リターン，投資の意義について。

　資産形成を詳細に行いたい場合は，応用編を使うと，長期・積立・分散投資や，NISA・iDeCoといった内容も含まれています。

　「借りる（14ページ）」では，クレジットカードの仕組み，金利計算，奨学金の仕組みや返済について。

　「金融トラブル」（9ページ）では，金融トラブルの具体例から対処法について。

　1コマですべて網羅したいのであれば，ダイジェスト版（全55ページ）でさっと流すことも可能です。全体版・ダイジェスト版ともに，パワポの中にクイズや問いかけ・ディスカッションが入っており，アレンジも可能です。

　タブレットを利用できる環境であれば，資産形成・借金，家計管理，ライフプランのシミュレーターで体験型の授業ができ，学生の評判も良いです。

『人生100年時代の社会保障を考える』厚生労働省　→表②

　社会保障制度は大人でもきちんと理解している人が少ないのですが，人生設計においてはかなり重要な内容となっているため，ぜひ高校生のうちに考えてほしい内容です。

　教材は，かなりしっかりしたカラーのスライド資料と体験型のツールを使っており，「公共」において使用することを想定した具体的なモデル授業が年金・医療各2時間×2セット紹介されています。授業計画，評価基準例（公共・家庭総合）などもあるため，そのまます

ぐに活用できます。コラムを利用して深く学ぶこともできます。

『10代から学ぶパーソナルファイナンス』日本FP協会 →表③

　　パワポのスライドは字が大きく見やすくアレンジも可能です。生徒用資料集としてシミュレーションやキャッシュフロー表のリンクなどがあるため，タブレットなどを利用できる環境でも使いやすいです。タブレットでなく紙ベースでの利用の場合でも，ワークシート集から書き込み式のワークシートがダウンロードでき，学校の授業用であれば冊子の無償提供も行っているため，副教材としての利用もしやすいです。

　　内容は「お金との付き合い方」「お金を稼ぐ，税金，社会穂円・民間保険」「お金を貯める・増やす・借りる」「契約・トラブル」「ライフプランとお金」の5章に分かれ，ピックアップしての使用も可能です。

『自助・共助・公助について考えよう』公益財団法人 生命保険文化センター →表④

　　授業展開案・パワポのスライド，生徒用ワークシートがダウンロードできます。50分授業1コマなので使いやすいです。自助・共助・公助の面から社会保障制度とリスクについて考える内容となっています。

『知るぽると』金融広報中央委員会 →表⑤

　　「これであなたもひとり立ち」（→ p.287参照）はだいぶ知名度が高い教材ではないでしょうか。こちらは卒業後に就職する学生や一人暮らしをする学生にはぴったりの教材で，生活設計を中心とした内容になっています。電子教材（HPよりダウンロードもしくは，CD-ROMを請求）に収録されているエクセルの教材，授業用スライド（加工可能）を使ってのアクティブラーニングが可能です。

『税の学習コーナー』国税庁 →表⑥

　　2つのパワポがあり，「税金を深く掘り下げる」ものと「税金を知り，確定申告を行う」ものがあり，どちらも1コマの授業でできるようコンパクトにまとめられています。

　　配布用レジュメ，感想を書くためのアンケート（1枚）などもあり，パワポ（メインのものだけでなく配布用レジュメも）はアレンジ可能なので，ボリュームが多いと感じたら減らすこともできます。マニュアルも細かく作られているため，使いやすい教材となっています。

　　個人的には，動画「ご案内しますアナザーワールドへ（中学生向け）」
は，シュールな内容で個人的に好きです。約 15 分なのですが，印象
に残りやすいので，時間があれば見せてほしいです。

『金融教育応援コーナー』日本証券業協会　→表⑦

　　利用されている先生方も多いかもしれませんが，学校向け教材を無
償で提供しています。「体験して学ぼう！金融・経済・起業　金融ク
エスト」は，タブレットにも対応しており，ゲーム感覚で金融を学ぶ
ことができます。テーマは 5 つあり，各 50 分授業で実施可能となっ
ています。

『私たちが拓く日本の未来』総務省・文部科学省　→表⑧

　　選挙権年齢の引き下げによる高校生の政治参加を授業でどのように
扱っていったら良いか，「解説編」「実践編」「参考編」に分かれてい
ます。かなりボリュームがあり，政治的中立を守るための留意すべき
点などもかなり具体的に紹介されています。

　　「実践編」ではディベートや模擬選挙の実践となりますが 5 時限ほ
ど必要となるため，通常の授業時間内ではなく，総合の時間などを利
用してイベント的に開催する必要がありそうです。

その他（見学）

日本銀行や東京証券取引所の見学などもおすすめです。

・日本銀行は本店・支店での見学が可能です。ビデオ視聴後に金庫な
　どを見学します。本店は建築物としても魅力的です。

・東京証券取引所も，ビデオ視聴の後，東証アローズの見学や株式投
　資体験などもあります。

　　どちらもスタッフが丁寧に説明してくれる見学ツアーとなっていま
す。実際に行くのが難しい場合，HP にバーチャルツアーもあります
ので，利用してみてください。

講師派遣の利用

　　各団体では講師派遣などの出張授業を無料で行っています。事前の
申請と終了後の報告やアンケートなどを提出するだけで専門家が授業
を行ってくれますので是非，試してみてください。

　　利用の際の注意点としては，メールでのやり取りも含め，事前の打
ち合わせの際，高校の授業でここまで教えているという情報と，講師

にはどんなことを教えてほしいという要望を，できる限り伝えることです。聞いてもらえるかどうか分かりませんが，どのような講師が良いということも事前にリクエストしておくのも"あり"です。

　私もいくつかの団体から外部講師として授業の依頼を受けますが，授業当日に情報を頂き，慌てて構成を変えることもあります。少ない授業時間の中の大切な１コマです。学校側も無料派遣だと遠慮している部分もあるのかもしれませんが，情報を共有することによって，効率よく，生徒も学校も講師も満足のいく授業を作り上げることができます。要望はどんどん伝えてください。

　もともと交流のある学校の先生からは，「自分の学校の生徒のことを分かっていてくれる講師にお願いしたい」と言われました。どんな特色がある学校なのか，生徒の卒業後の進路はどうなのかなどの情報もHP上でチェックしてから伺うようにしていますが，公開（更新）していない学校もあるため，どんどん情報をいただけると良いです。

最後に

　先生方は日々忙しい中，授業の準備をするのは大変だと思います。クオリティの高い教材が数多く出ていますので，使えそうなところは遠慮なく利用してください。いつもとは違った視点からの授業としての「出張授業」の利用も。ただし，これらの教材や授業については，団体により，知識や考えに多少偏りがあることも否めません。先生方がその辺りを理解した上で，うまく使っていただく必要もあります。

　先生方の熱意のこもった授業，さまざまな専門家が作ったツールの利用，外部講師の活用を通して，生徒がより身近に政治や金融のことを感じられるようになれば，ライフプランの岐路に立った時には，総合的に判断できることでしょう。

　「選挙に行ってみよう！」「経済ニュースはおもしろい！」「金融は自分の生活に深い関わりがあるんだ！」

　一人ひとりがこのように思って行動し，明るい未来を作っていってくれることを期待します。

地域統合を進めていくことについて，西ヨーロッパの指導者はどのように考えたのだろうか

羽山　和弘

千葉県立松戸向陽高等学校教諭・教員歴13年
担当科目：公共

実践授業の概要

教科：**公民**　　科目：**公共**　対象学年：**高校1年**

実施クラス：**6クラス**　1クラスの人数：**平均40名**

◆ 本実践のメッセージ

　第二次世界大戦後，冷戦下においてアメリカ，ソ連の二大陣営に依存しない経済力をつけるとともに，ヨーロッパの不安定要因であるドイツとフランスの対立を解消し，地域の安定を目的として行われたヨーロッパの統合も，近年ではイギリスのEU離脱に代表されるように様々な課題が浮かび上がっている。

　ヨーロッパの統合は，ドイツ・フランスの係争要因の一つであった国境地帯の石炭・鉄鋼の共同管理を目的としたECSC（ヨーロッパ石炭鉄鋼共同体）を始まりとし，さらにEC（ヨーロッパ共同体）として結実する。その後，1993年のマーストリヒト条約の発効を受けて政治的な結びつきの強化を目的とするEU（ヨーロッパ連合）が成立した。さらには，ヒトの移動の自由化や共通通貨ユーロの導入など，主権国家の枠組みを超えた地域統合の新たな段階に入り，その結果として，EU域内ではヒト・モノ・カネ・サービスが自由に行き交い，活発な経済活動が行われるようになった。

　しかしながら，2004年以降EUの東方拡大が進み，低所得国である中・東欧の旧社会主義国がEUに加盟すると，高い賃金をもとめて域内の高所得国への移民が増加することになった。イギリスをはじめとする域内の高所得国がその対応に苦慮するなかでも，EUが「ヒトの移動の自由」

を掲げる以上，加盟国は主権国家として移民の増加を食い止めることは
できない。このような地域統合がもたらす国家主権の制限が結果として，
イギリスのEU離脱だけでなく，原加盟国であるフランスやドイツにお
ける「反移民」「反EU」を掲げる政党の台頭につながっている。

　このように，EUに代表されるような地域統合は，経済活動の活性化
や地域の安定に寄与するという優れた側面，あるいは大義を持ちながら
も，各国の主権国家としての活動を制限し，各国の個別の課題解決を阻
害する要因ともなっている。

　本実践では，ヨーロッパ統合が叫ばれた1950年代当時の史料を用い
ながら，当時の政治的指導者がヨーロッパの統合に対してどのような見
方をしていたのかを考察しながら，「経済の相互依存関係の深まり」が
もたらすメリット・デメリットについて考えさせたい。

■ 単元の指導計画と評価
ア　単元の学習指導計画
　第1時　新たな対立と協調の模索（米ソの対立と国際連合）
　第2時　対立する2つの陣営①（冷戦の本格化）
　第3時　対立する2つの陣営②（ヨーロッパの統合）　**本時**
イ　単元観
　　本単元は，学習指導要領（2018年告示）における「大項目B
ア（ウ）経済のグローバル化と相互依存関係の深まり（国際社会に
おける貧困や格差の問題を含む。）」に対応している。学習指導要領
解説では「国際経済問題の解決には国家や国際機構など多様な組織
が協力していくことが重要であることを理解できるようにする」「グ
ローバル化が進展する一方で，欧州連合（EU）のように地域的経
済統合の動きが見られることについて理解できるようにする」とあ
る。EUにみられるヨーロッパの統合は「地球規模」ではなく「ヨー
ロッパという地域」において，国家や国際機構など多様な組織が協
力することの重要性を示す事例であるが，その一方で国家間の協力
の難しさも同時に示している事例であるともいえる。本実践では，

国家間の協調の重要性と難しさについて史料を用いながら，多角的に考察していきたい。

ウ　単元の観点別評価規準

知識及び技能 知	思考力・判断力・表現力 思	主体的に学習に取り組む態度 主
• 第二次世界大戦後の東西対立と国際連合を中心とした協調への取り組み，ヨーロッパの統合について理解している。 • 第二次世界大戦後の国際社会の動向について，史料から各国の政治的背景などについて適切に読み取り，まとめることができる。 • 国際政治の基本的な概念について理解している。	• 第二次世界大戦後の東西対立と国際連合を中心とした協調への取り組み，ヨーロッパの統合をめぐるさまざまな問題について，多面的・多角に考察し，自らの意見を表現している。 • 史料から読み取ったことを他者に対してわかりやすく表現している。	• 第二次世界大戦後の東西対立と国際連合を中心とした協調への取り組み，ヨーロッパの統合についての学習に主体的に取り組んでいる。 • 他者と協働して史料を読み取り，自らの意見を構築しようとしている。

◆ 本実践の「問い」（主題）

主題　地域統合（ヨーロッパ連合の成立）

「地域統合を進めていくことに対して，西ヨーロッパ諸国の指導者たちはどのように考えたのだろうか」

　第二次世界大戦後，西ヨーロッパでは米ソに依存しない経済力をつけるとともに，地域の平和と安定のために地域統合が進められ，それはEUの成立として結実する。その際，西ヨーロッパ諸国すべてがその取り組みに賛同・協力していくわけではないことを理解することで「経済の相互依存関係の深まり」がもたらすメリット・デメリットについて考えさせたい。

◆ 本実践で活用する見方・考え方

「リージョナリズム」「国家主権」

　ヨーロッパの統合にあたって，ドイツやフランスのように超国家機関の設立（＝国家主権の制限）によって自由貿易の推進や資源の相互利用が実現し，その結果として参加国の国益を増進すると考える立場を「リー

ジョナリズム」の立場であるとし，イギリスのように超国家機関の設立は国内の民主主義的な意思決定を妨げるものであり，その意思決定なしに参加国が超国家機関の決定に従わなければならないことを否定することを「国家主権」を重視する立場とする。

◆ 本実践の目標（観点別評価規準）

知識及び技能 知	思考力・判断力・表現力 思	主体的に学習に取り組む態度 主
• 西ヨーロッパの地域統合について史料を正しく読み取ることできる。 • 西ヨーロッパをめぐって主権国家の概念と地域統合が対立するものであったことを理解している。	• 史料から読み取ったことを他者にわかりやすく伝えようとしている。 • 主権国家の概念と地域統合の対立について，多角的・多面的に考え，自らの意見を表現しようとしている。	• 主体的に学習に取り組み，西ヨーロッパの指導者たちが地域統合についてどのように考えていたのかについて考察しようとしている。

◆ 授業実践

1．教材など

・ワークシート（p.310 ～ p.311 参照）

・史料（p.308 ～ p.309 参照）

　A　シューマン宣言

　B　イギリスのシューマン・プラン参加拒否の決定

※両史料とも『原典　ヨーロッパ統合史　史料と解説』名古屋大学出版会より引用

2．本時の展開

段階	学習内容・学習活動	指導上の留意点
導入1 5分	前時の復習 冷戦が本格化した過程について復習し，西欧諸国では地域統合が進んでいったことを確認する。	
導入2 5分	学習テーマの提示 地域統合を進めていくことに対して，西ヨーロッパ諸国の指導者たちはどのように考えたのだろうか	

展開1 5分	史料の読み取り （1）個人での活動（step1） 　配布された資料プリントのうち，自らの担当史料（A・B）を読み，史料から読み取れることを書き出す。（10分） A：シューマン宣言 　→世界の平和及びヨーロッパの平和の実現には，ドイツとフランスの敵対関係の解消が必要であり，そのために，超国家的な高等機関による石炭・鉄鋼の共同管理を提案している。 B：イギリスのシューマン・プラン参加拒否の決定 　→ヨーロッパ統合に参加するかではなく，統合への詳細を知らされずに参加へのコミットメントを求められることに対して慎重な姿勢を示している。 （2）エキスパート活動（step1） ・担当史料が同じ生徒同士で史料から読み取れたことを共有する。（5分） ・自席に戻り，共有したことをプリントにまとめる。（2分） （3）ジグソー活動（step2） ・史料が異なる生徒に対して，自らの担当史料から読み取ったことを教え合う。（3分） ・教えてもらったことをワークシートにまとめる。（2分）	・列ごとに担当史料の分担をする。 　黒板 　A　B　A　B　A　B 　|　|　|　|　|　| （ジグソー法のイメージを参照） ・それぞれの資料にそってワークシートにある問いに答え，各国の指導者のヨーロッパ統合に対する考え方をまとめる。 ・政治，外交文書をあつかうため，難解な用語や概念については机間巡視をしながら適宜解説をする。 ・同じ史料を読んでいる縦列での話し合いを行う。 ・積極的な対話がなされるように立った状態で意見を共有させる。 ・生徒同士が「自らが読み取れなかったこと」と「共通して読み取れたこと」はどのようなものであったかを意識できるよう声掛けをする。 ・隣席の生徒が異なる史料を読み取っているため，机の移動などはせず，隣席の生徒と向かい合いながら読み取ったことの共有を行わせる。
展開2 25分	2つの史料の比較（step3） ジグソー活動で確認した史料の内容を踏まえ，2つの史料の違いを考察する。 （1）個人での活動（3分） ・2つの史料から読み取ったことを比較して，	・AとBの史料にみられる，西

	気が付いたことをプリントに書き出す。 （2）意見の共有（1分×2回） ・周りの生徒同士で，気がついたことを共有する。1分ごとに共有する相手をかえる。 （3）共有したことをワークシートにまとめる。（2分）	ヨーロッパの統合に対する指導者の考え方の相違に注意して比較するよう声かけをする。
	史料の確認及び解説 史料の内容を確認し，西欧世界においては，地域統合の必要性を主張する立場と主権国家の独立性を主張する立場があり，対立関係にあったことを確認する。	・発問をしながら，ワークシートにまとめた内容を発表させる。
まとめ 10分	ヨーロッパの統合に関する2つの考え方は，ヨーロッパの統合にどのような影響を与えるだろうか？	
	・自らの考えをワークシートにまとめる。	

【参考】ジグソー法を用いた授業展開について

　本実践では知識構成型ジグソー法を，簡易的にアレンジした形で活用している。知識構成型ジグソー法とは，「生徒に課題を提示し，課題解決の手がかりとなる知識を与えて，その部品を組み合わせることによって答えを作りあげるという活動を中心にした授業デザインの手法（協調学習授業デザインハンドブック 第3版 ―「知識構成型ジグソー法」の授業づくり―）」であるが，グループ分けなど生徒の活動をより効率的に行うために，今回の実践では資料（史料）を2つに限定して教室の列ごとに異なる資料を配布した。40人学級の場合，教室の座席配置は6列であることが多いため，このような形にすることによって，机を動かすことなく前後や左右の座席の生徒と小グループを作ることができる（次ページ図参照）。

　また，ジグソー法を簡易的に行う場合，問いや資料（史料）については，読み取りのポイントを明確で比較的単純なものを準備したい。そのため，今回の実践では，資料（史料）を政治・外交文書に限定した。もちろん，外交文書に限定せず，新聞記事や個人の日記など市井の人々が残した記録を取り上げることで，より多角的にヨーロッパの統合について考察することも可能であろう。

ジグソー法のイメージ

黒板

史料A	史料B	史料A	史料B	史料A	史料B
1	7	14	21	28	35
2	8	15	22	29	36
3	9	16	23	30	37
4	10	17	24	31	38
5	11	18	25	32	39
6	12	19	26	33	40
	13	20	27	34	

◻ ◀——— エキスパート活動のグループ

⬚ ◀——— ジグソー活動のグループ

◆ 本実践の評価方法や評価の場面

知識及び技能 知	具体的な場面
・西ヨーロッパの地域統合について史料を正しく読み取ることができる。 ・西ヨーロッパをめぐって主権国家の概念と地域統合が対立するものであったことを理解している。	・提示された史料をもとに，他の生徒と協働しながら，各国の指導者が西ヨーロッパの統合についてどのように考えていたかをまとめている。　（ワークシート） ・2つの史料の比較を通じて西ヨーロッパの指導者の考え方の違いをまとめている。　（ワークシート）

思考力・判断力・表現力 思	具体的な場面
・史料から読み取ったことを他者にわかりやすく伝えようとしている。 ・主権国家概念と地域統合の対立について，多角的・多面的に考え，自らの意見を表現しようとしている。	・提示された史料から読み取ったことを，他者にわかりやすく伝えようとしている。　（ワークシート・観察） ・他の生徒と協働しながら，2つの史料に見られる西ヨーロッパの統合に関する指導者の考え方の違いを考察し，他者にわかりやすく伝えようとしている。 （ワークシート・観察）

主体的に学習に取り組む態度 主	具体的な場面
• 主体的に学習に取り組み，西ヨーロッパの指導者たちが地域統合についてどのように考えていたのかについて考察しようとしている。	・自分の担当以外の史料の内容について，他の生徒の読み取りをもとに主体的に理解しようとしている。（ワークシート・観察） ・他の生徒と協働して，与えられた問いに対して主体的に考察しようとしている。（ワークシート・観察）

◆ 本実践の成果と課題

1．成果

（1）授業内容

　リージョナリズム（地域統合）と国家主権の対立は，イギリスのEU離脱や自国中心主義をめぐる問題など，現在の世界情勢を見るために非常に重要な視点である。本時の実践ではEU成立の前段階であるシューマン・プランとそれに対するイギリスの反応を比較検討することで，経済の相互協力関係による平和の構築を目指すフランス（及びドイツ）の立場と，国内（コモンウェルス）の民主主義的な意思決定が超国家的な高等機関の設立によって軽視されることを危惧したイギリスの立場に気付かせることができた。

（2）授業方法

　授業の実施にあたっては，主体的・対話的な学びを深めるとともに，資料から必要な情報を読み取り，他者にわかりやすく表現することを目的として**ジグソー学習**を用いた。立場の異なる史料を提示し，個人での学習→エキスパート活動（同じ史料を担当している生徒との協働学習）→ジグソー活動（異なる史料を担当している生徒との情報共有）を通じて，リージョナリズムと国家主権が対立することを，生徒たち自身に気付かせるための活動的な取り組みである。学習指導要領「公共」大項目Bの「現実社会の諸課題に関わる諸資料から，自立した主体として活動するために必要な情報を適切かつ効果的に収集し，読み取り，まとめる技能を身に付けること。」に沿った活動であると考える。

2. 課題

(1) 授業内容

　まず，本授業は世界史の授業において，現実に起こった事象を史料の読み取りを通じて分析し，そこから見えてくる国際社会に関する見方・考え方が，その後どのように歴史の中で現実化していったかを理解していくことが主たる目的となっている（そのためここで掲載した指導案は，実際に実施した授業をもとに，公共の授業に即した授業に変えている）。そのため，見方・考え方を用いて現実社会の諸課題に対して追究したり解決に向けた考察をしたりするものとはなっていない。

　「公共」の授業として，このテーマをより主体的・対話的で深い学びへつなげていく場合，「リージョナリズム」や「国家主権」という見方・考え方から，地域統合によって実際に利益を享受した立場の人々と，逆に不利益を被った立場の人々の生活や意見などを資料として提示し，どのようにすれば国家や国際機関の協力がより進むのかを考えさせたい。

　また，授業における論点を明確にするために史料を２つに絞って授業を行ったが，実際には統合をめぐる当時の英仏関係（イギリス抜きで統合を進めようとするフランスの思惑など）には触れることが出来ておらず，多面的・多角的な考察が不十分であったと言える。実際，EU に関しては現在，市場統合，農業政策，ヒトの移動，共通通貨ユーロなど様々な相互依存関係の深まりがもたらす成果及び課題が多くある。複雑極まりないヨーロッパの地域統合の進展について，「公共」大項目 A で習得する見方・考え方のうちどの「見方・考え方」を用いて，EU の「何を」テーマとして考察するのか，内容の精選を行っていくことが主体的・対話的で深い学びへとつながるのだろう。

(2) 授業方法

　「公共」大項目 B では，「個人を起点に他者と協働して多面的・多角的に考察，構想する」ことが求められており，その点からいえば，ジグソー学習はその趣旨に合っていると考える。より効果的なジグソー学習を行うためには，史資料の精選が必要であるとともに，最後のまとめの部分での発問が鍵となる。「なぜ，そのように考えたのか」「史料のどの部分

を根拠としてそのような結論に至ったのか」など，生徒の思考や意思決定の根拠を，生徒自身の言葉で表現させる時間を作ることで，より生徒の思考が活発となり，思考力・判断力・表現力の向上につながると考える。

遠藤　乾編『原典　ヨーロッパ統合史　史料と解説』名古屋大学出版会，
  2008 年
遠藤　乾編『ヨーロッパ統合史』名古屋大学出版会，2014 年
『協調学習 授業デザインハンドブック 第3版 ―「知識構成型ジグソー法」
  の授業づくり―』（東京大学 coref）https://ni-coref.or.jp/archives/
  17626

大項目B　主題13　実践事例と評価例　307

史料A　シューマン宣言（1950年5月9日）

世界平和は、平和をおびやかす危険に応じた創造的な努力なくして守ることはできないでしょう。

組織化され活気ある一つのヨーロッパが文明のためになしうる貢献こそ、平和的な関係を維持するために不可欠なのです。フランスは20年以上にわたって統一ヨーロッパの擁護者として、常に平和のために尽力することを最重要の目標としてきました。しかしヨーロッパは実現することなく、われわれは戦争に直面したのです。

ヨーロッパは一瞬で実現するわけではありませんし、また単一の構造体によって成り立つものでもありません。ヨーロッパは、具体的な成果を積み重ね、まず実態ある連帯を生み出すことにより形成されるのです。ヨーロッパ諸国が一つとなるためには、ドイツとフランスの1世紀におよぶ敵対関係を一掃しなければなりません。そのためには、まず第一にフランスとドイツが行動に着手すべきなのです。

こうした目的から、フランス政府は、限定的ではありますが決定的な一点にしぼって早急に行動を起こすことを提案いたします。

フランス政府は、独仏の石炭および鉄鋼の生産の全てを共通の高等機関の下におき、ヨーロッパのその他の国々が参加する開放的組織とすることを提案いたします。

石炭および鉄鋼の生産の共同管理は、経済発展の共通基盤を早急に確立し、ヨーロッパ連邦の第一歩を記すでしょう。さらに、長きにわたって武器製造という定めを負わされ、常にその犠牲を重ねてきたこれらの地域の運命を変えることになるのです。

このようにしてとり結ばれる生産の連帯によって、仏独間のいかなる戦争も想像すらできなくなるだけでなく、実質的に不可能となることが明らかとなるでしょう。こうした強力な生産体が確立され、参加を望む全ての国に開かれ、工業生産の基本要素を結集させる全ての国に対して同一条件での提供を実現することにより、経済統一の真の基盤が築かれるでしょう。

この生産は、生活水準の向上と平和への取り組みの発展に貢献するために、全世界に対し無差別かつ排他性なしに提供されるのです。……

かくして、経済的共同体の確立に不可欠な利益の融合が単純かつ早急に実現し、長きにわたって血で血を洗う対立により敵対してきた国々の間に、深化拡大する共同体への機運がたきつけられるのです。

基礎生産物の共同管理に加え、新しい高等機関が設置され、その決定がフランス、ドイツ、その他の加盟国を結びつけることにより、この提案は平和の維持に不可欠なヨーロッパ連邦にとって初めての具体的な基盤を実現することになるのです。

『原典　ヨーロッパ統合史　史料と解説』（遠藤乾 編、名古屋大学出版会）

史料 B

史料B　イギリスのシューマン・プランに関する閣議決定

　　閣議では、フランス政府の提案するコミュニケに基づいて、予定されている会合にイギリスは参加できないという全般的な合意が見られた。その提案は、われわれに詳細が明らかにされる前に、フランスの提案の原則を受け入れるようわれわれが確約せねばならないというものである。過去のいかなるイギリスの政権といえども、われわれの中核的な産業や、輸出貿易や、雇用の水準に深く関係するような結果を検証する機会を得ることなしに、そのようなコミットメントを受け入れることなどはできないであろう。

　　閣議での他の要点は以下のとおりである。

(a)　わが国の世論の大多数は、議会や新聞で表明されているとおり、どのようなものが実質的に形成され、どのように関与するのかを政府が知る前にこの提案の原則を前もって受け入れることはできないという政府の見解を、支持する見通しである。疑いなく、いかなる計画であっても、ヨーロッパ統合に好意的な立場をとるいくつかの勢力から批判を受けるであろう。しかし、大半の人々は、現在提案されている政府の決定が、過度に慎重なものとはみなさないであろう。…

(b)　協議に参加する予定の他のヨーロッパ諸国政府は最終的なフランスの方式を受け入れるであろうが、いくつかの国々は疑念を示している。イギリスにとってはこの関与の方法は望ましくない。というのも、協議に参加しながらも精神的な疑念を抱いて、のちの段階で離脱するということほど英仏関係を悪化させてしまうことはないからだ。

(c)　われわれの立場は、コモンウェルスとのつながりにおいてほかのヨーロッパ諸国とは異なっており、他のコモンウェルス諸国との協議なくしては、とりわけ主権の委譲がかかわるのであれば、フランスの提案する原則を受け入れるということには慎重であるべきだ。

『原典　ヨーロッパ統合史　史料と解説』（遠藤乾 編、名古屋大学出版会）

ワークシート

ワークシート

問：地域統合を進めていくことについて、西ヨーロッパの指導者はどのように考えたのだろうか？　史料をもとに考えて
　　みよう。

Step1　史料には、地域統合を進めていくことに対する西ヨーロッパの指導者の考えが示されている。史料に示されて
　　　　いる指導者たちの考えを読み取ってみよう。

担当する史料（　A　・　B　）※どちらかに○をする。

あなたが史料から読み取ったこと	同じ史料を読んでいる人たちが読み取ったこと
◆地域統合に…　（　肯定的　・　否定的　） ◆そのように考える根拠	◆地域統合に…　（　肯定的　・　否定的　） ◆そのように考える根拠

Step2　異なる史料を読んでいる隣の人に、その史料に示されている指導者たちの考えを教えてもらおう。

◆この史料では、指導者たちは地域統合に…　（　肯定的　・　否定的　） ◆そのように考える根拠

Step3　Step1と2で読み取ったこと（あるいは教えてもらったこと）をもとに、A・Bに示されている地域統合に関す
　　　　る指導者たちの考えを比べてみて、気がついたことを書いてみよう。（質より量！）

あなたの考え	周りの考え

ワークシート

【解説】

史料A（フランス）	史料B（イギリス）
地域統合に対して… ＿＿＿＿＿＿＿＿	地域統合に対して… ＿＿＿＿＿＿＿＿
↓↓↓（なぜ…??）	↓↓↓（なぜ…??）

Step 4　地域統合に対するヨーロッパの指導者たちの考えの違いは、この後のヨーロッパの統合（あるいは、現在のEU
が抱える諸課題）にどのような影響を与えているだろうか？自分の考えを書いてみよう。

focus
論理的に考える力の形成

早稲田大学非常勤講師 大杉 昭英
（おおすぎ あきひで）

論理的に考える力の形成を論じるに当たって

　本稿（フォーカス）では，「公共」における「論理的に考える力の形成」について論じることが求められている。話の都合上，最初に用語の定義をしておきたい。

　まず「論理的」という用語だが，一般的には下図のように「前提」から「根拠」を基にして筋が通るように「結論」を導き出すことと考えられるので，一先ずこれを「論理的」としよう。

　続いて「考える力」という用語だが，この用語は多義的であるため，ここでは学習指導要領で求められている諸能力に対応させ，生徒の頭の中で思考力や判断力を働かせることとし，「論理的に考える力」とは思考力と判断力を働かせて「前提」から「根拠」を基に「結論」を導きだす力とする。なお，思考力や判断力が働くのは生徒の頭の中であり，第三者はのぞき見ることができない。そのため実際に論理的に考えたかどうかを確かめるには，生徒が頭の中で考えた道筋を言語化し外部化させるしかないだろう。

　以上のことを前提にして，次の事例を考えてもらいたい。

幼稚園児に，「どうして夜になると空が暗くなるの？」と問うと，昼間明るい部屋でも窓のカーテンを引くと暗くなったことを思い出し，「夜は空にカーテンが引かれるから暗くなる」と答えた。

さて，このように答えた幼稚園児は論理的に考える力があると言えるだろうか？

これは，筆者が大学の FD（大学教育の内容や方法の改善を図る教員の組織的な取り組みのことで Faculty Development の略）や教育センターなどの研修で能力の育成について話をした際，出席された先生方に投げかけた質問である。幼稚園児は論理的に考える力が「ある」「ない」と意見が分かれ活発な議論が行われた。さて読者のみなさんはどのように考えられるだろうか。

上記の事例を念頭に置きつつ，「公共」における「論理的に考える力」とは具体的にはどのようなものか，また，それを把握する手段・方法を取り上げて「論理的に考える力」の形成にどのように役立つのか考察することにしたい。

「公共」における「論理的に考える力」とは

「公共」においては，先に定義した「論理的に考える力」（＝思考力と判断力を働かせて「前提」から「根拠」を基に「結論」を導きだす力）はどのようなものになるだろうか。順を追って考えてみよう。

まず「公共」では何について考える力が求められているのだろうか。考える対象となっているのは「よりよい社会」の実現のために解決すべき様々な課題（倫理，社会，文化，政治，法，経済，国際社会に関わる現代の諸課題）である[1]。そして，「思考力」は事実を踏まえ概念・理論を活用して課題の発生原因などを考察する力であり，「判断力」は課題の問題状況を把握し価値概念や価値理論を活用して望ましい，あるいは正しい解決の在り方を選択・判断する力であると考えられる[2]。

　また，生徒が頭の中で思考し判断した内容を言語化し外部化すること
に関わるのは「表現力」だが，これについては，「情報を収集し，……
それを用いてどのようなことを考え，どのような根拠で結論を導き出し
たのかを，具体的，論理的に説明する」ことや思考し判断した内容を基
に「他者と議論する」力であると定義されている[3]。

　この「表現力」の定義から逆照射してみると，「公共」における論理
的な「思考力」とは，情報から得た事実を踏まえ概念・理論を「根拠」
にして何が課題の発生原因なのか等の「結論」を導き出す力であり，論
理的な「判断力」とは，情報から課題の問題状況を把握し価値概念や価
値理論を「根拠」にして何が望ましい，あるいは正しい解決の在り方な
のかという「結論」を導き出す力となろう。

「公共」における論理的な「思考力」の形成

1　学習内容に即して論理的な「思考力」が働くプロセス

　次に，「公共」の学習内容に即して「思考力」を働かせ「根拠」を基
に「結論」を導き出すプロセスは具体的にどのようなものになるか，下
の新聞記事の事例で考えてみよう。

> 台風の上陸や長雨が続き野菜の価格が高騰した。

　これを読んだ生徒は，台風の上陸と長雨が続いたことで野菜の価格が
上がったという事実を知り，例えば，なぜ「台風と長雨」によって「野
菜の価格が高騰」したのか疑問に思い，「台風と長雨」と「野菜の価格
が高騰」という二つの事実がどのように関係するのか考えはじめたとし
よう。考えを巡らせているとき，中学校の学習で「需要量が一定のとき
供給量が減少すると価格が上昇する」という経済法則を思い出し，それ
を「根拠」にするとともに，「台風と長雨が続くと野菜が根腐れする」「野
菜が根腐れすると市場への出荷量が減る」といった事実を加え，だから
「野菜の価格が高騰」すると結論付けた。このようなプロセスであれば

事実を踏まえながら「根拠」を基にして筋が通るように「結論」を導き出したと言えるのではないだろうか。

2 論理的な「思考力」の把握と形成のための手段・方法

　新聞記事を使った事例は，生徒が論理的な「思考力」を発揮した理想的な学習活動を想定している。だが，実際に授業でこのような活動が行われたかどうかを把握するためには生徒に思考のプロセスを説明させる必要がある。その際に参考となるのは，カール・ヘンペルが科学的な説明とは原因を突き止めることだとして，その論理構造を明らかにした科学的説明モデルである[4]。

　下の図式は科学的説明モデルに新聞記事の事例を当てはめたものである。このモデルでは，**C** はある特定の状況（事実）を，**L** は法則を，そして **E** は何が起こったかという結果を示している。冒頭で述べた「論理的」という用語の定義に対応させると，**C** は「前提」，**L** は「根拠」，**E** は「結論」に相当しよう。生徒が考えた内容をこの図式に当てはめることで，どのような論理で「思考」したのか把握が可能となる。

C‥‥特定の状況
（台風，長雨で野菜が根腐れし市場への出荷量が減少）
L‥‥法則
（需要量が一定のとき供給量が減少すると価格が上昇する）
―――――――――――――――――――――――――――
E‥‥結果（野菜の値段が高騰する）

　以上のことを踏まえ，「なぜこのような結果（解決すべき課題）が生じたのか」という「問い」を設定し，次ページに示す科学的説明モデルの図式を渡して，空欄の **C，L，E** に当てはまる内容を書かせ，どうしてこのような内容を記入したか説明させることで生徒が思考した内容やプロセスを確認しながら指導ができる。これにより，課題の発生原因などを導き出す論理的な「思考力」の形成に役立つことができるだろう。

```
  ┌ C‥‥特定の状況（_____）
  │ L‥‥法則　　（_____）
  │   ────────────────────────────────
  └→ E‥‥結果　　（_____）
```

「公共」における論理的な「判断力」の形成

1　学習内容に即して論理的な「判断力」が働くプロセス

　続いて，「公共」の学習内容に即して「判断力」を働かせ「根拠」を基に「結論」を導き出すプロセスは具体的にどのようなものになるか，次の事例[5]で考えてみよう。

　相次ぐ台風の上陸や10月に入ってからの長雨などの影響により，野菜の供給量が減って価格が上昇し国民の消費生活に大きな影響を及ぼしている。こうした中で農林水産省は，早取りなどの出荷の前倒しなどによって野菜の出荷促進を図る緊急野菜供給対策を取った。対策の主な内容は，出荷の前倒しに伴う品質低下（十分育成していない野菜，通常より重量が少ない野菜など）については損失分を補助金で補うというものであった。その結果，次のことが生じる。

　・補助金で野菜の出荷量を増やす対策を取ると，供給量が増加して価格が下がる。
　・補助金で野菜の出荷量を調整すると，台風や長雨の影響を受けなかった生産者が自由に出荷時期・量を決め利益を大きくすることができなくなる。

　これを読んだ生徒は，例えば，野菜の価格が上がったこと，その原因は台風と長雨により野菜の供給量が減ったためだと理解する。そして，野菜価格の上昇が消費生活に大きな影響を及ぼしていることを知るとと

もに，国（農林水産省）が補助金というインセンティブ（誘因）を使って野菜の供給量を増やす，いわゆる自由な経済活動に対して間接的なコントロールを行い，野菜価格を下げる対策を取ったということが分かる。

　さらに，この対策に対し，消費者の立場や生産者の立場に立つと意見が対立する場合があることを知る。消費者の立場に立てば，補助金を使って野菜の価格が下がれば家計が助かる。一方，生産者の中で，台風や長雨の影響を受けなかった者は自由に出荷時期や出荷量を決めて利益を大きくしたいと思っても，国の間接的なコントロールと呼ぶべき緊急野菜供給対策でその機会が妨げられる。このように立場の違いによって得られたり失ったりするものがあるという問題状況を把握し，「補助金を使って野菜の価格を下げるべき」と「補助金を使って野菜の価格を下げなくてもよい」と相反する意見が生まれることを理解するのである。その上で，自分はどの意見を支持するか，また，支持した意見が望ましい，あるいは正しいのはどのような「根拠」に基づいているのかを考えることになる。

　例えば，「補助金を使って野菜の価格を下げるべき」という意見を支持する場合，その「根拠」として想定されるのは「多くの消費者は野菜の価格が下がれば家計が助かり好ましい」というものだろう。また，この「根拠」を支えているのは社会で多くの人に認められている望ましさ，あるいは正しさの基準の一つである「最大多数の最大幸福」という功利主義の考え方（＝価値理論）に沿っているからだ，といったことに考えが及ぶだろう。

　他方，「補助金を使って野菜の価格を下げなくてもよい」という意見を支持する場合，その「根拠」として想定されるのは，「国が補助金を使って出荷時期をコントロールするのは好ましくない」というものだろう。また，この「根拠」を支えているのは，社会で多くの人に認められている望ましさ，あるいは正しさの基準の一つである「経済活動の自由」という考え方（＝価値理論）に沿っているからだ，といったことに考えが及ぶだろう。

　ここでは，二つの「結論」（＝意見）を例に挙げたが，いずれにして

もこのようなプロセスであれば，課題の問題状況を把握した上で，「根拠」を基にして筋が通るように「結論」を導き出したと言えるのではないだろうか。

2 論理的な「判断力」の把握とその形成のための手段・方法

先の事例は，生徒が論理的な「判断力」を発揮した理想的な学習活動を想定している。だが，実際に授業でこのような活動が行われたかどうかを把握するためには生徒に判断のプロセスを説明させる必要がある。その際に参考となるのは，規範的推論の分析を研究テーマにしていたスティーヴン・トゥールミンが議論を分析するために考案した次のトゥールミンモデルである[6]。これは，主張の正当化がどのような論理で行われるかを図式化したものである。

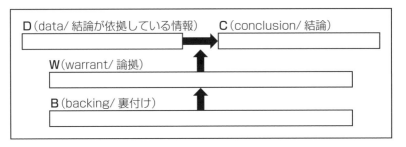

図式中に示された D は情報，C は結論，W は論拠，B は裏付けと呼ばれている。また，矢印の意味であるが，[D→C] は D という情報を頼りに C という結論を導き出したことを表している。[W→D・C] は D という情報を頼りに C という結論を導き出したことが理に適っているのは，W という論拠に基づいていることを表している。そして [B→W] は W という論拠が信頼できるのは B という広く認められた考え方が裏付けになっているからだということを表している。

以上のことを踏まえ，D（情報），C（結論），W（論拠），B（裏付け）を冒頭で述べた「論理的」という用語の定義に対応させると，D は「前提」，W と B は「根拠」，C は「結論」に相当しよう。生徒が考えた内容をこの図に当てはめることで，どのような論理で「判断」したのか把握が可能となる。

なお，この他に，**D**（情報）から **W**（論拠）を経て **C**（結論）に至ることの確からしさ「**Q**（Qualifier）」（＝〜となる可能性が大きい）や **W**（論拠）に一部例外がある場合の留保条件「**R**（Rebuttal）」（＝〜を除けば）といったものを **C**（結論）に結び付ける図式も考えられている。だが，トゥールミン自身は厳格さを求めすぎると複雑なパターンになるとしており，筆者も「公共」の授業では上の図式で「判断」の論理性を十分示せると考える。

次の図式は，先の事例をこのトゥールミンモデルに当てはめたもので，対立する意見をそれぞれ示している。野菜の価格上昇を受けて国が取る

D（data/ 結論が依拠している情報）

・台風と長雨で野菜の供給量が減少し価格が上昇したので国（農水省）は補助金を使って野菜の出荷量を増やす対策を取った。
・対策により供給が増え野菜の価格が下がる。
・対策により生産者が自由に出荷時期・量を決め利益を大きくすることができなくなる。

C（conclusion/ 結論）

・補助金を使って出荷量を増やし野菜価格を下げるべきである。

W（warrant/D→C の論拠）
・多くの消費者は野菜の価格が下がれば家計が助かり好ましい。

B（backing/W の裏付け）
・「最大多数の最大幸福」という功利主義の考え方に沿っている。

D（data/ 結論が依拠している情報）

・台風と長雨で野菜の供給量が減少し価格が上昇したので国（農水省）は補助金を使って野菜の出荷量を増やす対策を取った。
・対策により供給が増え野菜の価格が下がる。
・対策により生産者が自由に出荷時期・量を決め利益を大きくすることができなくなる。

C（conclusion/ 結論）

・補助金を使って野菜価格を下げなくてもよい。

W（warrant/ 論拠）
・国が補助金を使って出荷時期をコントロールするのは好ましくない。

B（backing/ 裏付け）
・「経済活動の自由」という考え方に沿っている。

対策を議論する場合，前ページに示した図式を渡し，空欄の **D, C, W, B** に当てはまる内容を書かせ，どうしてこのような内容を記入したか説明させることで生徒が判断した内容やプロセスを確認しながら指導ができる。これにより，望ましい，あるいは正しい解決の在り方を導き出す論理的な「判断力」の形成に役立つことができるだろう。

なお，「公共」では，立場によって意見が異なる問題について，自分と他者の双方の視点を行き来しながら課題を捉え解決に向けて合意形成を目指すことが求められている[7]。そこで，トゥールミンモデルの図式に記入した内容を他の生徒と交換し，それぞれの意見の背景にある望ましさ，正しさの基準を理解することで合意形成の手掛かりを得ることができるのではないだろうか。

おわりに—冒頭の「問い」への回答—

さて，これまでの考察を踏まえると，冒頭の「幼稚園児は論理的に考える力があると言えるだろうか？」という質問に対する回答はどのようなものになるだろうか。

まず，幼稚園児は，「どうして夜になると空が暗くなるの？」という問いに対し，「昼間明るい部屋でも窓のカーテンを引くと暗くなった」ことを「根拠」にして「夜は空にカーテンが引かれるから暗くなる」という「結論」を導き出している。これは，あるケース（窓のカーテン）で成り立っていることを「根拠」にして，それと似たケース（空にカーテン）でも類比的に成り立つ（暗くなる）という論理構造になっている。いわゆるアナロジーによる帰納的推論と呼ばれるものだ。しかし問題は，似たケースとした「空にカーテンが引かれる」ということが事実として誤っている点だ。ここで論理が破綻することになる。

教育センターで質問したとき，ある先生から幼稚園児は宇宙についてよく知らない点を考慮すると形式上論理的に考えているかもしれない？が，大人がこのように説明するとオイオイ！という感じですよね，という趣旨の回答があった。筆者もこの答えに納得した。

先に述べたように,「事実を踏まえ概念・理論を活用する」ことの重要性を忘れてはならない。

【参考文献】
戸田山和久『知識の哲学』産業図書　2007 年
戸田山和久『科学哲学の冒険』NHK ブックス　2009 年
森分孝治『社会科授業構成の理論と方法』明治図書　2006 年

【注】

1）文部科学省『高等学校学習指導要領（平成 30 年告示）解説公民編』東京書籍　平成 31 年の p17 で言及されている。
2）前掲 1）p11 で言及されていることを参考にした。
3）前掲 1）pp32 〜 33 で言及されていることを参考にした。
4）カール・ヘンペル著／長坂源一郎訳『科学的説明の諸問題』岩波書店　1973 年　p6 及び森分孝治『現代社会科授業理論』明治図書　1984 年　p148 を基に作成。
5）独立行政法人農畜産業振興機構「緊急野菜供給対策の実施について」を基にその概要を記述している（https://vegetable.alic.go.jp/yasaijoho/wadai/0412_wadai1.html）
6）スティーヴン・トゥールミン著／戸田山和久・福澤一吉訳『議論の技法―トゥールミンモデルの原点―』東京図書　2011 年及び足立幸男『議論の論理―民主主義と議論―』木鐸社　1997 年を基に作成した。
7）前掲 1）p44 で言及されている。

地域（地方創生）の活動と公共
―地域課題探究学習の取り組み―

戎井　淳
<ruby>戎<rt>えび</rt></ruby><ruby>井<rt>すい</rt></ruby>　<ruby>淳<rt>すなお</rt></ruby>

高知県立山田高等学校・教員歴 13 年
担当科目：倫理，政治経済

実践授業の概要

教科：**総合的な探究の時間**　　対象学年：**高校 1 年**

実施クラス：**普通科2クラス**　　1クラスの人数：**35 名**

◆ 本実践実施の背景

　日本は平成 23（2011）年から本格的な人口減少社会に突入したといわれ，特に首都圏や関西圏などの人口集中地域を除いた，いわゆる「地方」では，それ以前から著しい人口減少が続いている。そうした中，平成 27（2015）年 10 月に内閣府特命担当大臣（地方創生担当）が設置されるなど，国が主導する形で地方創生への取り組みがなされている。

　そのような流れに先行して，高知県では平成 21（2009）年度より，「高知県産業振興計画」を策定し，県勢浮揚への取り組みを行ってきた。「より多くの若者が戻ってくることができる，さらには県外に出ていかなくても誇りを持って定住できる，魅力ある県」を重要目標としている。

　山田高等学校では，平成 28（2016）年度から，総合的な探究の時間（開始当時は総合的な学習の時間）を「地域課題探究」と題して，地域をフィールドとして地域を学ぶ探究学習の取り組みをスタートさせた。

　本実践は，「公共」の大項目 A 及び B で習得したさまざまな見方・考え方を統合・活用し，生徒たちが，文字通り「持続可能な社会づくりの（自立した）主体」となることを目的としながら，「地域を知る」「地域の課題を発見する」「地域の課題を解決する」といった具体的な内容を共に考えていくものである。

　また実践の背景として，生徒たちの地元への興味・関心の薄さがある。

教育基本法において「郷土愛」の涵養がうたわれているにもかかわらず，地元への興味・関心が薄い理由として，地元を知らないことが考えられる。そこで，本実践では企業 CM を作ること及び，地域が抱える課題を行政担当者などの方々とともに考えることによって，地元へ目を向けさせ，地元を知ることからスタートさせたいという思いがある。

■ 指導計画と評価

ア 学習指導計画（1 年間）

1 年次（前半）地元企業の CM 制作

1 年次（後半）地元市長へのまちづくり提言

イ 単元観

本項は，総合的な探究における取り組みを，「公共」の学習指導要領（2018 年告示）における「大項目 C　持続可能な社会づくりの主体となる私たち」に対応させるべく，内容をトピックス的に取り上げるものである。学習指導要領解説では，指導上の配慮事項として総合的な探究の時間との関連について，「総合的な探究の時間の目標が『学び方やものの考え方を身に付け』させることや『自己の在り方生き方を考える』ことなど『公共』のねらいと共通する部分があることに留意し，相互関連について配慮する必要がある」としている。

特に大項目 C に関しては，「これまでに習得した『知識及び技能』に基づいて学習が展開されるため，（中略）『知識及び技能』についての具体的な内容は示していない」とされているため，思考・判断・表現や主体的に学習に取り組む態度といった観点を中心として，取り上げていきたい。

ウ 単元の観点別評価規準

【思考・判断・表現】

地域の創造，よりよい社会・国家の構築及び平和で安定した社会の形成へ主体的に参画し，共に生きる社会を築くという観点から課題を見いだし，その解決に向けて事実をもとに協働して，考察・構想し，妥当性や効果，実現可能性などを指標にして，論拠を基に自

分の考えを説明，論述している。

【主体的に学習に取り組む態度】

　持続可能な社会づくりについて，より良い社会の実現を視野に，現代の諸課題を主体的に解決しようとしている。

◆ 本実践の「問い」（主題）

「自分達は持続可能な社会の形成に，どのように参画することができるのか？」

　日常生活の中では高校生が意識しづらい「社会への参画」というテーマについて，身近な課題を自分事として捉え，さまざまな角度から社会への具体的な参画方法を考えさせる。また，グループ活動を基本とし，外部人材の活用やインターンシップ，フィールドワークなどを通じて，他者との協働や主体性を身に付けさせる。

◆ 本実践で活用する見方・考え方

「シティズンシップ」「コミュニティ」「幸福な社会」

　これまでの大項目A及びBにおいて学習してきたさまざまな既習事項を，統合的に活用しながら活動を行うこととなるが，特にキーワードとしては上記があげられる。

　先哲の思想や取り上げられている具体的な事例などを知識としてではなく，自分達の活動に対する先行例として捉えることにより，知識を活用する場面を持つことができる。また，自らの主観ではなく，多面的・多角的な視点を持つことによって，根拠を示しながら自分達の意見や考えを表現することができる。

◆ 授業実践

1年次（前半）　地元企業のCM制作

1．活動概要

　「地域を知る」ことを目標として，地元商工会の協力のもと，商工会に所属する企業のCM制作を行い発表する。

2. 事前準備など

CM制作および企業訪問，インターンシップ受け入れ企業の選定を行う。選定は商工会の協力により，商工会サイドで選定する。その後学校から，正式に活動の概略および活動に関する受け入れの依頼文書を作成，送付する。

3. 実際の活動

（1）4月に行う活動

①地元商店街（経済）の現状の理解

地元商工会会長による講演

現状の報告だけでなく，高校生に期待することや将来の展望など，高校生が未来に希望が持てるような内容になるよう，事前の打ち合わせをしている。

②企業訪問に向けたインタビューの方法を学ぶ

地元地方紙記者による講演

取材テクニックを基本としながら，メディアとして新聞の持つ意義や直接取材の重要性など，インターネットからの情報のみに頼らない姿勢を教示していただく。

③グループ分け及び仲間づくり

半年間の活動におけるグループを作り，アイスブレイクなどの仲間づくり活動を行う。

【学習における留意点】

- 講演については，生徒たちが単発の講演をただ聞くだけにならないよう，講演からCM発表会までの具体的な半年間の流れを示し，活動全体における講演の位置付け（例えば，商工会長による講演であれば，現状理解を含めた，自分達が解決しなければならない課題意識の共有など）を確認しながら，その後の活動につながるように意識付けを行う。
- グループ分けについては，生徒の特性や得意な分野（発表，調査，スライドづくりなど）に留意しながら，人間関係も考慮して決定する。出席番号順やクジ引きなどで決める方法も考えられるが，グループ作りが活動の成否に大きく作用するため，実態に合った形で決めることが望ましい（とはいえ，入学後間もない期間で決定しなければならないため，完璧なグループ分けは困難でもある）。

（2）5月に行う活動

① CM制作先の企業を理解する（企業訪問下準備）

インターネットや企業パンフレットなどで訪問先の企業の下調べを行う。企業によってはホームページなどがない企業（個人商店など）もあるので，事前に必要なデータなどを準備することが必要な場合もある。

② CM制作の方法を学ぶ

大手広告代理店クリエーティブディレクターによる講演

CM制作のプロから，「高校生だから」のフィルターを外したCM制作に関する講演を受ける。そもそも，CMとは何のために作るものかという問いから，ターゲッティング，キーワード，キービジュアル，サムネイルなど，CM制作に必要な技術をご教示いただく。

表面的な内容としてはCM制作のテクニックであるものの，CM制作で必要とされるポイントとしては，

・何を相手に伝えなければならないのか？＝課題の設定
・誰に向けたCMでどのように伝えるか？＝課題解決の方法
・CMを見た人にどうしてほしいのか？＝課題解決の着地点

など，方法論として本質的には探究活動の根幹に触れるものである。

【学習における留意点】

- 企業の事前理解は，その後の活動に不可欠なものであるが，この後実際の企業訪問も控えているため内容に留意する必要がある。
- クリエーティブディレクターによる講演は，前半の活動のキーになるものであるため，講師との十分な打ち合わせが必要となる。外部講師を招いての講演というと，ややもすると講師任せになりがちであるが，全体計画の中の講演の位置付けや取り組み内容に即した講演内容（例えば，訪問先の企業の情報を入れてもらうなど）の打ち合わせを行うなどし，そして可能であれば事前に講演のリハーサルを行う（内容を通してお互いが共有するため）などの準備を共に行うことが望ましい。特に，CM制作という活動を通して，課題の発見，原因の特定，解決の方法の検討，具体的行動方法など探究活動における本質的な活動方法を学ぶ場であることの共通理解を教員側が持ち，生徒たちの活動をサポートするという意識づくりが必要となる。

(3) 6・7月に行う活動

① 企業訪問（2回）

実際に企業を訪問し，現状や企業の持つ強み，経営理念などをインタビューし，CMの方向性を決定する。

・絵コンテなどの作成

　ここまでの活動を基に，絵コンテ，キービジュアル，サムネイルを考える。CMの時間設定は1分間としているため，その時間に対応する絵コンテ（ストーリー）を考えながら，一目でそれがわかるサムネイルを同時に考える。この時点でCMの方向性が確定するため，グループ内での熟慮が必要であるとともに，グループ内での得意分野（作画が上手な生徒，キャッチコピーを考えることが得意な生徒，ぶっ飛んだアイデアを出せる生徒など）を生かしながら活動を進める。

【学習における留意点】

- 企業訪問は時間的な余裕があまりないため，訪問時にどのような内容で話を進めるか，企業を理解するためにどのような質問が有効か（例えば，企業の持つ強みや看板商品，どのようなことをCMで伝えたいか）など，内容をワークシートなどでまとめ，保護者や他の教員など大人目線での意見も聞いてくる宿題を課すなど，事前によく考えさせることがポイントとなる。可能であれば，この時点（2回目の訪問時など）で経営理念や企業の持つ強みなど，CMのカギとなる内容のインタビュー動画を撮影するなどしてもよい。
- 絵コンテなどの作成では，ストーリーはもとより，CMで中心となるポイント（キーワード）が正しく伝わるか，伝えたい相手はどのような層か（ターゲッティング）などの点に留意しながら，指導を進める必要がある。また，以上の点が成果物（完成したCM）の評価のポイントとなることを伝える。さらに，完成したCMは基本的に公開することを前提としているため，この段階で企業側と内容について齟齬がないか（このまま進めてよいか）を確認しておく必要がある。ストーリー展開（絵コンテ）については，起承転結のような基本的な展開や，ひたすらキーワードを繰り返すような展開，はじめに「ん？」と思わせるような展開など，いくつものパターンがあるため，これらを例示する方法もある。しかし，例示が多くなりすぎるとかえって混乱をきたしたり，例示にとらわれすぎたりする場合もあるので，状況を見ながら適宜指導を見直す必要がある。

(4) 8月（夏期休業中）に行う活動

①インターンシップ（2日間）

　企業での職場体験を行うことによって，実際の仕事に触れ，企業をより深く理解する。

②CM（動画）作成（3日間）

　作成した絵コンテ等を基に，集めた画像や動画などを使って実際にCM（動画）を作成する。

【学習における留意点】

- インターンシップは，職場体験はもとより，CMに使う画像や動画などを集める機会ともなる。しかし，ややもするとインターンシップが素材集めの時間となってしまう

こともあるため，本来，仕事中は仕事に専念し，休憩時間中や終了後に写真撮影など
を行うことが望ましい。このバランスを事前に企業側と打ち合わせする必要がある。
- CM 作成は短期集中的に行う作業であるが，事前に情報など他教科との連携を取って
おくとよりスムーズな作業展開が可能となる。技術的な面はもとより，キーワード，
キービジュアル，BGM などの他社類似問題や著作権侵害問題などの回避に関しても
事前指導として行うとよい。山田高校では，今のところ Windows ムービーメーカー
を使って動画の作成を行っているが，現在サポートも終了しており，使用の推奨もさ
れていないため，来年度以降別のソフトを使用することを検討している。高知県では，
令和 4 年度より生徒一人ひとりに Chromebook が貸与されるなど，デジタル機器
をめぐる状況は大きく変化してきているため，今後どのようなソフト（アプリ）を使
用するかは教員側で事前に検討する必要がある。

（5）9 月に行う活動

① CM 発表会

　地元商店街のイベントにおいて，作成した CM の発表会を行う。こ
の CM 発表会は 2 日間行われるイベントの初日にメイン会場で行わ
れ，イベントにおいて大きな行事の一つとなっている。また，審査員
には市長，商工会長，クリエーティブディレクターなどの関係者を招
き，その方たちの前で CM のコンセプトやポイントを発表したのち，
作品を流すというスタイルでの発表会としている。

【学習における留意点】
- 学校単独の行事としてではなく，イベントに合流する形で発表会を行っている関係上，
イベント主催者（地元商工会）との事前打ち合わせが必要となる。また，生徒のモチ
ベーションを上げるため，審査員からは各賞（市長賞など）を授与してもらう形をとっ
ている。この発表会とその後の活動（前半）の振り返りをもって CM 制作の活動は
終了となる。
- 振り返り活動は，発表会当日にワークシート（評価シート）を用いて相互評価を行い，
後日グループ内で生徒たちがお互いの頑張っていた点などを出し合い，活動の振り返
りを行っている。ここで見えてきた，生徒それぞれの特徴（どのような活動が得意か
など）を後半のグループ分けの材料の一つとしている。

1 年次（後半）　地元市長へのまちづくり提言

1．活動概要

　学校が所在する香美市及び近隣の 2 市（香南市・南国市計 3 市）の
担当課から，「観光振興」や「移住促進」，「少子化対策」など各市が抱
える課題（例えば，中心商店街の活性化案，名物となる土産物を考えよ，
サイクリングを用いた地域活性化案など）を提示していただき，その提

示された課題を基にグループで解決策を考え,市長に対して解決策を「まちづくり提言」として発表する。

2. 事前準備など

　各グループが取り組む対象となる課題提示については,各市の担当課に任せているが,課題の具体的内容とゴールイメージを共有するため,担当課との事前打ち合わせを行う必要がある。打ち合わせの中で必要が生じれば,ゴールと共にターゲットの選定なども行い,生徒たちが活動しやすい課題提示を行う。ここで提示される課題は,いわゆる探究課題そのものではなく,大枠としての「テーマ」のようなイメージとなる。生徒たちはそのテーマに対して,具体的課題解決案を作成する。これが探究課題として取り扱われるものである。

3. 実際の活動

(1) 9月に行う活動

①課題の発表及びグループ分け

　後半のグループについては出身地(中学校)をベースとしたグループ分けを行う。

　課題が複数提示されている場合は,各グループでどの課題に取り組むかを協議する。

【学習における留意点】
- グループ分けについては,前半の活動同様人間関係を考慮しつつ,グループとして活動がしやすいような分け方を行う。
- 取り組む課題を決める際には,あくまで生徒たちの主体性を尊重しつつ,課題の細かい内容やゴールイメージなどをある程度示しながら,見通しを持った活動ができるように課題の設定を教員がサポートする。その際,地域学校協働活動推進員(地域連携コーディネーター)の大学生や社会人たちから,それぞれの立場からの意見をもらうことも重要となる。

(2) 10月に行う活動

・担当各課からの課題説明

　市役所の担当課(課題によって毎年変わる)の方から,課題の現状及びゴールイメージの説明を受ける。

・ブレインストーミングによるアイデア出し

　グループごとに課題を決定し,現状,改善点,解決に向けたアイデ

アなどをブレインストーミングによって意見を共有する。

- 担当課からの説明と共に質疑の時間もとってもらい，事前に考えた，あるいはその時点で浮かんだ質問に答えていただくようにする。
- ブレストについては，他人の意見を否定しない，質より量重視，似たような意見はまとめてみるなどの基本的な方法を説明した後，実際のテーマで行うと，具体的なイメージができるため比較的意見が出やすい。タイミングとしては，課題説明を受けてからすぐに実施できることが望ましいが，先方との調整で前後することがある。模造紙に書き出したり，付箋紙を使ったりするオーソドックスな方法で行ってきたが，次年度以降は Jamboard の利用などタブレットなどの機器の活用も想定される。

(3) 11月に行う活動

①発表用アウトラインの作成

ブレストにより出されたアイデアをまとめて，まちづくり提言のアウトラインを作る。

②アイデアの中間発表

提言案（要点のみでよい）の発表を行い，生徒，教員，地域連携コーディネーターなどから意見をもらいながら，ブラッシュアップを行う。

- アウトラインの作成は状況に応じて，紙媒体もしくは電子媒体のどちらでもよいと思われるが，タブレットなどで内容をグループ内で共有し，好きな時間に改善が可能という点では電子媒体が望ましい状況になりつつある（使い方によっては教員も随時状況を確認することができる）。
- この時期の中間発表は，専らブラッシュアップのためであるので，出来上がり状況を気にせず行い，3〜4グループでの発表とし，発表に対する質問やコメントを記入するワークシートを用いるなど，活発な意見交換ができるような場の雰囲気を作ることが重要である。

(4) 12月に行う活動

①発表用資料（スライドなど）の作成

発表原稿やスライドなど発表に必要な資料を作成する。

②校内発表

完成に近い内容での発表を行う。

- 前半の動画制作と同じく，教科情報との連携を取りながら進める必要がある。基本的には PowerPoint を使用して発表用資料を作っているが，Google for Education の共有ドライブ機能などを利用すれば，生徒間・生徒教員間のデータのやり取りが容

易になるため，Google for Education 既定の Google スライドを利用するメリットもある。（同様の活動を行っている 2 年生では Google スライドを使用。）どのようなソフト（アプリ）を使うのかは事前に検討しておかなければならない。

- 校内発表は，市長へのプレゼンに向けた最終練習会の意味合いも持つ。状況によっては 1 月に実施する場合も考えられる。
- ここまでに，適宜ボランティア活動やフィールドワークなど，実際に地域に入り，活動を行うことが推奨される。実際の活動を経験することで提案の内容に深みが増したり，実効性が高まったりする場合が多いためである。本来は生徒たち自身が見つけてくることが望ましいが，実際には教員が適切なイベントや，訪問先にあたりをつけて生徒たちに提案する形となる。例えば，地元ワイナリーでのブドウ収穫体験やサイクリングロードを実際に走ってみるなどの経験が，その後のプランに反映されるグループがあった。

（5）1 月に行う活動

①内容の修正およびプレゼン準備

　校内発表で受けた指摘を基に内容を修正し，発表練習などのプレゼンに向けた準備を行う。

【学習における留意点】
- 市長へのプレゼン当日は生徒たちは非常に緊張するため，事前に発表原稿を見ずにプレゼンができる程度にまで，内容を整理し，頭に入れておくことが望ましい。

（6）2 月に行う活動

・市長へのまちづくり提言

　各市役所へ訪問し，市長に対してプレゼンを行う。複数の提言の中から，まちづくり提言大賞を選考してもらう。

・1 年間の学習の振り返り及び評価

　活動の振り返り（グループ内での生徒同士の相互評価）とルーブリック評価を行う。

【学習における留意点】
- 生徒たちのモチベーションを上げるために，どのグループが市長にプレゼンを行うかなどの選考を行っていただく。また，その際選考基準をある程度設けて，その基準にのっとった選考であるとより良い。
- ルーブリック評価については，各活動の締めくくりとして行っている。まずルーブリックに基づいて生徒自身が自己評価を行い，その後教員との面談形式での評価のすり合わせを行う。評価とは言いながら，どのような活動を 1 年間行ってきたかの振り返りの場となっている。
- この活動をもって，1 年間の取り組みは終了となる。
*ルーブリックについては p.336 〜 p.337 を参照のこと。

◆ 本実践の評価方法や評価の場面

前述したとおり本実践は，総合的な探究の時間の取り組みとしての実践であるため，実際行っている評価方法などは，大項目Cの評価規準とあっていないところもあるが，「取材編集力」「協働性」「発信力」「自主性」「地域との関わり」という項目を立てて，各活動の締めくくりとしてルーブリック評価を行っている。

具体的には，「取材編集力」は企業訪問やフィールドワーク，インターンシップなどで，「協働性」はグループ活動で随時，「発信力」は各発表のタイミングで，「自主性」はボランティア活動やフィールドワークへの積極性で，そして「地域との関わり」は企業訪問やフィールドワーク，インターンシップなどにおいてそれぞれ見とりながら，評価を重ねている。各活動におけるワークシートなどももちろん評価の対象となる。

特に大項目Cの活動として捉えなおした場合，「シティズンシップ」や「地域との関わり」などを軸として，社会への主体的な参画という意味での思考・判断・表現の技能及び，主体的に学習に取り組む態度などを見とり，評価につなげていくことが望ましいと考えられる。

◆ 本実践の成果と課題

1．成果

（1）授業内容

地域をフィールドとして地域を学ぶ活動となっており，生徒たちの目を地域に向け，将来的には郷土愛を涵養することにつながる活動となっていると考えられる。また，対象を変えながら探究活動のサイクルを2回体験することにより，探究活動の方法を身に付けることができ，簡単な調べ学習や発表,他教科での活動にも好影響を与えている。特に進学・就職時の面接指導の場面などでは，自分の伝えたい内容は何か，それを誰に，どのように伝えるのかなどを，改めてこの活動で学んだ場面を振り返りながら指導すると，腑に落ちるような表情がみられた。

実際に体験する活動を多く取り入れることによって，実体験として自分の活動を他者に伝えることができるようになり，プレゼンなどの活動

に自信をもって取り組むことができるようになった。

(2) 授業方法

　グループ活動を基本とすることによって，相互に切磋琢磨したり，お互いの苦手分野を補完したりすることができた。また，グループ内での協働や外部人材との協働によって，協働性も身に付けることができている。特に市長や企業の代表者など，いわゆる肩書のある外部の人との交わりは，生徒たちが堂々と自分の意見を述べたり，多角的なものの見方ができるようになったりと大きな成長につながっている。

　GIGA スクール構想の進展に伴い，1 人 1 台タブレットが実現し，カメラ機能の活用（ドライブ上への保存含む）や活動の記録のストックなど，それまで行ってきた活動が徐々にではあるが，電子媒体で行えるようになり，利便性も次第に高まってきている。

2．課題

(1) 授業内容

　実践の提示としては（「公共のねらいと共通するものがある」とはいえ）総合的な探究の時間における取り組みであるため，そのまま公共の授業実践に適用できるものとは言えないが，大項目 A の「(1) 公共的な空間を作る私たち」での学習を基とした発展的活動として，部分的に参考になるのではないかと考えられる。

　実践の課題としては，取り組む課題を，例えば CM 制作については，「現状についての講演・取材方法を学ぶ→企業訪問（インタビュー）→CM 制作についての講演→インターンシップ→CM 制作→CM 発表会」のように，段階的に順序良く設定しているつもりではあるが，設定している課題＝生徒たちがやることが多く，生徒たちが目の前の課題をこなすことに気持ちを取られすぎるあまり，活動全体の見通しが立たなかったり，活動の意義などを見失ったりすることがある点である。

　これは，特に目の前の課題が多くなってきた場合に起こりやすく，場合によっては指導する教員側もしばしば陥ることがあるため，生徒たち（あるいは教員）が活動に疲労感を感じているように見える場合は，定

期的に立ち止まって，活動の全体を見渡し，「探究活動とは楽しみながら行うものである」と再認識する心の余裕を持つことが重要であると考えている。また，一教員や一分掌の取り組みとして捉えるのではなく，学校全体の取り組みとして，管理職を含む教員集団としてのカリキュラムマネジメントが求められる。このような課題は，実際に大項目Ｃの活動として行う場合にも同様に求められるものと考えられる。大項目Ａ及びＢの学習内容との関連はもとより，他教科の学習内容とも関連させながら，学習内容を考えることが重要である。

(2) 授業方法

　グループ活動の有効性とその課題については，各学校の取り組みの中で今まで多く指摘されていると考えられるが，やはりフリーライダー問題と，グループ内での人間関係の問題の２点が課題として大きいと思われる。しかしながら，新型コロナウイルス感染症が拡大し，多くの学校で休校が余儀なくされた令和２年度に，グループ活動が実質的に困難となり，個人の好きなものをCMとして紹介する「好きなもの動画」の制作を個人の活動として行った。何とか形にはなったものの，内容的な広がりがみられた作品が少なく，「三人寄れば文殊の知恵」を実感した学年となった。その学年の反省も踏まえ，やはりメリットとデメリットを比較したときに，フリーライダーも何かしらの学びを得ていると考え，グループ活動はメリットが大きいという結論に至り，グループ活動を継続している。フリーライダーの問題については，生徒の得意分野（発表・プレゼン・作業など）を教員が見とり，それぞれの人間関係を考慮してうえで適切なグループ作りを行うことが大きなカギとなると考えられている。

　ICT機器の使用に関しては，コロナ禍も手伝って，生徒へのタブレットの配布やリモートの活用など，急速に状況が変化している中，状況の整理が追い付いていないという現状である。しかし，技術的な問題として，ICT活用で活動の可能性が大きく広がったことは事実であるため，どのような機器やソフト（アプリ）をどのように活用していくことが，生徒たちのよりよい学びにつながるかを早急に整理する必要がある。

実践の詳細・学校の取組などについては下記の HP をご覧ください。
高知県立山田高等学校 HP　https://www.kochinet.ed.jp/yamada-h

https://www.kochinet.ed.jp/yamada-h/company.html#volunteer
上記サイトから　H30 地域貢献活動報告書　をご覧ください。

山田高校　総合的な学習の時間　ルーブリック

(1) 次のA〜Hの項目について、あなたが現在到達していると考える段階を1から「〇」をつけてください。(レベル5は到達度
(2) どれにも当てはまらないと思う項目については、なにも記入しないでください。
　　（例）Aの1は到達している→〇を記入、Aの2は到達している→〇を記入、Aの3は到達していない→何も記入しない)
(3) 一年に2回(10月ごろ・3月ごろ)評価をしてください。
(4) 【教員】年度末、最終決定の項目には、色鉛筆で〇をしてください。(1年・・・緑　、2年・・・青　、3年・・・赤)

	基本姿勢	問題発見解決力・創造力		
	A	B	C	D
レベル	**主体性** 自発的かつ計画的な実行力・向上心	**問題発見力** 問題を発見する力	**問題解決力** 問題を解決するための力	**創造力** 新しいアイデアを生み出す力
5	事前にリスクを把握し、課題の難易度、全体のスケジュールを意識しながら、より良いものにしようと最後まで諦めずに活動している。チームの進捗状況を管理できる。	未来に向けて改善すべき課題を見つけ、原因を追求するうちに新たな疑問を見つけることができる。また、その建設的改善策を多角的に検討できる。	原因追求に基づいて解決策を提案し、実行可能性や解決のメリットやデメリットについて幅広く考えている。	独創的かつ、まだ誰もやっていないアイデアで、多くの人に影響を与えられる計画を立て実現しようとしている。
4	課題の難易度、全体のスケジュールを意識して、時間管理を行うことができる。チームやメンバーの作業の状況を把握している。	地域や社会において、未来に向けて改善・改革すべきことを見つけている。また、そうなっている原因を追求しようとしている。	原因を追求し解決する様々なプロセスを検討し、一つ以上の解決策を提案することができる。実行可能性についても検討できる。	独創的なアイデアや計画を創造し、周囲にわかりやすく伝えることができる。
3	全体にとって必要な作業や課題を理解し、スケジュールを意識して時間管理を行える。	地域や社会において、与えられたものでなく、自ら解決したいと思う課題を何か見つけている。	課題の原因や背景を考え、解決するプロセスを提案することができる。	自ら求めて得られたいくつかの意見・アイデアや方法・計画をうまくまとめて、自分なりのアイデアを創り出そうとしている。
2	指示を待たず、自発的に責任を持って作業ができる。	自己の生活や身近な環境について、改善したほうが良いと考えていることがある。	日常の中で、自分の目の前にある課題(「疑問」や「問い」)について考えている。	新しく学んだことや他者の様々な意見・アイデアを活用しようとしている。
1	指示を受けながら作業ができる。	自己の生活や社会について考えたことがある。	授業などで他者から与えられた課題(「問い」)について考えている。	自分の考えを持っている。

上記のA〜Hの能力およびスキルのうち1つを選んで、それを伸ばしたと考える総合的な学習の時間の印象的な場面につい

1年　項目(　　)

2年　項目(　　)

が高い)

氏名＿＿＿＿＿＿＿＿＿＿＿＿＿＿＿＿＿＿＿.

			記入日	
1年	H　　　番		月　　日(　　)	月　　日(　　)
2年	H　　　番		月　　日(　　)	月　　日(　　)
3年	H　　　番		月　　日(　　)	月　　日(　　)

実 践 力			
E	F	G	H
プレゼンテーション力	チームワーク力	コミュニケーション力	社会参加力
話す・表現に関わる力	仲間との協働による創造力	他者と人間関係形成をして問題を解決する力	地域の魅力を理解し地域の将来を考える力
巧みな話術(ジェスチャー・声の表現・アイコンタクト)によって、内容を伝え、聞き手の質問に対して当意即妙の受け答えができる。他のチームの発表に根拠ある批評をし、納得させることができる。	チームで課題解決した成果に手応えが持てる。また、チームのメンバーがその課題を完成させるのを率先してサポートしている。	学校外の人々の立場や地域との利害関係を理解し、Win-Win(両者に利益がある)の関係を構築しようとしている。	地域の課題解決に向けて、魅力ある将来のプランを創造的に組み立て、校内はもとより学校外にも発信している。社会を創る担い手でありたいと考えている。
適切な言葉使いや論理展開で説得力のあるプレゼンテーションになっており、質問にもよどみなく答えることができる。他のチームの発表に対し、根拠ある批評を言うことができる。	課題解決に向けて、新たな提案や代表的な考えを示し、チームのモチベーションを上げて前進するよう働きかけている。	学校外の人々(地域、行政、企業や大学の先生など)に自ら働きかけ、疑問や課題を解決しようとしている。	地域の実際の課題をもとに現状を探り、社会の役に立つように考えた解決策を校内で提案・発表している。
相手の反応をみながら、適切な言葉遣いで自分の意思を伝えることができる。他のチームの発言に対し、根拠のある感想を言うことができる。	課題解決に向けて行動計画を示したり、他者の提案を受け入れたりしながら、チームのメンバーに対し、肯定的な話し方や表現ができる。	学校外の人々(地域、行政、企業や大学の先生など)の話を整理し、その中から自分なりの問題意識を持つことができる。	社会の役に立つために、地域や地元企業の特性を理解し、課題を見つけようとしている。
発表の際、聞き手の目を見ながら伝える、ほかのチームの発表に率直な感想を言うことができる。	課題解決に向けて自分のやる気を示したり、他者の提案を受け入れたりしている。	学校外の人々(地域、行政、企業や大学の先生など)の話を熱心に聴き、メモをとったり質問したりすることができる。	将来、社会の役に立ちたいと考えながら、地域の歴史や産業を学んだり理解したりしている。
発表の際、原稿を読んで伝えている。	身近に助けを求め、かつ身近なメンバーの支援もできる。	学校外の人々(地域、行政、企業や大学の先生など)の話を聴くことができる。	身近な経験をもとに地域の特徴を理解している。

て具体的に書いてください。

	3年　　項目(　　)

結び
これからの「公共」

玉川大学教授　樋口(ひぐち)　雅夫(まさお)

社会の変化と「公共」の学び

　現代は「VUCA」の時代と言われている。VUCA とは Volatility（変動性），Uncertainty（不確実性），Complexity（複雑性），Ambiguity（曖昧性）の頭文字を取った造語であるが，学校教育を取り巻く環境は VUCA そのものである。今を生きる高校生たちには，時代に翻弄されることなく，主体的に新たな価値を創造し，持続可能な社会の担い手として成長していくことが期待されている。

　また，現代は「Society5.0」の時代の幕開けであると言われている。内閣府によれば，「Society5.0」とは，「IoT で全ての人とモノがつながり，新たな価値が生まれる社会」，「イノベーションにより，様々なニーズに対応できる社会」，「ロボットや自動走行車などの技術で，人の可能性を広げる社会」，「AI により，必要な情報が必要な時に提供される社会」のこととされている。このような社会は，私たちにとって一見便利な社会であるものの，一方で様々な意思決定の場面においてこれまでの社会では考えられなかったようなトラブルが発生したり，これまで以上に熟考して選択・判断しなければならないような状況が生じたりする社会であるとも言えよう。

　さらに，2016 年に施行された選挙権年齢の 18 歳への引下げに加え，民法改正により 2022 年から成年年齢が 18 歳に引き下げられた。これらの法改正に伴う社会システムの変化を併せて考えると，これからの高等学校公民科の授業づくりにおいては，「グローバル化する国際社会に

主体的に生きる平和で民主的な国家及び社会の有為な形成者に必要な公民としての資質・能力」を確実に身に付けられるようにする工夫が，今までにも増して大切になってきていると言えよう。2018年の高等学校学習指導要領改訂で，公民科に40年ぶりの新科目「公共」が設置されたが，「公共」はこれまでの選択必履修科目「現代社会」以上に，社会との関わりを重視した科目なのである。

そこで，社会の変化を柔軟に受け止め，生徒同士が協働してよりよい社会を構想する「公共」の学びを考える上で重要な理念である「社会に開かれた教育課程」について，今一度確認しておきたい。

今回の学習指導要領改訂に先立って文部科学大臣に手交された中央教育審議会答申（2016年12月）では，よりよい学校教育を通じてよりよい社会を創るという目標を学校と社会とが共有し，それぞれの学校において，必要な教育内容をどのように学び，どのような資質・能力を身に付けられるようにするのかを明確にしながら，社会との連携・協働によりその実現を図っていく「社会に開かれた教育課程」との理念が掲げられた。そのポイントは，次の3点にまとめられている。

表1　社会に開かれた教育課程

①社会や世界の状況を幅広く視野に入れ，よりよい学校教育を通じてよりよい社会を創るという目標を持ち，教育課程を介してその目標を社会と共有していくこと。

②これからの社会を創り出していく子供たちが，社会や世界に向き合い関わり合い，自分の人生を切り拓いていくために求められる資質・能力とは何かを，教育課程において明確化し育んでいくこと。

③教育課程の実施に当たって，地域の人的・物的資源を活用したり，放課後や土曜日等を活用した社会教育との連携を図ったりし，学校教育を学校内に閉じずに，その目指すところを社会と共有・連携しながら実現させること。

（中央教育審議会答申（2016年12月）補足資料より。下線は筆者付記）

筆者が付した下線部に着目していただきたい。

これまでも公民科各科目の授業においては，教科書に記述された知識・

概念を理解することのみならず，習得した知識・概念を活用して思考，判断した過程や結果を表現する活動，すなわち言語活動の充実が図られてきていた。その際，「社会や世界の状況を幅広く視野に入れ」たり，「社会や世界に向き合い関わり合」ったりできるよう，さまざまな指導の工夫がなされていた。

つまり，新しい学習指導要領では，そもそも社会的事象等が学習の対象であるという特質をもった公民科の授業で行われてきた社会との向き合い方・関わり合い方が，学校教育の全ての教科等を通して目指される向き合い方・関わり合い方になった，と言えるのではないだろうか。

その上で，選挙権年齢及び成年年齢の18歳への引下げは，「平和で民主的な国家及び社会の有為な形成者」を育むことを目標としてきた公民科にとって，とりわけ大きなインパクトを与えるものであった。このできごとは，これまで以上に，高校生が自ら考え，積極的に国家や社会に参画できるようにしていくために，公民科ではどのような学習指導が求められるのかを考える契機となったのである。そこで，今回の学習指導要領改訂では，これからの社会を創造する主体である高校生たちが，社会や世界に向き合い関わり合い，自らの人生を切り拓いていくために必要な資質・能力を効果的に育むための中核を担う科目として，「公共」が新設された，と捉えられるのではないだろうか。

すなわち「公共」は，これまでの科目「現代社会」における優れた実践の蓄積を継承しつつ，さらに「社会に開かれた教育課程」の理念のもと，関係する専門家や関係諸機関などとの連携・協働を積極的に図り，社会との関わりを意識した主題を追究したり解決したりする活動の充実を図ることを目指した科目と言えるのである。このような学習指導を積み重ねることで，高校生たちに，自立した主体として社会に参画するために必要な資質・能力が育成されることが期待されている。

単元レベルで学習内容を捉え，「公共」の授業を構想・実践する

2022年度より年次進行で実施となった新しい高等学校学習指導要領では，各教科・科目等に共通して (1)「知識及び技能」，(2)「思考力，

判断力，表現力等」，(3)「学びに向かう力，人間性等」という，育成を
目指す資質・能力の３つの柱に沿った目標が示された。下記**表２**上部
の太枠内が３つの柱にあたる。

表２　学習指導要領改訂の方向性

（中央教育審議会答申 (2016 年 12 月) 補足資料より。太枠は筆者付記）

　このうち，高校１，２年生のうちに学習することになった公民科の必
修科目「公共」では，「広い視野に立ち，グローバル化する国際社会に
主体的に生きる平和で民主的な国家及び社会の有為な形成者に必要な公
民としての資質・能力」を育成するために，上記 (1) から (3) のそれぞ
れについて科目の特質を表した目標が規定されている。

　「公共」は，小・中学校社会科などで育んだ資質・能力を用いるとと
もに，現実社会の諸課題の解決に向け，自己と社会との関わりを踏まえ，
社会に参画する主体として自立することや，他者と協働してよりよい社
会を形成することなどについて考察する科目として設定されている。こ
うした科目固有の性格を明確にするために，３つの大項目「A　公共の
扉」，「B　自立した主体としてよりよい社会の形成に参画する私たち」，
「C　持続可能な社会づくりの主体となる私たち」で内容が構成されて
いる。この３つの大項目のそれぞれを内容のまとまりとして捉えたも

のが単元（大単元）である。

　ただし，これまで教科書の見開き２ページを１時間の授業で指導することに慣れている教師からすれば，場合によっては数十時間の授業時数で構成される大単元の学習内容を俯瞰した上で単元及び本時の指導計画を作成することは大変な労力であろう。そこで，本書の前章で示されたそれぞれの「実践事例と評価例」を個々の小単元として捉え，数時間の学習内容のまとまりの中で，資質・能力の３つの柱に沿った単元目標及び評価規準の設定をすることが現実的かつ効果的であると思われる。

　それによって，「話し合いなどの活動時間を十分に確保したいが，それでは学習内容を消化しきれなくなるのではないか」と考えることなく，単元指導計画の中で，「本時は話し合い活動を通して生徒の主体性を育み，社会的な課題の解決に向けて取り組む意欲を高める時間」，「本時は，教師の説明や話し合い活動の中でインプットした様々な考え方や課題の解決方法について，身に付けた選択・判断の基準に則って説明，論述させる時間」などと割り切って，本時の授業を展開することができるようになる。要は，数時間の単元の学習全体を通して，最終的に３観点からなる単元目標が実現できればよい，ということなのである。

　その際，特に「公共」の学習のまとめとなる大項目「C　持続可能な社会づくりの主体となる私たち」における課題の探究に当たっては，高校生自身を起点として，自立，協働の観点から，多様性を尊重し，合意形成や社会参画を視野に入れながら探究できるよう指導することが求められている。科目「公共」の目標が実現されるよう，大項目「C　持続可能な社会づくりの主体となる私たち」に適切かつ十分な授業時数を配当し，３観点の評価が確実に実施できるよう，年間指導計画を適確に作成しておくことが大切である。

単元の指導計画の作成と評価場面の設定

　「公共」において単元の指導計画を作成する際，単元の時程の何時間目に，どの観点の評価をするか決めることになる。単元において「課題を追究したり解決したりする活動」をする際，課題の設定，追究，解決

といった場面が想定されよう。例えば，課題を設定する際に教師が教授した「知識・技能」を見取り，課題を追究する際に「思考・判断・表現」を見取り，課題を解決する際に，課題の追究過程で身に付けた概念的知識を「知識・技能」の観点から見取ったり，発表などの活動を通して「思考・判断・表現」を見取ったり，さらには，新たな課題を発見し追究しようとの意欲が高まったかどうか「主体的に学習に取り組む態度」の観点から見取ったりすることが考えられる。

　いずれの場合も，毎時3観点全てを評価しようとしないことが肝要である。とりわけ，「主体的に学習に取り組む態度」は単元の全体を通して評価する，といった長期的な視野で生徒の変容を見取っていくことが求められる観点であるため，評価にかかる負担が加重にならないよう，例えば，小単元ではなく大単元の学習を終えた時点で評価するなど，適切な頻度で評価場面を設定することが求められよう。

　具体的な評価方法については，いまだ試行錯誤の段階ではあるが，例えば次のような方法が考えられる。大項目「B　自立した主体としてよりよい社会の形成に参画する私たち」の小単元において現実社会の課題解決を目指す学習を行う場合，選択・判断の手掛かりとなる考え方（「行為の結果である個人や社会全体の幸福を重視する考え方」や「行為の動機となる公正などの義務を重視する考え方」）を踏まえて，互いの主張を整理して合意形成を図ろうとしているかどうか，といった場面を評価するとする。この場合，授業時に生徒に配付するワークシートに，互いの主張だけでなくその背景にある考え方を記入する欄を設けておくと，そこに記載された文言から「思考・判断・表現」の観点の評価を効果的に行うことができるだろう。その際，多くの生徒が十分な記述ができていない，すなわちA，B，CのうちのC（「努力を要する」状況）と評価せざるを得ないとしたら，これは生徒の問題ではなく，教師の指導方法の改善が求められる状況である，ということが判断されよう。さっそく，次時に向けて，生徒が意見を出しやすい状況をつくるためには，追加の資料が必要なのか，資料の表現を易しくかみ砕いて説明することが必要なのか，それともグループワークに十分な時間を取ることができて

いなかったことによるものなのか，などと思慮して単元指導計画の修正を図ることが可能となるのである。

　ここまで述べたことは，おそらく，公民科を指導する教師はこれまでも「職人技」として実施してきたことであるに違いない。しかし，「観点別学習状況の評価」を取り入れ，生徒にもフィードバックすることで，教師の授業改善だけでなく，生徒一人一人に，自身の学習状況の中で十分に身に付いていない観点の学習方法などを修正していくきっかけともなることが期待されるのである。

　また，「公共」をはじめとする公民科は，ただ単に知識・概念を習得したり，社会的事象の意味や意義を説明できたりするだけに留まらない教科，すなわち方向目標として，生徒が自ら社会に関わろうとする態度を育成する側面をもつ教科であることに留意が必要である。生徒の学習状況を適切に見取り，個々の生徒を励ますなどの形成的評価も組み込みながら，「公共」の学習を終え，18歳の「大人」になるまでに必要な資質・能力を確実に育んでいくことが大切である。そのための学習評価であると捉えたい。

「主体的・対話的で深い学び」の実現に向けた授業を

　今回の学習指導要領改訂では，「何を学ぶか（内容）」，「どのように学ぶか（方法）」，「何ができるようになるか（目標）」を三位一体として捉え，この三者の関係性の整理が図られた（前掲表2参照）。このうち，「どのように学ぶか」については，「主体的・対話的で深い学び」の視点からの授業改善が目指されることとなっている。

　「主体的・対話的で深い学び」は，必ずしも1単位時間の授業の中で全てが実現されるものではない。単元など内容や時間のまとまりの中で，例えば，主体的に学習に取り組めるよう学習の見通しを立てたり学習したことを振り返ったりして自身の学びの変容を自覚できる場面をどこに設定するか，対話によって自分の考えなどを広げたり深めたりする場面をどこに設定するか，学びの深まりを作り出すために，生徒が考える場面と教師が教える場面をどのように組み立てるか，といった観点で授業

改善を進めることが考えられる。

　「公共」を指導する教師には，生徒や学校の実態に応じ，多様な学習活動を組み合わせて授業を組み立てていくことが期待されている。教科書や資料集に示された豊富な図版資料，さらには関係する専門家や関係諸機関から提供されている教材などを活用して，必要な情報を読み取らせて解釈させたり，議論などを行って考えを深めさせたりするなどの工夫をすることが大切である。このことにより，高校生たちにとって学びがいのある「公共」の学習となり，科目目標の実現につながることを期待したい。

　また，「公共」は，「社会に開かれた教育課程」を直接実現する科目であるが，その全てを「公共」で指導しようとせず，縦軸として小・中・高社会科系教科の学習内容の系統性，横軸として他教科等や関連する専門家・諸関係機関等との連携を意識し，無理のない学習指導を展開することも大切である。

「公共」での探究学習の充実を
―「地理総合」「歴史総合」と連携して―

　「公共」を実施する上での課題として，①「2単位では指導時間が足りない」，②「時間をこじ開けて話し合い活動をさせても，結局大学入試には繋がらないのではないか」と耳にすることがある。

　このうち①については，単元として学習内容を捉えていくこと，その中で習得と活用の場面を適切に組み合わせていくこと等の工夫によって改善が図られることが期待される。しかし，「そうは言っても，大学入試で出題される内容を満遍なく教えておくことが必要なのではないか」，「教科書のページ数が多く，指導内容を精選するには限界がある」との声が，さらに聞こえてきそうである。もちろん，学習内容の多い大項目Bの「事柄や課題」の特定の項目を全く教えないで終わらせることはできない。いずれも，現代社会において解決すべき重要な課題であるからである。そこで，複数の「事柄や課題」を適宜組み合わせて単元を構成し，効果的・効率的に単元目標の実現に繋げることも一つの案である。

それでは，②についてはどうだろうか。主として倫理的主体となるために必要な知識・概念を習得する大項目「A　公共の扉」の学習や，法的主体，政治的主体，経済的主体などとして社会的な課題の解決に必要な「知識及び技能」，「思考力，判断力，表現力等」を身に付けることを目指す大項目「B　自立した主体としてよりよい社会の形成に参画する私たち」の学習に終始しておけば，大項目「C　持続可能な社会づくりの主体となる私たち」については教科書を読んでおくように，との指示のみで終わらせても仕方がない，で済ませられるものだろうか。どうも，そうはいかないようなのである。

　2021年から始まった大学入学共通テストでは，「高等学校教育の成果として身に付けた，大学教育の基礎力となる知識・技能や思考力，判断力，表現力等を問う問題作成」，「授業において生徒が学習する場面や，社会生活や日常生活の中から課題を発見し解決方法を構想する場面，資料やデータ等を基に考察する場面など，学習の過程を意識した問題の場面設定を重視」（「令和5年度大学入学者選抜に係る大学入学共通テスト出題教科・科目の出題方法等」より引用。下線部は筆者付記）といった問題作成方針が事前に示され，本方針を踏まえた入試問題が公表・実施されている。実際に，2021年〜23年の「現代社会」では大項目「C　持続可能な社会づくりの主体となる私たち」を想起させる課題探究場面を設定して，大問が構成されていた。さらに，「公共」についても，2021年に公表された「サンプル問題」，2022年に公表された「試作問題」のいずれにおいても課題探究場面を設定した大問が公表されている。

　とりわけ「試作問題」においては，提示された散布図から相関関係や因果関係が読み取れるものなのかどうか，といった「知識・技能」が問われた小問も見受けられた。従来，公民科の授業では捨象されがちであった学習内容であるものの，一方で，もし「公共」の授業で課題探究学習が行われ，散布図で表された情報がどのような性格をもつものであるかを理解していれば，難なく解答できる問題でもあった。生徒自身が課題を発見し，自ら探究の方法を定め，時には試行錯誤しながら自らの学びを調整して粘り強く課題の探究に取り組む体験をすることは，「公共」

結び

の学びを終えた後にこそ役立つものであろう。つまり，大学入試のための学習指導を進めることになるのと同時に，主体的に社会に参画しようとする態度を育むことにも繋がっているのである。

その上で，公民科「公共」と同じく，新しい学習指導要領で必修科目となった地理歴史科の「地理総合」，「歴史総合」との教科等横断的な学習の深まりを期待したい。先述した「試作問題」で出題された散布図は，仮に「公共」で扱わなかったとしても「地理総合」における課題探究学習を実施する際に扱われている可能性が高い。これら3科目を高等学校のどの段階で履修させるかについては各学校における教育課程編成に任されているところであるが，「公共」を指導する教師は，必修科目の「地理総合」，「歴史総合」でどのような学習内容がどの時期に扱われているかを把握しておくことで，身に付けさせるべき「知識・技能」の重複が避けられ，系統的な資質・能力の育成に繋がるのではないだろうか。

おわりに－「公共」の授業を活性化するために－

「公共」は，社会からの期待を一手に引き受けている科目であると言っても過言ではないであろう。確かに，「公共」を学習した後に選択科目「倫理」，「政治・経済」を履修する生徒もいるが，全ての高校生が履修するという意味では「公共」にはかなわない。「公共」は，第二次世界大戦後に日本で初期社会科が成立したときに「花形教科」と呼ばれた社会科の再来である，と言うと，言葉が過ぎるであろうか。

「公共」の授業を活性化するためには，教師が「公共」を指導することを「重荷」と感じるのではなく，むしろ，これまでの公民科の学習指導の経験を生かしつつも，「新しい指導方法」を見つけられる場に居合わせられた，様々な指導方法を試してみたい，と思っていただけることが何より重要ではないだろうか。本書がその一助となれば幸いである。

参考文献
拙稿「高等学校公民科における学習指導と学習評価の展望」
　文部科学省教育課程課編『中等教育資料』令和3年12月号　学事出版，2021年
拙稿「政策決定過程からみた社会科の教師教育」
　日本社会科教育学会編『教科専門性をはぐくむ教師教育』東信堂，2022年

執筆者一覧

(執筆順，2023年8月現在)

藤井 剛	（明治大学特任教授）	はじめに・COLUMN
羽山 和弘	（千葉県立松戸向陽高等学校）	公共の扉①・大項目B 主題13
久世 哲也	（東京都立向丘高等学校）	公共の扉②
外側 淳久	（東京都立駒場高等学校）	公共の扉③
山室 由美子	（千葉県立国分高等学校）	大項目B 主題1・主題2
荒木 秀彦	（千葉県立津田沼高等学校）	大項目B 主題3・主題4
萩原 拓也	（元千葉県立泉高等学校）	大項目B 主題5・主題6
竹達 健顕	（東京都立日野台高等学校）	大項目B 主題7
塙 枝里子	（東京都立農業高等学校）	大項目B 主題8
杉田 孝之	（千葉県立津田沼高等学校）	大項目B 主題9・主題10
淺川 貴広	（東京都立蒲田高等学校）	大項目B 主題11・主題12
戎井 淳	（高知県立山田高等学校）	大項目C
樋口 雅夫	（玉川大学教授）	結び

FOCUS

仲田 郁子	（國學院大學栃木短期大学准教授）
大杉 昭英	（早稲田大学非常勤講師）

COLUMN

小林 知子	（公益財団法人　消費者教育支援センター）
高瀬 和也	（鹿児島大学大学院教育学研究科 助教）
煙山 正大	（仙台弁護士会　法教育検討特別委員会委員）
竹信 裕美	（独立行政法人国際協力機構　広報部地球ひろば推進課）
岡崎 竜子	（東京都金融広報委員会　事務局長）
高木 典子	（ファイナンシャル・プランナー CFP $^{®}$ 認定者・嘉悦大学非常勤講師）

おしまいに

　ここに，『公共の授業と評価のデザイン』をお届けします。

　本書を発刊する目的は3点あります。第1に，2022年度から新科目「公共」が始まりましたが，各都道府県教委・学校とも新たな評価規準策定を優先し，「公共」の実践研究が滞っていました。それを補うべく，すぐれた実践事例を世に問うことです。第2に，これまで実践事例集はさまざまに刊行されていましたが，実際に授業実践をしたうえで「すぐ授業に使える」書籍を世に送りたかったことです。第3に，この授業実践の事例の多くは，もともと千葉県教育委員会が「新科目『公共』の円滑な導入を目指して」実践研究指定校をおき，2年間，研究を進めていたものでしたが，諸事情により公開が取りやめになったものです。本書に掲載された実践は「公共」の趣旨に合うだけでなく，学習指導要領が求めている「主体的・対話的で深い学び」や「外部機関との連携」などを取り入れたすぐれた実践ばかりです。このような実践を眠らせておくことは，公民科教育にとって大きな損失になると考えたことです。

　本書の特徴は，第1に「公共」の大項目A〜Cの全項目を扱っていることにあります。すべての授業は公開授業を行い，研究協議などを経てブラッシュアップをしています。前述の千葉県の実践研究は，大項目Bの13項目だけでしたし，都合により掲載できない執筆者も出たため，東京都などの先生方の協力を得て全項目をカバーしました。第2に，各実践のページ数を多くとり，「授業LIVE」を一部に取り入れるなど，授業を読み取りやすく工夫をしたことにあります。同時に各実践・単元の評価規準なども詳しく解説しており，先生方にとっては「すぐ使える本」になっていると考えています。第3に，「公共」の理論部分も，大杉先生，樋口先生，そして私が担当し，「公共とはどのような科目なのか」を示しました。さらに，指導要領では外部との連携を求めています。「公共」の授業づくりで連携が予想されるさまざまな団体からも，「公共」における授業連携などを提案していただいています。

　以上のように，本書はこれまでの実践事例集とは異なるものとなっています。「現代社会」導入後，新しい「科目」が新設されることは初めてです。日夜，新科目「公共」の授業づくりに苦心されている先生方に，少しでもお役にたてれば幸いです。

2023年8月吉日

執筆者代表　明治大学　藤井　剛

監修 執筆

藤井　剛

1958年に生まれる。1983年から千葉県公立高校での勤務（主に「政治・経済」を担当）を経て，2015年4月より明治大学特任教授。

主要著書：『ライブ！ 主権者から公共へ』（編著，山川出版社，2020年），『授業LIVE 18歳からの政治参加』（監修・著，清水書院，2017年），『主権者教育のすすめ』（単著，清水書院，2016年），『詳説　政治・経済研究』（単著，山川出版社，2008年）

ブックデザイン／ペニーレイン　上迫田智明

定価はスリップに表示

公共の授業と評価のデザイン

2023年8月25日　初版発行

監修・執筆　　藤井　剛

発　行　者　　野村久一郎

発行所　**株式会社　清水書院**

　　　東京都千代田区飯田橋3-11-6　〒102-0072

　　　電話　　　　東京 (03) 5213-7151

　　　振替口座　　00130-3-5283

　　　印刷所　　　広研印刷株式会社

Printed in Japan　　ISBN978-4-389-22607-7